1998 年 12 月，
希拉里成为 *VOGUE* 杂志封面人物

2002 年 10 月 14 日，
时任纽约州民主党参议员的希拉里在纽约参加哥伦布日大游行

2004年3月16日，希拉里为美国劳工联盟及产业工会联合会（AFL-CIO）领导人约翰·斯文尼颁奖

2004年4月26日，希拉里出席第二届阿尔法女性奖（Alpha Woman Award）颁奖典礼

2004年8月29日，希拉里同纽约市前市长鲁道夫·朱利安尼一起出席了NBC电视台的访谈节目

2005 年 3 月 21 日，希拉里参观“美国第一夫人”展览

2005 年 5 月 20 日，希拉里出席曼哈顿学院举行的毕业典礼并致辞

2005 年 7 月 5 日，纽约申奥代表团召开新闻发布会，希拉里作为申奥大使和媒体见面

2006 年 4 月 24 日，希拉里在美国国家肖像美术馆为其个人画像揭幕

2006 年，希拉里母女访问越南

2007 年 1 月 1 日，美国《新闻周刊》将美民主党参议员希拉里和奥巴马同时登上杂志封面

2008 年 2 月 11 日，希拉里参观通用汽车 ALLISON 传动公司

2008 年 3 月 15 日，在圣帕特里克节大游行队伍中，希拉里向支持者挥手

2008 年 4 月 9 日，英国著名歌手艾尔顿·约翰在美国纽约举办个人演唱会，为希拉里竞选筹款

2008 年 11 月 25 日，美国财政部部长保尔森和希拉里在纽约出席一个基金会举行的活动

2008 年 12 月 31 日晚，美国纽约时报广场，数以十万计的人庆祝进入 2009 年，前总统克林顿夫妇出席仪式

2011 年 4 月 15 日，德国柏林，美国国务卿希拉里参观了美德文化交流中心并致辞

2011 年 3 月 8 日，希拉里在国务院主持“2011 年国际妇女勇气奖”颁奖典礼

2012年12月2日，梅丽尔·斯特里普亮相肯尼迪中心晚宴，与美国国务卿希拉里兴奋地玩自拍

2014年12月16日，美国纽约，希拉里出席RFK Ripple希望晚宴

希拉里
我的抉择时刻

莉斯塔娜［Listana Makayla］◎著

北京联合出版公司
Beijing United Publishing Co.,Ltd.

目 录

序 / 01

第一章　童年：影响一生的力量 / 001

休·罗德姆虽然重视权威，但却从不因为希拉里是个女孩子，就限制她掌握自己命运的自由。在他的影响下，希拉里开始了自己独特的求学之路。

第二章　学生时代，对政治倾心的尝试 / 013

第一次，希拉里深刻地感受到了政治的残酷性，但是她并没有感同身受，毕竟政治还是一件离她很远的事情。

第三章　韦尔斯利学院，独立的开始 / 035

这是希拉里的一大特点，她总是喜欢反省和思考。在韦尔斯利学院获得了很多老师和同学的认可后，希拉里的情绪仍然不是那么稳定，时常会因为思考而陷入抑郁。

第四章　在耶鲁大学遇到克林顿 / 075

希拉里觉得，这是认识克林顿的好机会，便走上前去，告诉他，如果他再盯着自己看，她也会盯着他看。

第五章　婚姻，希拉里人生的重要一笔 / 102

希拉里此刻完全没有这方面的担心，她还沉浸在即将要和克林顿组成一个新家的愉悦之中。尽管克林顿身上有着这样那样的毛病，但希拉里觉得，一切尚在自己的控制之中。

两个月后，也就是在1975年10月，克林顿和希拉里终于要结婚了。

第六章　在小石城的生活与工作 / 136

希拉里在罗斯事务所的工作不紧不慢地进行着，而另一方面，新的竞选活动又要开始了，她也希望加入克林顿的竞选团队。

第七章　做克林顿事业的助手 / 152

竞选州长连任失败后，克林顿受到了沉重的打击，希拉里的黑眼圈也变得更黑了，一副憔悴不堪的样子。

克林顿是在为自己的连任失败而伤心，希拉里则是在从这次失败中寻找经验教训，一晚上都没有入睡。

第八章　帮助克林顿当选总统 / 173

克林顿坚定地否决了，而希拉里也很不高兴地强调：“我不是塔米·温妮特那种站在男人一边的小女人，我来这里参加节目，是因为我爱克林顿，我认同他的一切。如果你们不相信，可以不用投票给他。”

第九章　适应白宫的生活 / 184

这一次，希拉里终于满意了，在总统办公室周围，只保留少量特工，而楼上的生活区，则成了特工们再也无法踏入的禁地。

第十章　第一夫人的医疗体制改革 / 190

后来，希拉里又借助一切机会，宣传医疗改革的必要性与紧迫性。不管是在密歇根大学、宾夕法尼亚大学，还是霍普金斯大学，只要一发表演讲，希拉里必然会提到这些。

第十一章　白水事件，令人难堪的错误 / 208

希拉里看到这篇报道后，尽管非常生气，却表现得很平静。倒是克林顿，一副气愤异常的样子：“他居然敢这么说，这是公然无视你的人权，这是对你进行人身攻击。”

第十二章　面对克林顿的“性丑闻”／ 216

那段等待的时间，希拉里真的非常痛苦。克林顿不但偷偷和玛丽莲·詹金斯幽会，还公然告诉别人，他爱希拉里，也爱玛丽莲·詹金斯，这让希拉里气愤不已。

第十三章　竞选纽约州联邦参议员／ 227

为此，希拉里提出由她来竞选州长，但莫里斯的两次民意调查显示，希拉里还没有自己的影响力，即使参加竞选，也不会获得成功。

第十四章　伊美战争，战不战？／ 239

希拉里摇摇头，露出无奈的微笑。这是个让她特别苦恼的问题，为了处理这重要的一票，希拉里需要好好想一想。

第十五章　用环保争取选民，获得连任／ 248

在之前，希拉里告诉听众，她和克林顿的节能观点的重点在节油汽车。按照这个观点推断，希拉里应该支持国会，要求汽车制造商提高汽车的节油标准才对。

第十六章　希拉里的总统竞选之路 / 257

在希拉里正式宣布参加2008年的总统竞选两天后，国内各个主要新闻节目都出现了她的身影。希拉里友好地接受电视台的采访，并借此宣传自己。

第十七章　在一片呼声中出任国务卿 / 283

在就任国务卿后，希拉里就再也没有让自己轻松过。与参议员的工作不同，国务卿这份工作没有下班时间，每一周，每一天，每一小时，几乎都在为工作而忙碌。

第十八章　最重要的角色：母亲与女儿 / 290

希拉里也不是一个会轻易妥协的人，她认为，女儿结婚还为时尚早。在结婚之前，女儿有必要增加她自己的人生阅历，并找到人生的目标。

第十九章　2016，万众等待“王者”归来 / 297

现在，无论希拉里走到哪里，都能听到大家用“下一任总统”称呼她。虽然她还没有正式宣布参加2016年美国总统的选举，但支持她的人都期待那一天的到来。

序

提起希拉里·罗德姆·克林顿，在美国很少有人不知道她，因为她是美国最出名、最让人难以理解、最惹人争议的公众人物。

在希拉里的支持者眼中，她是一个坚强的妻子、一个严厉的母亲、一个令母亲骄傲的女儿。而现在，她又成了一个慈爱的外祖母。

但是，在希拉里的反对者眼中，她与这些评价毫不相干，而是变成了一个虚伪狡诈、满口谎言、只懂耍弄政治伎俩的令人讨厌的女人。

尽管如此，希拉里的公众影响力仍然是不容抹杀的。目前，种种迹象显示，希拉里很有可能成为美国第一位女总统。

事实上，即使是在中国，希拉里也特别有名。作为美国的前第一夫人、前国务卿，希拉里也给中国人民留下了很深刻的印象。

很多人以为，希拉里是一个雄心勃勃、冷酷、好斗、高傲、勤奋的女人，并且能举出很多证明这些特点的事例。

最初，在不了解希拉里的经历时，我也以为她是这样的一个人，偶尔看到她的照片，也觉得她的眼神中透露着不为人知的秘密。

后来，我了解得多了，才知道希拉里还有软弱、迷茫、精力充沛、热情奔放、幽默风趣、温柔体贴的一面，只是我以前不知道罢了。

在那一刻，我明白了，要想真正了解一个人，不能只根据几件事情就得出结论，而要看看他到底经历了什么。

我曾经问过一个对美国政治很关心的朋友：“提起希拉里，你能想到哪些词？尽可能多地说出来吧。”

朋友很快答道：“克林顿、第一夫人、国务卿、莱温斯基、奥巴马。”说完，他又加了一句，“还有 2016！”

了解一点儿美国政治的人都知道，克林顿是希拉里的丈夫，曾任美国总统，所以希拉里是曾经的第一夫人。莱温斯基是曾经和克林顿传出性丑闻的女主角。奥巴马是希拉里 2008 年竞选美国总统时的对手，希拉里失败后出任奥巴马政府的国务卿。

至于“2016”，朋友想说的是美国民众普遍关心的一个问题，即希拉里到底会不会参加 2016 年的总统大选。

后来，我又问朋友：“那你知道假小子、马丁·路德·金、退学、抑郁症、律师考试落榜与希拉里有什么关系吗？”

朋友摇摇头，表示不知道。看来，除了希拉里出名的那几件事情外，朋友并不了解她到底经历了什么。

在朋友的要求下，我简单地将希拉里从出生至现在的经历讲述了出来：

希拉里于 1947 年 10 月 26 日生于伊利诺伊州芝加哥的一个商人家庭，父亲休·罗德姆开办了一家小型的布料纺织厂，母亲多萝西·豪厄尔是一个普通的家庭主妇。在她之后，家里又陆续出生了两个弟弟休吉和托尼。

很多人都以为，希拉里从小生活在一个充满爱的家庭中，是在无忧无虑中长大的，这完全是一种毫无根据的错觉。

希拉里的父亲休·罗德姆是一个固执、吝啬、脾气暴躁、愤世嫉俗又有些郁郁不得志的男人，常常对家人冷嘲热讽，并要求家人绝对服从。母亲多萝西虽然很爱孩子，但在家中却没有发言权，在丈夫面前就像侍女一样委曲求全。

在这样的家庭里，希拉里想要得到父亲的认可不是一件容易的事。为了讨好父亲，她努力学习、不事打扮，但稍有松懈，父亲就会收回他的爱。

在这样的成长环境中，希拉里因为擅长各种运动和不爱打扮被称为“假小子”，在此阶段，她开始了对政治的探索。

由于父亲支持共和党人，所以希拉里也是一个坚定的共和党拥护者。在小学时，当上安全巡逻队队长是希拉里的第一次政治探索。

在希拉里读8年级时，由于她和父亲支持的共和党总统候选人理查德·尼克松败给了民主党总统候选人约翰·肯尼迪，希拉里和好朋友贝齐·埃布林作为志愿者去调查选民登记作弊事件，这让她意识到自己一直生活在玻璃罩中，开始发现政治的不公正。

后来，希拉里遇到了新的青年指导牧师唐纳德·琼斯，在他的带领下，希拉里参观过黑人教堂和西班牙教堂，听过马丁·路德·金的演讲，开始了解黑人民权运动。

随后，希拉里又经历了约翰·肯尼迪总统遇刺事件，这让她知道政治伴随着流血、牺牲，也第一次深刻地感受到了政治的残酷性。

在高三时，希拉里以学生会副主席的身份竞选学生会主席，但由于当时“女孩不如男”的社会风气，希拉里竞选失败。

这次失败让希拉里好好进行了一番反省，最后她决定上一所好的大学，通过学习来弥补自己能力上的不足。

很快，希拉里就到著名的“七姐妹女子学院”之一的韦尔斯利学院上学，那是美国最棒的女子学院之一。

但是在韦尔斯利学院，希拉里发现，身边的同学几乎都比她强，她们要么面容姣好，要么家境富裕，要么经历丰富，要么会好几种外语，这让希拉里产生了退学的念头。

在母亲多萝西的鼓励下，希拉里坚持了下来。她努力学习，通过竞选当上了青年共和党俱乐部的主席，成了韦尔斯利学院的明星。

但是，希拉里当上俱乐部主席后，思想却在韦尔斯利学院教授的影响下产生了变化，开始质疑共和党的民权和越战政策，并倾向于民主党的政策，最后她辞去了主席的职务。

没多久，希拉里就因为找不到人生的方向得了抑郁症。实际上，抑郁症一直困扰着罗德姆家族的男人们，希拉里或许也遗传到了一些。

经历了一段无人能体会到的痛苦的思考，希拉里终于重新振作起来，并积极竞选韦尔斯利学院学生会主席一职，最终胜出。

随后一段时间，民权运动领袖马丁·路德·金和肯尼迪总统的弟弟——参议员罗伯特·肯尼迪相继遭暗杀，而国内反战情绪也越来越高涨，希拉里开始发挥自己的作用，使学生游行示威活动变得平和，而非暴力和猛烈。

在韦尔斯利学院毕业典礼上，希拉里作为学生代表发表演讲，这是韦尔斯利学院建校以来的第一次，而她富有争议的演讲也引起了全国的关注。

毕业后，希拉里到耶鲁大学法学院读研究生，在政治和儿童权益保护方面不断发挥自己的作用，很快成了众人皆知的明星人物。

读书期间，希拉里认识了来自阿肯色州的比尔·克林顿，两人很快陷入热恋。为了克林顿，希拉里还晚一年毕业。

毕业后，希拉里和克林顿共同为民主党总统候选人乔治·麦戈文助选，认识了以后对她帮助巨大的贝齐·赖特。后来，希拉里又加入尼克松弹劾案调查小组，也从中学到了很多的经验。

经不住克林顿的不断求婚，希拉里答应了，这意味着她要牺牲在大城市工作的机会，到美国的贫困州阿肯色州生活。

1975 年 10 月，希拉里与克林顿结婚，她宣布不改姓。这是非常大胆的决定，在当时引起了不小的议论。

婚后，随着克林顿当选阿肯色州司法部部长，希拉里和他一起搬到了阿肯色州的首府小石城，后来进入美国著名的罗斯律师事务所工作。

希拉里是罗斯律师事务所唯一的女律师，因此不可避免地成为嫉妒的对象，经常遭到其他人的非议。除了忍耐，希拉里做不了别的事情。

在帮助克林顿当选阿肯色州州长后，希拉里终于怀孕了。由于患有子宫内膜异位，希拉里一直担心自己不孕。而在生产时，希拉里又难产，吃尽苦头终于做了妈妈。

克林顿在竞选连任州长时输掉了，一时难以振作，希拉里扛下了所有的事情，搬家、找房子、照顾女儿。当其他女人在丈夫的庇护下生活时，希拉里却独自撑着。

好在后来克林顿振作起来，竞选州长并取得了成功。在这次竞选中，为了不让自己的姓氏再度成为给克林顿造成负面影响的话题，希拉里改姓了。

在克林顿的第二个任期里，希拉里发挥了重要的作用，主持阿肯色州的教育改革，虽然引来了教师的反对，但对阿肯色州的教育起到了好的作用。

在连任了 5 次州长后，希拉里帮助克林顿赢得了 1992 年的总统大选。在这个过程中，珍妮 · 弗劳尔斯性丑闻事件、克林顿逃避兵役的问题都被希拉里一一化解。

进入白宫后，希拉里很不适应，虽然她是美国历史上学历最高的第一夫人，但这一点并不能让她赢得白宫工作人员的喜欢。

在这种环境中，希拉里开始了自己渴望已久的医疗改革工作。她付出了很多心血，提出的医疗改革方案最终却没能付诸实践。

在这期间，希拉里的好朋友文斯·福斯特自杀，白水事件重新浮出水面。因为这件事情，希拉里和克林顿接受了长达 7 年的调查，最终被宣判无罪。

而由于克林顿与白宫实习生莱温斯基的性丑闻，希拉里彻底失望了。在克林顿摆脱弹劾后，希拉里也正式为竞选纽约联邦参议员做准备，最终成功当选。

2006 年，希拉里连任参议员成功后，开始为 2008 年美国总统大选做准备。但是在党内总统候选人提名的争夺战中，希拉里败给了奥巴马。

失败后的希拉里接受奥巴马的邀请，出任国务卿一职，从此她就多了一个新的称号——空中飞人。在任职的 4 年中，希拉里出访了 112 个国家。

2013 年 2 月 1 日，希拉里卸任国务卿，开始了公职以外的生活。自从希拉里卸任国务卿后，猜测她会参加 2016 年总统大选的声音就没有停止过。

听我讲完后，朋友鼓励我把希拉里的经历写出来，让更多的人了解这样一位伟大的女性。“女性不用屈居第二。”他郑重地说道。

很快，我开始翻阅大量可靠的资料，多角度、全方位地对希拉里的个人经历进行分析，找出了她在抉择时的思考过程。

我相信，我这本书的讲述，会让大家客观、公正地看到希拉里的本来面貌、蜕变的过程以及思想成熟后散发出的魅力。

希望读完这本书，每个人都能更加了解希拉里，并从中找到让自己不断积极进取的动力和希望。

第一章

童年：影响一生的力量

休·罗德姆虽然重视权威，但却从不因为希拉里是个女孩子，就限制她掌握自己命运的自由。在他的影响下，希拉里开始了自己独特的求学之路。

这是怎样的一种痛苦！又是怎样的一种甜蜜！

多萝西·豪厄尔躺在床上，筋疲力尽，心里却充满了欣喜。而这种欣喜在她看到刚出生的女儿后，达到了极点。

“呀！你真是个漂亮的小姑娘啊！看上去很成熟！欢迎你，我的女儿！”多萝西对护士抱来的8磅多重的女婴说，同时又像是在自言自语。

虽然刚刚经历了生产的痛苦，但此刻多萝西的心里却充满了幸福感，那是一种没做过母亲的人不曾体验的喜悦。

多萝西想到了10年前遇到丈夫休·罗德姆的情景，那仿佛就发生在昨天。而今天，享受了5年的二人世界后，他们的第一个孩子终于出生了。

此时，休·罗德姆就陪在多萝西身边，感受着初为人父的喜悦。“啊，我做爸爸了，我做爸爸了！”他高兴地向一旁的护士炫耀。

看他的神情，似乎觉得眼前的一切有些不可思议，仿佛梦境一般。

“啊，真是可爱啊。”休·罗德姆也笑着看了看女儿，“亲爱的，辛苦你了。”他握着妻子的手，表示安慰。

多萝西望着丈夫，他的脸上散发着许久没有出现过的神采。当初，自己爱上粗鲁又率直的休·罗德姆，就是因为他脸上散发出的这种温柔。

“休，我们给女儿取个什么名字好呢？”多萝西征询着丈夫的意见。其实，早在女儿出生前，多萝西就曾经考虑过这个事情。

“嗯，叫什么名字好呢？多萝西，你想给孩子取个什么名字呢？”休·罗德姆没有说出明确答案，而是把问题重新抛给了妻子。

多萝西想了想，把自己之前想到的名字说了出来：“希拉里·罗德姆……这个名字怎么样？我觉得，我们的女儿注定与众不同，也要取个独特的名字。希拉里有异国情调，也很像一个高贵的姓氏。”

“嗯，希拉里·罗德姆，希拉里·罗德姆……”休·罗德姆重复了几遍，然后拊掌笑着说，“这真是个好听的名字，以后就叫她希拉里·罗德姆了。”

就这样，1947年10月26日，休·罗德姆与多萝西·豪厄尔的女儿希拉里·罗德姆在父母的期待下诞生于埃奇特医院，给她的家庭和国家都带来了新的希望。

希拉里的家是一个典型的美国家庭，父亲休·罗德姆有自己的事业，母亲多萝西则在家中做一名专职的家庭主妇。

在希拉里3岁那年，她的弟弟休吉出生了，这让全家高兴了好久。

希拉里的父亲休·罗德姆认为帕克里奇更舒适，便举家搬到了威斯纳街235号。在这里，希拉里度过了自己的童年。

与之前的生活环境相比，小镇的田园风情更浓郁些。这里有很好的公立学校，有干净整洁的公园，有绿树成荫的街道。而在希拉里新家的正对面有一片充满生命力的草地，显得那么质朴宁静而又欣欣向荣。

在希拉里家的房子后面，有一个带篱笆的后院。这里是希拉里的乐园，很多孩子都喜欢到这里玩，偷摘树上的樱桃。

在这个社区生活的大多是中产阶级家庭，男人是家庭的重心，负责到18英里以外的地方工作养家糊口，女人则留在家里，照顾家庭和孩子的生活。

多萝西每天都精心照顾着女儿和儿子，尽可能给他们提供舒适的生活。每天，希拉里在前门廊的遮阳棚下玩耍，悠然自得。

但是，这样的时光总是短暂的。

父亲休·罗德姆控制欲极强，在教育孩子时，坚持自己有绝对的权威。他很看不惯希拉里不按他说的做，总是在希拉里玩耍时大喊：“希拉里，你给我进来！”

在周围的邻居看来，休·罗德姆是个脾气暴躁、性格古怪的“怪人”。他不屑于参加社区的聚会或其他活动，也不与邻居来往。很多人都同情希拉里，不知道在这样的家庭中她要怎样生活。

休·罗德姆是个退伍军人，总是将家当成军营、将孩子当成新兵，对待孩子特别严格。这天，休·罗德姆又像训练新兵的长官一样，嚼着烟草块在各个房间巡视。

突然，休·罗德姆大叫一声：“混蛋！”由于过于愤怒，他脸上的肌肉也扭曲起来。他狠狠地吐掉嘴里的烟草渣，又是一声大喊：“希拉里！”

希拉里听到父亲的喊声，立刻应声而来。当她走到父亲身边时，就知道自己做了什么。“唉，忘了盖牙膏管的盖子了！”希拉里在心里小声喊道。

就在几天前，希拉里的小弟弟托尼就犯了这个错误，休·罗德姆特别生气，狠狠地惩罚了他。

“希拉里，你个不长记性的孩子！”休·罗德姆一边指着牙膏管，一边愤怒地指责女儿，“一点儿不懂得节约，不盖盖子，牙膏干了还怎么用？”

休·罗德姆说着，一边拿起牙膏盖，两步走到浴室窗前，将牙膏盖使劲扔了出去。牙膏盖快速地划了一个弧形后，落到了前院的冬青树丛中。

“去！捡回来！”休·罗德姆口喷唾沫，大声命令道。

“可是，爸爸……”希拉里刚说出这几个字，就被休·罗德姆打断了：“可是什么？你居然敢反抗我！”

希拉里沉默了。这时，站在一旁的多萝西说：“外面下着大雪呢，等雪停了，再让希拉里去找吧。”多萝西在希拉里之后走进浴室，以阻拦丈夫做出一些过激的行为。

休·罗德姆毫不客气地当着希拉里的面羞辱妻子：“你个笨女人！真是自以为是！你懂什么？你什么时候能变得聪明一点儿？”

希拉里很同情母亲，不知道她如何忍受这一切，可是却又无可奈何。突然，休·罗德姆将头转向希拉里：“你还不出去找，站在这里干什么？”

希拉里立刻答应一声“就去”，往门外走去。休·罗德姆看着妻子，脸上露出胜利的笑容，又一次侮辱妻子：“笨女人！”仿佛耻笑妻子是件非常有意思的事情。

多萝西看了丈夫一眼，这已经不是他第一次耻笑她了，她走出浴室，像什么事情都没有发生过一样，继续做自己的事情。

不是多萝西自欺欺人，而是她已经习惯了丈夫的这一不成熟行为。

多萝西是一个典型的家庭主妇，每天，她都会不停地做家务：整理房间、做饭、洗衣，为家人的生活忙碌着。

这些让她看似与其他家庭主妇一样，但实际上，多萝西有着不幸的童年。在她8岁时，父母离异。随后，不负责任的父亲就把她和妹妹送上火车，让她们自己穿过半个美国到爷爷奶奶家。

但是，爷爷奶奶并不疼爱这对孙女，尤其是奶奶，总是训斥她们，爷爷对于这一切看在眼里，却不闻不问。

奶奶不喜欢家中有人来访，也禁止多萝西参加派对或聚会。有一年万圣节，多萝西参加“不给糖就捣蛋”的活动，事后被关了一年禁闭。

14岁时，多萝西终于下定决心，离开这个伤心地，到外面打工养活自己。很快，她做起了保姆的工作。工资虽然不高，女主人对她却很好，鼓励她多看书，还送她去上中学。

中学毕业后，多萝西的母亲决定把她接回芝加哥，说是要为她交学费，支持她继续读书。多萝西很高兴，以为再嫁的母亲终于变得成熟、渴望亲情了。

多萝西兴奋地来到了芝加哥，发现情况并不是她想的那样。母亲还和以前一样冷酷、自私，完全不顾子女的感受。

虽然继父提出要她读文秘学校，母亲却不同意。即使到了现在，她还是会常常想起母亲当初说的话：“女孩子上学有什么用？我们供她吃穿，她在家里做佣人报答，不是很好吗？”

母亲的自私让多萝西很心寒。她很快找到了新的工作和住所，搬了出去，又一次开始了独立的生活。

后来，多萝西认识了休·罗德姆，经过5年的约会，终于决定嫁给他。而在5年之后，他们终于拥有了第一个孩子，也就是希拉里。

由于从小就渴望一个真正、完整的家，结婚以后，对于多萝西来说，最重要的事情就是维持婚姻的和谐，给孩子一个幸福的家庭。

而在一开始，多萝西就了解休·罗德姆的性格，知道他就像一颗不定时炸弹，随时都可能对自己造成伤害。所以，不管休·罗德姆怎么羞辱她、怎么苛刻地对待孩子，她都一忍再忍。

比起一般人来，从小遭受抛弃与虐待的多萝西拥有更强的化解能力，嘲笑只会让她变得更坚强。

但也正因为有这样的经历，多萝西不能容忍生活中的虐待现象，尤其是虐待儿童。她发现，即使孩子没有错，也还是会经常受到不公正的对待。

多萝西总是教育希拉里，人与人之间是平等的，并且要求希拉里尊重每一个人。在希拉里幼小的心里，“平等”已深深地扎下了根。

尽管休·罗德姆的性格怪异，总是毫不留情地对家人冷嘲热讽、蓄意贬低，希拉里和她的弟弟们还是渴望得到他的赞赏，并且一直为此努力着。

在教育孩子时，休·罗德姆和多萝西都用各自的方法努力着，希望将孩子培养成守纪律、勤奋、为实现梦想而努力的人。

休·罗德姆很有经营头脑，将工厂经营得有声有色。可是，他在金钱上却很吝啬，从不给孩子们零花钱。

有一次，一个朋友对他说：“我真是不明白，你开着生产遮光帘和蕾丝窗帘的工厂，生意遍布宾馆、办公楼、各种公共场所，钱应该赚了不少吧？可是，为什么不给孩子一些零花钱呢？”

休·罗德姆不以为然地说：“我赚钱让他们住在宽大舒适的房子里，赚钱让他们吃烤奶酪、三明治，这还不够吗？”

在这个时期，很多邻居的家境都比不上休·罗德姆，但是他们却会定期给孩子零花钱。没有零花钱的希拉里只好在夏天采集蒲公英，以换取微薄的酬劳。希拉里稍微长大一些后，就开始给邻居带小孩、在商店做销售员，以赚取零花钱。

休·罗德姆不仅对孩子吝啬，对自己的事业也不愿多花一分钱。虽然有钱雇用更多的工人，可他只雇用了一个员工，更多的时候总是亲力亲为。

休·罗德姆会亲自印染、裁剪和缝纫布料，忙时，多萝西也会帮忙，而希拉里和两个弟弟长大了以后，也加入到了印染的行列。

希拉里和两个弟弟相互配合着，小心翼翼地沿丝网边缘倒入染料，再滚动橡胶压轴，让图案印在布料上，一次次地重复着。

休·罗德姆习惯性地将希拉里和两个弟弟当小工使唤，却从来都不付给他们工钱。多萝西看不惯，代表孩子们提出抗议。

休·罗德姆便对妻子说："他们吃我的，住我的，工作是应该的。难道还要我给他们工钱吗？你难道不知道，他们有多幸运！"

为了让孩子们忆苦思甜，休·罗德姆经常开车带着孩子穿过芝加哥的贫民窟，以便让他们知道自己有多幸运。

不仅如此，每年夏天，休·罗德姆还会开车带着妻子和孩子到威诺拉湖畔度假，那里有休·罗德姆和他父亲一起建的小木屋。

说是度假，不如说是体验不一样的生活。小木屋里没有暖气，也没有浴室。每次来到这里，希拉里总是感到很不方便。

每次想要洗澡的话，她不是跳到湖里，就是在后门廊下，由母亲多萝西提水帮她从头上往下浇。虽说是夏天，那种冷水浇在身上的感觉，还是让希拉里觉得很不舒服。

可是在这里，希拉里不是要过一两天，而是要这样生活两周。希拉里对此很不满，却不敢反抗父亲。

其实，休·罗德姆之所以这样做，是想让希拉里和两个弟弟体验到与帕克里奇不一样的生活。在帕克里奇，他们生活得很优越；在这里，日子却过得很苦，就像苦行僧一样。

"我这样做，是为了培养你们的家庭观念。"休·罗德姆总是这样对希拉里和她的两个弟弟说。

休·罗德姆不仅在生活上很节俭，对孩子的能力培养也很在意。正因为如此，他在管教孩子时，常常容易失去控制，变得歇斯底里。

很多时候，休·罗德姆会对希拉里和两个弟弟大喊大叫，还会体罚他们。虽然希拉里认为父亲这样做很不恰当，但仍然没有能力反抗。

就这样，休·罗德姆一直努力工作，也希望孩子们能成为优秀的人才。尤其是希拉里，休·罗德姆对她期望甚高，希望她可以成为两个弟弟的好榜样。

虽然在很多事情上，休·罗德姆与妻子的意见都存在差异，但是两人在对孩子的上学问题上，却保持高度的一致。他们一致认为，孩子就应该接受好的教育。

休·罗德姆一直对希拉里有着很高的要求，要求她好好学习。但休·罗德姆的要求太高了，希拉里为此常常受到责备。

“希拉里，试题这么简单，你怎么没有拿到全A？”看着希拉里的成绩单，休·罗德姆有些不冷不热地说。

自从入学后，希拉里就非常努力，以至于9岁时就戴上了眼镜。她想从父亲那里得到明确的嘉许，却很难从父亲口中听到赞扬的话。

对于这一点，休·罗德姆有自己的打算，他想通过这些行动让孩子拥有强烈的竞争意识和旺盛的斗志，所以用一遍遍的打击来磨炼他们。

这不是为了侮辱他们，休·罗德姆一遍又一遍地对多萝西说。可是，希拉里和两个弟弟并不懂得父亲这特殊的鼓励方式。

有时候，希拉里也会觉得很伤心，因为当她遇到问题时，很难得到父亲的鼓励。休·罗德姆经常告诫她，要自己摆脱问题，却从来不教她怎么做，也不会替她做什么。

可以这么说，虽然希拉里为了得到父亲休·罗德姆的爱和认可在努力着，可实际上，母亲多萝西对她的影响却更为深远、更具有意义。

面对希拉里，多萝西经常问她：“你是想成为自己命运的主人，还是想当别人生命里的过客？你想按自己的心愿生活，还是想生活在别人的眼睛里，做别人让你做的事，说别人让你说的话？”

多萝西在童年时代遭遇了很大的不幸，所以对于希拉里想要做的事情、想要达到的目标，都积极支持，而且常常热情地鼓励她。

有一次，4岁的希拉里走出家门，和附近几个同龄孩子玩耍。这时，有个穿着裙子的大女孩走了过来，要求加入希拉里他们的游戏。

希拉里不同意，这时，一起玩的一个小女孩告诉她：“她是奥卡拉汉家的小女儿苏西，她有好几个哥哥，不听她的话，她会打人的。”

希拉里玩得正高兴，还是不愿意把自己的位置让出来。苏西很不高兴，使劲拽着希拉里的头发，把她推倒在地上。

希拉里吓坏了，她只有4岁，还从来没有遭遇过这样的事情。一时间，希拉里就呆呆地坐在地上，一动不动。

过了一会儿，希拉里才哭着跑回了家，把这件事告诉了正在厨房里忙碌的母亲。

让她惊讶的是，母亲并没有安慰她，而是严厉地对她说：“在我们家，从来没有胆小鬼的位置，下一次，你要学会反击。”

尽管母亲这样教育着，可是，希拉里还是不敢反抗。只要一遇到苏西，她就会被呼来唤去，做各种自己不喜欢的事情。

这天，苏西突发奇想，想要做一个漂亮的花环，便对平时欺负惯了的几个小孩子说：“你们快去给我摘一些花来，我要做花环。”

希拉里家里没有花，可她又不愿意去别人的花园里偷花，便迟迟没有行动。苏西见了，狠狠地打了希拉里一拳，希拉里捂着脸，伤心地跑回了家。

“妈妈，苏西又打了我。”希拉里难过地说。

“回去！”多萝西命令道，“苏西打你，你要反击！你不坚强，没有人会保护你。现在，擦干眼泪，立刻回去！”多萝西边说，边用手指向窗外，语气是那么强硬。

希拉里先是愣了一下，然后终于明白了一个残酷的现实，母亲永远不会为了这件事情为她出头。要想以后不被苏西欺负，她就必须依靠自己的力量摆平这件事。

希拉里擦了擦眼泪，转身走出家门，穿过马路，直直地走到苏西面前。而在她身后，有一双充满爱意的眼睛，透过餐厅的窗帘注视着她的一举一动。

这次，轮到希拉里反击了。在苏西周围，站着几个男孩子，希拉里一点儿也没有胆怯，扬起手打了苏西一巴掌。

苏西非常震惊，瞪大了眼睛，不敢相信地注视着弱小的希拉里。等到她反应过来，捂着脸跑开后，周围的男孩子纷纷走过来对希拉里说：“你真厉害，敢打苏西，以后我们一起玩吧。”

希拉里本以为苏西会挥舞着有力的拳头打自己，没有想到她居然会逃跑，而且更没有想到，自己因此得到了和男孩子一起玩的权利。

几分钟后，希拉里兴高采烈地回到家，“妈妈！妈妈！”刚一进家门，希拉里就向多萝西宣布自己的伟大反击。

“还有，”希拉里最后说，“那几个男孩子也愿意和我玩了，真是太好了！”

多萝西笑了：“只有当你勇敢地为自己而战时，才能保护自己，也才能赢得别人的尊重。以后，你要变得更加勇敢，才能独立面对生活中的一切难题。”

当然，多萝西对希拉里的教育并非只有这些。她身上的好习惯很多，而这些习惯也给希拉里的成长带来了很好的影响。

比如，虽然多萝西小时候没有机会读很多书，但她却非常热爱阅读。在希拉里出生后，多萝西就开始念各种故事书给她听。在希拉里识字后，多萝西就每周都带她去图书馆，让她阅读各种优秀的儿童书籍。

由于当时希拉里的家庭条件很好，家里很早就置办了电视。但多萝西却认为，电视并非好的玩物，轻易不让希拉里看电视，以防她沉迷其中。

如果希拉里想要放松，多萝西就会让她和两个弟弟一起玩玩扑克牌、大富翁和填字游戏等。她认为，扑克牌和棋类游戏寓教于乐，可以让孩子们从中学到数学技巧与解题方法。

在多萝西看来，学习是一件非常重要的事情。但是更重要的是，一个人无论在什么情况下，都要保持一颗平和的心。而她，也是这样教育孩子的。

有一次，希拉里问母亲："妈妈，什么叫平和的心态呢？"

多萝西想了想，拿出了一个木工水平仪，里面有一个气泡，讲述了这个水平仪的作用："我手上拿的这个叫水平仪，现在我把它放在桌子上，如果这个气泡在水平仪的正中央，就说明这个桌面是水平的。"

说完，多萝西把水平仪放在了桌面上，希拉里发现，气泡真的处在水平仪的正中央。

这时，多萝西才说出自己的用意："你可以想象一下，自己的身体里装了一个水平仪。当你生气、愤怒、伤心时，这个水平仪的气泡就会像现在这样，偏向一端。"多萝西边说边拿起水平仪的一端，让水平仪略微倾斜，气泡便迅速偏离原来的位置。

"保持平和的心态，就是当你心里的水平仪倾斜的时候，你要努力让它重新变平，让里面的气泡回到原来的位置。"说着，她又将水平仪恢复水平。

演示完以后，多萝西亲切地问希拉里："你听懂了吗？"

希拉里点点头："我懂了，我会在心里放一个水平仪。"

多萝西就是这样，在培养希拉里的勇气时，会用严厉的口气教育。而在教她其他知识时，往往采用春风化雨般的教育方式，让希拉里真正明白并接受。

与多萝西平和的教育方式相比，休·罗德姆的教育方式确实比较极端。但正是这两种截然不同的教育方式的结合，让希拉里具备了坚定的信念和目标，比同龄孩子更显成熟。

休·罗德姆虽然重视权威，但却从不因为希拉里是个女孩子，就限制她掌握自己命运的自由。在他的影响下，希拉里开始了自己独特的求学之路。

第二章

学生时代，对政治倾心的尝试

第一次，希拉里深刻地感受到了政治的残酷性，但是她并没有感同身受，毕竟政治还是一件离她很远的事情。

渐渐地，希拉里长大了，开始在尤金菲尔德小学读书。从一开始，希拉里就很适应学校生活。

“希拉里！”克劳斯夫人突然叫道。

“什么事，夫人？”希拉里问道。

“我要离开教室，由你来管理一下课堂秩序。各位同学，你们要好好学习啊！”克劳斯夫人说道。

“是！”全班同学异口同声地说道。

可是，老师刚出门，班里的男生们立刻吵闹起来，大声说笑，开着各种玩笑，仿佛根本不把希拉里放在眼里。

希拉里严肃地大声喊道：“安静！”

在教室安静下来的一瞬间，希拉里用严肃又略带可怕的眼神盯着那几个男同学。几秒钟后，吵闹的男同学陆续回到自己的座位上。

但是，有一个男同学对希拉里的眼神毫不在意，一手抓住一个女同学的辫子，一手拿着剪刀，作势要剪掉她的头发。

那个女同学有些害怕，想要反抗，可是又怕那把剪刀会伤到自己。正在进退两难之际，希拉里走了过来，夺过那个男同学手中的剪刀，直勾勾地盯着他。

那个男同学起初是一副无所谓的样子，嬉笑着回瞪着希拉里。大约过了半分钟，他脸上的笑容渐渐僵住了。又过了半分钟，他的眼神开始回避希拉里。

就这样，希拉里一句话都没有说，只是用非常具有震慑力的眼神传达着自己绝不认输的信念。最终，那个男同学放下了女同学的辫子。

“什么呀，我只是想开个玩笑而已，一点儿都不好玩。”那个男同学说道，同时松开手，回到自己的座位上，教室也重新安静了下来。

通过一次次替女同学出气，希拉里的威信也渐渐树立起来了。对于大人来说，这或许不算什么，但却让希拉里学会了树立威信的方法，也让她第二年当上了安全巡逻队队长。

也是在她当上安全巡逻队队长的那一年，她感受到了普通民众对待选举政治的态度，这给她留下了深刻的印象。

这天，希拉里的同班同学芭芭拉突然对她说：“今天中午，你和我一起去我家吃午饭好吗？”希拉里高兴地答应了。

两人说说笑笑地来到芭芭拉的家中，此时，芭芭拉的母亲正在打扫房间。看到女儿带着同学来家里，她说：“我正在忙，或许，你们可以做一些花生酱黄油三明治作为午餐。”

希拉里和芭芭拉听了这个提议，觉得很不错，立刻亲自动手做午餐。说说笑笑中，希拉里和芭芭拉很快做好了三明治，并高兴地吃完了。

当芭芭拉向母亲告别时，母亲很诧异地问："现在时间还早，你们为什么不在家里多玩一会儿呢？有什么事着急回学校做吗？"

芭芭拉说："妈妈，我也想多在家里待会儿，睡个午觉什么的。可是希拉里是巡逻队队长，她必须比其他同学早点儿到学校才行。"

芭芭拉的母亲显得有些惊讶，她用略带遗憾的口吻说："早知道是这样的话，我应该给你们准备一顿丰盛的午餐，太遗憾了。"

然后，她转向希拉里说："希拉里，下次一定要再来我们家玩，到时候阿姨给你做一顿像样的午餐。"

希拉里懵懵懂懂地点点头，第一次感觉到，参与学校的"政治"还有这样的好处。

实际上，希拉里做安全巡逻队队长，有的同学认为她是女孩，做不好这样的工作，可她还是毫不在意地做了，这都是源于父亲的教育。

父亲休·罗德姆虽然很严厉，却从不因为希拉里是女孩而轻视她。在希拉里小的时候，她就享受到了比弟弟们更高的待遇。

在一个春暖花开的日子，希拉里全家一起去公园玩。公园里吵吵闹闹，一群玩棒球的人很快吸引了希拉里的注意力。

希拉里停止玩耍，站在一旁仔细观察起来。休·罗德姆并没有阻止希拉里，而是陪着她一起观察。到后来，希拉里高兴地对父亲说："爸爸，我知道旋转球是怎么回事了。"

在以后的日子里，休·罗德姆尽管很忙，但也会抽出时间教希拉里打棒球，陪她玩橄榄球，尝试很多不一样的运动。

在这一点上，母亲多萝西做得也不错，她常常带着希拉里到公共网球场打网球，既锻炼身体又训练球技。

由于希拉里在运动方面做得不错，一入学，她就被视为“假小子”。也因为她洒脱的表现，对各种运动的热爱，她交到了不少好朋友。

“希拉里，这个周六下午你有时间吗？我们一起打网球吧！”这天，希拉里边走边低头看书时，突然听到对面传来这样的声音。

希拉里抬起头，茫然地看着自己的前方，这才注意到和自己说话的是球友吉姆·伊里戈延，而他的身边站着一个希拉里不认识的高个男生。

由于希拉里眼睛近视，需要戴着又厚又重的眼镜。有时为了让自己看上去不是那么难看，希拉里会故意不戴眼镜，现在的情况就是如此。

希拉里想了一下说道：“哦，吉姆是你啊。这个周六下午，我已经和贝齐约好一起去匹克威克电影院看电影了，恐怕不能和你一块儿打网球了。”

贝齐是指贝齐·埃布林，最近才转到尤金菲尔德小学读书。不知由于什么原因，两人很快熟识，而且成了好朋友。

“哦，好可惜啊。”吉姆·伊里戈延有些遗憾地说，“那我们再约其他时间吧。再见。”说完，吉姆·伊里戈延和希拉里摆摆手，与高个男生一起朝相反方向走去。

走出十几步后，高个男生问道：“刚才那个看上去近视眼的女生就是希拉里吗？听你说经常和希拉里打球，我还以为她是个男生呢。一个女生，怎么会参加这么多运动项目啊？”

吉姆·伊里戈延笑了：“是啊，很多人都说她是个‘假小子’呢。虽然她的协调性不够好，不过他爸爸教得很认真，妈妈也经常陪着一起练习，所以打得还可以。”

高个男生突然想到什么似的，问道：“我刚才看到她正在看书，看样子很喜欢学习，学习成绩也不错吧？”

“哦，希拉里啊！她可是老师的宠儿。学习很认真，思维也和一般女孩不一样，学习成绩也很好，几乎门门功课都得A。你也看出她近视了吧？我想应该是学习太努力造成的。”

“哦，原来如此！”高个男生若有所思地说。

吉姆·伊里戈延突然坏笑：“打听这么多干什么？难道你对她感兴趣？”

“瞎说什么呢？”高个男生先是反驳了一句，然后反问道，“上次你说，你把自己的护身符借给希拉里戴了是吧？哈哈，喜欢她的是你吧？”

“你不要乱猜，我们只是朋友。在我们学校，喜欢希拉里的人很多，男生女生都有。你别说，我还真是有点儿佩服她呢。”吉姆·伊里戈延说着，朝身后看去，希拉里的身影早已消失不见了。

希拉里此刻正往家里赶。早上出门时，父亲就交代她早点儿回家，只是她忘了。刚才吉姆·伊里戈延一叫她，反而让她记起了这件事情。

希拉里匆匆回到家，发现她的两个弟弟休吉、托尼以及父亲正端正地坐在沙发上，认真地看着电视。她走近一看，原来四年一度的共和党全国代表大会电视转播已经开始了。

看到希拉里回来了，父亲说道：“希拉里，快坐下，好好看！”

希拉里答应了一声，放好书包坐了下来，眼睛虽然看着电视转播，心里却想着母亲曾经讲述过的一个故事，即父亲和民主党之间的故事。

“当时，你爸爸很喜欢民主党，自认为是坚定的民主党拥护者。那时，民主党的领导者是年轻的理查德·戴利，他很有魄力，也充满了传奇色彩。”

多萝西语调平缓地给希拉里讲述她父亲休年轻时的故事，希拉里则睁大炯炯有神的眼睛，认真地听着。

多萝西摸了摸希拉里的头：“你爸爸是个很有想法的年轻人，还有很多的政治愿望。所以，在芝加哥市展开议员竞选活动时，你爸爸也决定作为无党派人士参加。”

“哦！爸爸这么厉害呀！还有这样的经历。”希拉里赞叹道。

“是啊。”多萝西笑着说，“你爸爸年轻时可了不得呢！”

“后来呢？”希拉里歪着小脑袋问道。

多萝西继续笑着说：“后来呀，你爸爸输了。”

希拉里一副不可置信的样子，在她看来，父亲是最厉害的男人。没有想到，他还有被别人打败的经历。

多萝西猜到了希拉里的心思，便耐心地解释说：“你爸爸是很厉害，但是与那些民主党正规军，也就是那些专门从事政治工作的候选人相比，就显得没有什么过人之处了。”

希拉里点点头。

多萝西有些无奈地说：“自从那次在竞选中落败以后，你爸爸就不再信任民主党。不仅如此，他还特别尖酸刻薄地对待民主党，蔑视工会，反对大部分的政府援助项目，强烈谴责高税收。”

希拉里到这时才明白，为什么父亲平时对待民主党人总是充满嘲讽了。

希拉里突然想到，如果现在转播的是民主党会议，父亲一定会果断地要求他们关上电视。

“不过这也没有什么，我是一名共和党人。”希拉里在心里自言自语。她之所以会这样认为，是因为父亲一直向她灌输他的政治观念。

希拉里全盘接纳了父亲的观点，她也认为，那些没有道德品质的商人和狡猾的政客一样，都是世界上最让人瞧不起的人。

共和党全国代表大会电视转播结束后，希拉里和父亲、两个弟弟一起坐到了餐桌前，开始了激烈的讨论。希拉里很高兴，她相信这种生活会一直持续下去。

在期盼长大中，希拉里读到了8年级。

与其他人不同，希拉里的爱好非常广泛，喜欢和各种各样的人交往。当其他女孩子在谈论化妆、想着约会和谈恋爱时，希拉里却把心思放在了政治上。

“我认为，这次总统选举，尼克松副总统一定可以当选，引导共和党人创造新的辉煌。”1960年秋，负责教社会科学的老师凯文在课堂上用沉着有力的声音表达自己的观点。

“希拉里，你也支持尼克松做总统吗？”课后，阿特·柯蒂斯就总统选举的问题这样询问希拉里。因为他知道，希拉里一直以来都很拥护共和党。

“当然！”希拉里一副很自信的样子，“我和我的父亲都相信，尼克松副总统一定可以当选总统！”

可希拉里说完这话没几天，选举结果出来了，肯尼迪以微弱的优势击败了尼克松，当选为美国第35任总统。

选举的第二天，希拉里正在准备下节课需要用的书本，这时凯文老师走了进来。希拉里和其他同学发现凯文老师的额头上有一些瘀伤。

“老师，你怎么受伤了？”希拉里问道。

凯文老师没有立刻回答，而是亮出了自己身上的一些瘀伤，他用非常愤怒的声音说：“我昨天去了我们芝加哥选区投票所，发现那里的检票员是民主党人，我怀疑他们作弊，结果就被打了，这其中一定有猫腻。”

说完，凯文老师又用非常肯定的语气自言自语道：“对，一定是这样。”

“啊！他们怎么能这么做！”希拉里的好朋友贝齐·埃布林义愤填膺，两只手紧紧地握成拳头，转身问希拉里：“这件事，你怎么看？”

“两天前，我父亲还告诉我，戴利市长发明的计票方法对尼克松副总统很不利，是在偏袒肯尼迪。现在看看老师的情况，我觉得父亲的猜测很有道理。”希拉里沉着地说出了自己的观点。

“那么，”贝齐有点儿不甘心地问道，“我们能做点儿什么呢？”

希拉里说：“我们……我们可以向戴利市长的办公室打电话投诉。吃饭时，我们可以商量一下，看看下一步怎么做。”

午饭时，希拉里和贝齐果然拨打了电话，发泄了自己的不满。

几天后，贝齐神情紧张地把希拉里拉到一个角落，拿出一张海报，用既兴奋又颤抖的声音说：“这是我偶然看到的，共和党人在招募志愿者，亲自核对选民名册与居住地址，以揭露选举中的舞弊行为。”

希拉里仔细地看了看海报，用坚定的声音说：“我们加入吧。周六早上我们一起乘车到市区，然后一起过去。”

周六一大早，希拉里和贝齐乘车到市区，找到了集合的饭店，然后在工作人员的指引下，到了一间小型宴会厅。当时，宴会厅里只稀稀拉拉地坐了几个人。

直到会议结束时，宴会厅里的人还是非常少。很显然，参加人数之少出乎举办者的意料。而在最后分配任务时，分给希拉里和贝齐的是一大堆选民名册。

“过一会儿，同组的人会负责把你们带到目的地，等调查结束时，会再去接你们。不要紧张，调查是件很容易的事情。”负责人在出发前最后安慰她们。

就这样，希拉里和贝齐被分配到不同的小组，开始了一段探险。

与希拉里同组的是一对夫妇，一上车，那位夫人就很和气地安慰希拉里：“看样子，你是第一次做志愿者吧？”

希拉里点点头。

“一会儿，我们会把你送到南城一个落后街区，你可以先敲门，然后询问住户的姓名，看看和选民名册上登录的一样不一样就行了。”

下车后，希拉里走进了社区，一副天不怕地不怕的样子，丝毫没有想到，核对的过程并不像那位夫人说的那么容易。

来到第一户人家门前，希拉里深深地吸了一口气，然后闭上眼睛，“咚咚咚”开始敲门。敲了许久，终于传来一个粗犷的声音：“谁啊？”

伴随着这个声音，门内传来深一脚浅一脚踩在地上的声音，然后“咯吱”一声，门开了，未见其人，一股浓重的酒味扑鼻而来。希拉里不由地伸出手，捂住了鼻子。

开门的男子似乎宿醉未醒，睁开惺忪睡眼，直瞪瞪地看着希拉里：“你是谁？什么事？”

这句话一下子提醒了希拉里，让她想起了自己此行的目的。她立刻把手拿下来，翻开文件说道：“先生您好！我是共和党人的志愿者，在做选民核实工作。麻烦您看一下，这三位都是在这里住吗？”

希拉里递过文件，那名男子看都没看一眼，就一下子把资料打掉在了地上，大声呵斥：“什么选民不选民，打扰我睡觉，滚！”

不容希拉里作详细的解释，那名男子就“哐当”一声把门关上了。陈旧的木门掀起地上的尘土，直接扑入希拉里的鼻中。

希拉里本能地向后退了两步，惊愕得半天没有反应过来。等她意识到发生了什么之后，她倔强地捡起地上的文件，朝下一户人家走去。

接下来核实的过程也同样困难重重。看到希拉里，有的人不等她开口，就直接把门关上；有的刚听希拉里说了一句，就咆哮着让她滚开。

突然，希拉里看到了一栋空房子。“怎么回事？这里没有人住吗？”希拉里自言自语道。同时，她翻开选民登记册，发现在这栋空房子名下记载了十多位选民。

这一发现，让希拉里变得振奋起来。“凭这一点，就说明肯尼迪的选票存在造假！哈哈，我找到能推翻选举结果的证据了！”希拉里天真地叫起来。

希拉里很高兴，又继续探访。这时，她看到了一间酒吧，稍微思考了一下，她就决定走进酒吧打听。“说不定可以找到更多的造假证据。”希拉里在心里默默地说。

她努力让自己镇定下来，以便显得更稳重。一入门，希拉里就一一询问喝酒的男士，认不认识名册上的人，他们是不是这里的居民。

这些人看着年幼的希拉里，露出惊讶的神色。但是，没有一个人回答她的问题。希拉里在酒吧里绕了一圈，一无所获。

调查工作做完后，希拉里站在原先与那对夫妇约定好的地方，等着车子把她带回市区。一见到贝齐，希拉里就高兴地诉说自己这次的收获，显得非常兴奋。

希拉里哼着歌回到家，用最简洁的语言把她的经历告诉了父亲。她想：父亲一定会为我的所作所为感到骄傲的。

可是，听完希拉里的话后，休·罗德姆非但没有表扬她，反而骂了她一顿。

他大声训斥道：“你这傻丫头，怎么可以在没有大人陪着的情况下去市区？去市区也就罢了，你居然又独自去了南城，你知道那里有多危险吗？”

希拉里有些不服气：“可是，我找到了推翻选举结果的证据，我们可以推翻选举结果，我们可以让尼克松副总统当上总统。”

“推翻选举结果？”休·罗德姆冷笑了一声，接着说，“你也太天真了！凭着那么一点儿证据，就想让选举重新进行吗？你要记住，不管我们接不接受，都不可能改变肯尼迪当选总统这一事实。”

听了父亲的话，希拉里不再表示反对。

那天晚上，希拉里久久不能入睡，让她感到冲击的不仅是父亲的话，还有她白天看到的情景。

以往，虽然也经历过小伙伴之间的争吵，但大家到最后总会和好，总能成为朋友。所以在希拉里幼小的心里，也觉得世界如童话般美好。

然而现在，希拉里突然发现，自己没有看到、没有经历过不代表不存在，不代表没有发生。她一直被父母、老师保护着，生活在一个玻璃罩中，与所有不公正的事物隔绝。

这样的生活虽然可以少一些痛苦，少一些伤害，可是，这并不是真实的生活。希拉里终于预感到自己要开始接触真实的世界了。

希拉里想到了自己的老师凯文，想到了他额头和身上的瘀伤，她心里忿忿地说："民主党人真可恶，以后，我们共和党人一定会将他们彻底打败的！"

世界正在发生着变化，对每个人多多少少都造成了一定的影响，包括希拉里。在以后的日子里，希拉里的政治观念会渐渐发生改变。

以后，她将不再以坚定的共和党拥护者希拉里自居，而这一切的变化，都是由于一个人的关系，这个人就是唐纳德·琼斯。

"希拉里，最近去教会，有什么收获吗？"一见面，好朋友贝齐就向希拉里提问。这段时间以来，贝齐发现，希拉里对宗教的兴趣似乎越来越浓。

"嗯，收获挺大的，我正想和你说这件事呢。"希拉里说了这句话，停顿了一会儿，似乎在想接下来要怎么措辞。

"最近，我们第一卫理公会来了一位新的青年指导牧师唐纳德·琼斯，只有26岁，刚从德鲁大学神学院毕业，我觉得，他是一个很不一样的人。"

"怎么不一样呢？"贝齐问。

希拉里回答说："他和前三任青年指导牧师很不一样。首先他在海军服过4年兵役，身材高大，理着平头，开着一辆1959年产的红色雪佛兰羚羊敞篷车，引起不少非议。"

贝齐点了点头："哦，是很特别呢。"

"对了，我正想告诉你呢。现在，琼斯牧师每周四和周日的晚上都会在卫理公会青年团讲课，称为'生活大学'，如果有时间，你也可以一起去听听。"

说这话的时候，希拉里想起了昨天去听课时，琼斯牧师强调"以行动实践信仰"，要求他们阅读T·S·艾略特和E·E·康明斯的作品，还用地理学、政治学以及神学术语赏析毕加索的画，让希拉里感觉耳目一新。

此时的希拉里只是对于这些变化感觉很好奇，她没有想到，很快，她的政治思想就会发生更大的变化。

周日，琼斯突然说道："今天，我要带你们去黑人教堂和西班牙教堂参观，让你们和那里的青年团体交流。"

这对13岁的希拉里来说，还是人生中的第一次。

黑人教堂里，坐满了前来做礼拜的黑人，这让希拉里有些惊讶，她还是第一次看到那么多的黑人。

参观结束后，黑人教堂的青年牧师对琼斯说："请大家跟我来。"

在黑人牧师的带领下，希拉里来到了一个入口处，发现那里能通往地下室。走下几层楼梯后，里面渐渐有微弱的灯光透出来；再走几步，终于下到了底部。在那里，有几个黑人孩子在热烈地讨论着什么。

做过简单的介绍后，希拉里他们就和这几个同龄人展开了讨论。希拉里发现，虽然他们在生活和学习环境方面差异很大，但在很大程度上，他们却有极大的一致性。

“作为一个黑人，我们受到了太多不公正的待遇，我们应当走出来反对种族隔离与歧视，争取属于我们的民主权利……”一个黑人女孩用很平和的语调说道。

等她说完，一个黑人男孩接着说道：“现在南方民权运动的发展进行得如火如荼，很多州取消了公共汽车乘坐上的种族隔离制，我觉得这是我们的一大胜利……”

看到这些黑人朋友慷慨激昂地陈述着自己的观点，希拉里大为惊异。

“真厉害！”希拉里在心里说道，“他们比我知道得多多了。我只是听说过罗莎·帕克斯与马丁·路德·金，他们却知道那么多。”

回来的路上，希拉里对琼斯说：“琼斯牧师，我想了解黑人民权运动的事情，您知道有哪些途径吗？”

琼斯看着希拉里，认可地点点头。

等到再次上课时，琼斯给希拉里带来了几份报纸，还给了她一些书籍和资料，这足以让希拉里研究一阵子了。

在琼斯的帮助下，希拉里了解到了很多以往不曾关注的问题。她的视野变得更加开阔，心胸也变得更为宽广。

只是，这一切都是书籍或记录给她的印象而已。她还太小，不曾参与政治事件，更加不知道政治的残忍性，直到1963年11月22日那天。

几何课上。

“好，现在给大家一点儿时间，把黑板上的这几道题好好做一下。”几何学老师克拉多克放下手中的粉笔，对正在听讲的同学们说道。

希拉里认真地看了看题目，然后小声自言自语道：“这几道题还真不容易解答呢。”边说边立刻在纸上演算起来。

“希拉里，希拉里。”突然，有个同学用手拍了拍希拉里的胳膊，希拉里抬起头，发现同学正用下颚示意她向前看。

这时，讲台上突然传来一个并不熟悉的声音：“同学们，请放下手中的笔，我有个不幸的消息要宣布。”

希拉里看向讲台，不知何时，讲台上多了一位老师，那个老师用沉重的声音缓缓地说道：“我们的总统，肯尼迪总统在达拉斯遭人暗杀了。”

说完，立刻泣不成声。

台下一片寂静。克拉多克老师愣住了，过了大概三秒钟，用充满哭腔的声音大声问道：“这怎么可能？”

克拉多克老师立刻离开教室，跑出去证实这一消息。没多久，他就以一副悲伤的样子出现在大家面前。

“同学们，消息已经被证实了。我们的总统肯尼迪先生，真的被暗杀了。凶手，可能是右翼组织‘约翰·伯奇会’的成员，他们一直都很反对肯尼迪总统。”

这时，教室里像炸开了锅一样，“怎么会这样？”“总统真的被暗杀了？”“怎么办？”各种声音掺杂在一起。

希拉里感到非常震惊，也很难过。怎么会这样呢？我们的国家要怎么办呢？真希望我能帮一些忙，我能做什么呢？

就在希拉里反思的当口，克拉多克老师示意大家安静下来：“同学们，现在立刻到体育馆集合，听听校长怎么说。希拉里，你维持一下纪律。”

克拉多克老师说完，又匆匆离开了。

希拉里本想示意大家安静，按顺序走进体育馆，但是周围非常安静，没有人开口说话，大家似乎都在思索着什么。

就这样，数千名学生走进了体育馆，脸上满是怀疑的神情。等待了大约几分钟后，校长走了进来，又一次证实了肯尼迪总统被暗杀的消息，同时宣布提早放学。

走进家门，希拉里习惯性地喊了一声：“妈妈，我回来了。”但是，没有一点儿回应。希拉里走进客厅，发现妈妈正坐在电视机前看新闻。

电视画面上，是身着西装的沃尔特·克朗凯特，他用低沉而又略带嘶哑的嗓音宣布肯尼迪总统已在中部标准时间下午1点过世。

听到这个消息，母亲非常悲伤。希拉里走过去握住母亲的手，想要给她一点儿力量。母亲看着希拉里说：“当时，我投了肯尼迪总统一票，想着他能做一番事业。现在发生了这种事情，真让人伤心。以后，他的妻子和孩子们怎么办？”

希拉里虽然最初由于党派关系并不赞同肯尼迪当选总统，但此刻，除了和母亲一起流下眼泪外，别的什么事情也做不了。

这个消息对于她来说太震惊了。她不曾想到，在自己生活的这个年代，暗杀事件还会发生。她也不曾想到，政治居然伴随着流血。

第一次，希拉里深刻地感受到了政治的残酷性，但是她并没有感同身受，毕竟政治还是一件离她很远的事情。

生活依然继续着，要不了多久，希拉里的思想就会接受新一轮的洗礼。

在与琼斯牧师他们一起参观了南城的一个社区后，希拉里了解了一些她以前不知道的事情，这更激发了她认识世界的欲望。

上天似乎总是在眷恋着这个17岁的女孩，在她有了这个想法后的一天，琼斯在一次上课时突然说道：“下周，我要带你们去音乐厅听马丁·路德·金的演讲，征得父母的同意后，到我这里报名。”

希拉里高兴坏了。“马丁·路德·金”，这可是她最近听到的次数最多的名字。他是民权运动领袖，试图改变美国人的思想观念，打造一个兼容自由与平等的新美国。

这些信息，都是希拉里通过与别人的谈话和一些书面资料获得的，而真实的马丁·路德·金是一个怎样的人呢？他又会开启一个怎样的世界呢？希拉里相信，见到马丁·路德·金本人以后，她会得到答案。

两天后，希拉里在教会见到了海伦，她来听琼斯讲课没几天。“嗨，海伦，你会去听金博士的演讲吗？”

海伦有些失望地摇摇头：“我父母不让我去，他们说，金博士的言论太偏激，怕我受到不好的影响。你呢？父母怎么说？”

希拉里安慰她说：“以后还有机会。我一说，他们就同意了。他们不想因为我是女孩子，就限制我的行动。”

在海伦羡慕的目光的注视下，希拉里同其他几个孩子以及琼斯一起到了音乐厅。音乐厅并不大，却挤满了人，大概超过了1000人。

“今天，我演讲的题目是《在革命中保持清醒》。”随着这样一句话从马丁·路德·金口中说出，现场立刻安静下来。

“旧秩序终将走向灭亡，由新秩序发挥相应的作用。不论是谁，都无法抗拒这个新秩序，并且在这个新秩序下友好共处，否则迎接我们的就是灭亡……”

希拉里的内心有了异样的感受，一直以来，她的政治观点都非常保守。面对马丁·路德·金如此激进的演讲，她居然有了前所未有的触动。

希拉里想：这个新秩序真的很好！如果我能改变这个世界，那该有多好！那恐怕要等到很多年之后吧。

希拉里转念又一想：不对，我要改变，现在就要开始！可是，要从哪里入手呢？南缅因高中吗？对，就是南缅因高中！

一直以来，希拉里都希望改变南缅因高中的一些不正当风气，也一直努力着。希拉里的这份坚强，来自于父亲对她的教育。

父亲从小就教育她，不要害怕权威，不要害怕任何事物。为了更生动地说明这一点，父亲还给她讲了自己年轻时的一个故事。

到现在，希拉里仍然记得清清楚楚。

当时，希拉里的父亲出了一次不小的车祸。被送到医院的时候，医生发现，他的双腿伤得很重，需要立刻做截肢手术，并且要求希拉里的奶奶签字同意手术。

奶奶拒绝了，她不相信医生的诊断。她说："我的儿子不能没有双腿，我相信他的腿可以恢复健康。现在，你给其他医院的医生打电话，我要让其他医生帮我儿子治疗。"

医院的领导人很无奈，只好给兄弟医院打电话，请来了另一个医生。

最终，那个医生经过检查后发现，通过手术，能够保住休·罗德姆的双腿。奶奶听了，喜极而泣。

后来，正如那个医生所说，休·罗德姆很快恢复了健康。从那以后，他也深深地意识到，不管到什么时候，都要有勇气反抗所谓的权威。

那个故事，希拉里听过不止一遍，"决不放弃"的观念也深深地刻在了她的头脑中。

事实上，在高二当选学生会副主席时，希拉里就想着有一天要竞选高三学生会主席。尽管当时的舆论认为这是不可能成功的，女孩只能当副手。

这一天终于来了。

当希拉里提出自己要参加高三学生会主席的竞选时，引起了一场不小的风波。贝齐听到大家的议论后，很不满地说："女孩子怎么了？女孩子就只能当副主席吗？竞选正职也是女孩子的权利，我绝对支持希拉里。"

说完这话，贝齐立刻去找希拉里，原本打算安慰她几句，不想希拉里却一点儿也不担心："我从小学起，似乎就在为这次竞选做准备。我以后要走上'政治'之路，相信我，这次只是一个小的练习，而我一定会成功。"

这个一直受到上天眷顾的小女孩相信，这次，上天同样会向她展示温暖的笑容，为她的人生添加一段新的成功史。

同时参加学生会主席竞选的，还有两个男生。这天，希拉里走在路上，与其中一个男生不期而遇。

这个男子以一副天之骄子的神态对希拉里说："你不要妄想了，女人做不成任何大事。你要能当选，连猪都要笑了，这种想法真是愚不可及！"

就在同一时期，校园里突然流传起"女人做不成大事""不能让女人支配男人""选择希拉里就是给南缅因高中抹黑"等各种言论。

帮助希拉里竞选的一个女同学非常气愤，大声说道："希拉里，你现在要狠狠地反击，让他们知道，你能比所有男生做得都好！"

希拉里感觉自己受到了伤害，但是却不愿意违背自己多年所受的教育，即面对别人的卑鄙行为时，要采取高尚的态度对待，要学会包容。这一次，她也打算这么做。

"我不会反驳，清者自清，浊者自浊，我相信，同学们的眼睛是雪亮的，我会采取独特的竞选策略，也会用自己的才能吸引到更多的选票。"希拉里自信地说。

没错，从小到大，希拉里都非常关注政治，如果说以后要选择一个人生方向，那一定是从政；如果选择一件能做好的事情，那就是这次的竞选。如果失败，自己的人生规划也会变成一纸空谈。

然而，或许是上天有意考验希拉里，希拉里的包容策略让两个男候选人的气焰变得更加嚣张。在面对5000名学生做竞选演讲时，尽管希拉里口才了得、异常自信，却仍然没有争取到支持自己竞选成功的选票，而以惨败告终。

希拉里痛定思痛，开始反思自己身上的不足。很多时候，上帝关上一个人的一扇门的时候，往往还会给他打开一扇窗。

很快，希拉里就找到了上帝留给自己的这扇窗，就是著名的“七姐妹女子学院”之一的韦尔斯利学院，它也是美国最棒的女子学院之一。

不过，在她打开这扇窗之前，她还要做另一件事，那就是为她的毕业舞会找一个男舞伴，这也是让她感觉头疼的一件事。

在与贝齐·埃布林聊天时，希拉里曾告诉她，自己还没有找到一起参加毕业舞会的舞伴，贝齐出于对希拉里的爱护，把这件事情揽了下来。

希拉里知道，这不是一件简单的事情。虽然她小时候总是和男孩子打成一片，但近几年来，她几乎把精力都用在了学习、教会和参与政治活动上，认识的男孩子并不多。

很快，贝齐就发起行动，为希拉里寻找舞伴。

“这次的毕业舞会，你做希拉里的舞伴怎么样？”贝齐对和自己在10年级时交往过的吉姆·斯科耶克说，虽是问句，却并没有商量的语气。

“你是说希拉里·罗德姆吗？”吉姆·斯科耶克有些惊讶地问。

贝齐点点头。

“我不喜欢希拉里，她一点儿都不漂亮，而且显得很死板、老气横秋，好像看不起所有人似的。她不适合我，我要找个有气质的女孩约会。”吉姆·斯科耶克直接说出了自己的观点。

“你是不了解希拉里才会这么说，其实，希拉里很容易相处的，而且如果摘下眼镜打扮一下，她还是很漂亮的。”贝齐劝告道。

吉姆·斯科耶克似乎还是不太愿意。

“这样吧，”贝齐最后说道，“你先和她约会试试，到时候你如果还是不愿意，再拒绝也不迟嘛。毕竟，希拉里可是个非常优秀的女孩啊。”

贝齐的话并不假，虽然在很多人看来，希拉里似乎不够漂亮，还喜欢对别人发号施令、指指点点，一副自大自傲的样子，但那只是她沉着冷静的一面罢了。

看到吉姆·斯科耶克终于答应一试，贝齐兴奋地跑去将这一消息告诉了希拉里。

“你说什么？”希拉里问道。

“实习约会，”贝齐又强调了一遍，“吉姆是一个很有趣的人，你可以先和他相处看看，再决定要不要他做舞伴。”

“可是，”希拉里有些不自信地说，“我一和男生约会，就会感觉很紧张，感觉很没有自信，怎么办？”

贝齐知道，希拉里不是对自己不自信，而是对自己的穿着打扮不自信。从小到大，希拉里的父亲都很吝啬，不同意给希拉里买各种靓丽的服装，希拉里便与时尚越走越远。

“不用担心，你很有魅力。你和妈妈不是已经说服爸爸给你买件礼服了吗？舞会前，你就开心地约会吧。”贝齐安慰道。

在贝齐的极力撮合下，吉姆·斯科耶克和希拉里终于开始了约会。有一次，吉姆·斯科耶克开车带着希拉里兜风，开到车道顶端时，突然停了下来。

他打开后备厢，向希拉里炫耀自己的滑板：“这是我的最爱。你以前滑过吗？要不要在这里试试？”

希拉里看着这段蜿蜒曲折的车道，心里非常紧张。“会，会滑。”希拉里努力让自己镇定下来，以掩饰自己的胆怯。

“怎么办？怎么办？我以前从来没有滑过，如果他让我滑滑看，怎么办？上帝，千万不要让他提出这种要求！”

就在希拉里在心里暗暗祈祷时，吉姆·斯科耶克把滑板递了过来："试试看吧，真的很有意思。"希拉里虽然很不情愿，可是不愿意暴露自己的胆怯，放下滑板，站了上去。

滑板起初速度很慢，越往下速度越快，希拉里不由地闭上了眼睛。幸好，她顺利地滑到了底部，没有摔倒，更没有受伤。

吉姆·斯科耶克站在那里看着，发现现实中的希拉里真的和传言中很不一样。回去的路上，他问希拉里："毕业舞会，你愿意做我的舞伴吗？"

希拉里高兴地答应了，并且怀着高兴的心情等待着舞会的到来。

终于，到了毕业舞会的那天。

下午，贝齐来到希拉里家，和她一起为舞会做准备。穿上礼服的希拉里别有一番风味，显得很成熟。但是那头乱糟糟的头发，无论贝齐怎么打理，都无法做出漂亮的发型。

希拉里看到镜子中的自己，眼泪都被气了出来。突然，她从贝齐手里夺过梳子，把它掰断了。

贝齐非常惊讶，那把梳子是希拉里最喜欢的。看到她恼羞成怒的样子，贝齐一下子愣住了，不知道要怎么办才好。

这时，希拉里的母亲走了进来，看了看眼前的情况，她先是安慰了希拉里，然后拿起另外一把梳子，将希拉里的头发向后梳，然后找出一只蓝色的蝴蝶结，别了上去。

"呀，棒极了！"一旁的贝齐高兴地拍手叫好。

希拉里看了看镜子中的自己，比刚才漂亮多了，脸上的怒气立刻一扫而空。"妈妈，谢谢你，我很满意。"希拉里的脸上终于露出了笑容。

看着有完美主义倾向的女儿笑了，多萝西也非常高兴。

其实，由于父亲休·罗德姆的严格要求，希拉里也一直严于律己，总希望在别人面前展现出自己完美的一面。

那是她的一大优势，也是她的短处所在。以后，在这种心理的支配下，希拉里会走过一段很难的心理历程，并最终完成自我的蜕变。

不过现在，希拉里可没有工夫想这些，她期待着度过愉快的舞会时光，然后进入自己心仪的韦尔斯利学院。

第三章

韦尔斯利学院，独立的开始

这是希拉里的一大特点，她总是喜欢反省和思考。在韦尔斯利学院获得了很多老师和同学的认可后，希拉里的情绪仍然不是那么稳定，时常会因为思考而陷入抑郁。

“如果不是当初竞选高三学生会主席失败，我可能不会申请进入韦尔斯利学院读书，那我的人生轨迹又会朝什么样的方向发展呢？”已经决定到韦尔斯利学院读书的希拉里在心里默默问自己。

希拉里很清楚，正是由于在竞选失败后痛定思痛，她才发现自己有很多东西需要学习，很多能力需要锻炼，才会把注意力放在升学上，让自己发现这样一所适合自己继续深造的大学。

事实上，进入高中后，希拉里就已经开始考虑上大学的问题了。只是由于离毕业尚有一段时间，所以她表现得很坦然。

竞选失败后，希拉里开始通过各种途径打听各个大学的情况。

“老师，您能给我一些升学上的建议吗？”一开始，希拉里把希望寄托在学校升学顾问的身上，可是这个老师无暇顾及希拉里，又或者对于这个问题也不甚清楚，所以只是给了她一些中西部大学的简介。

看着这些简介，希拉里试图说服自己：“这些学校离家很近，而且教育理念也很好，一定能让我取得更大的进步。”

可是，尽管不断地这样自我暗示，希拉里的情绪却依然无法高涨起来。

直到那一天，希拉里的两位老师卡琳·法尔斯特罗姆与珍妮特·阿尔特曼知道了希拉里的苦恼后，笑着说道：“如果你没有决定好上哪所学校，为什么不考虑一下就读女子学院呢？”

希拉里很清楚，法尔斯特罗姆刚刚毕业于史密斯学院，而阿尔特曼也于不久前毕业于韦尔斯利学院，这是两所著名的女子学校，所以她们才会提出这种建议。

“可是，我从来没有考虑过到外地念书。”希拉里满脸诚实地说。

“那么为什么不趁这个机会转变一下自己的想法呢？”法尔斯特罗姆劝说道，“外面的天地很广阔，坐井观天实在不是好的决定。”

“是啊！女子学院确实是很好的选择。”阿尔特曼不断地点头，突然提高了声音强调说，“在那里，你会得到最大的尊重，也不必在衣着打扮上费心，平时可以专心学习，周末可以痛快地玩，你不妨考虑一下。”

希拉里心里突然有盏灯亮了起来。

后来，在法尔斯特罗姆与阿尔特曼的邀请下，希拉里先后参加了史密斯学院和韦尔斯利学院的聚会，认识了两所学院的校友与在校学生。在聚会上，希拉里见识到了她们的自信，也发现她们确实与众不同。

但是，希拉里心里依然拿不定主意。毕竟，她还从来没有独自一个人到那么远的地方生活过。希拉里最终决定询问一下父母的意见。

“妈妈，我要不要去念女子学院呢？”希拉里犹豫着问。

“只要你喜欢，去哪所学校妈妈都支持你。”

“爸爸，我要不要去念史密斯女子学院或者韦尔斯利女子学院呢？”

“随便你。但是，如果你到密西西比河以西的大学或拉德克利夫女子学院读书，就别指望我给你出学费！”

听父母这么说，希拉里明白，他们对这两所学校都不反感，选择权在自己。

在和父母进行了简短的对话后，希拉里向史密斯学院和韦尔斯利学院发出了入学申请，在被两所学校录取后，根据两校提供的照片，希拉里决定去韦尔斯利学院读书。

开学周，韦尔斯利学院又一次迎来了一批大一新生。在这群注定要经历时代巨变的女孩中，希拉里似乎并不起眼，但这丝毫不影响她在头脑中幻想自己的未来。

这个不久前还在照片上、还在希拉里头脑中的美丽校园，现在居然如此富有活力地展现在她面前，真是让她感觉兴奋、激动。

在希拉里身旁，是送她来上学的父亲、母亲。此时，父亲休·罗德姆正装作若无其事地打量着学校，而母亲多萝西则揉着红红的眼睛，显然，她之前已经哭过了。

“希拉里……”到了分别的时间，多萝西依然不舍得离开，似乎还想嘱咐女儿几句。希拉里当时根本体会不到母亲的心情，只是催促着他们快点离开。

“哈哈哈，我终于自由了！”父母离开后，希拉里在心里大声呼喊。如果不是在人来人往的校园里，她真想把这句话大声地喊出来。

谁知道，父母离开不到1小时，希拉里就顿觉孤单。毕竟，这是她第一次离家这么远！身边没有父母、没有朋友，有的只是陌生的面孔。

而此时，希拉里的父亲休·罗德姆正开车行驶在回家的路上，面色凝重。坐在副驾驶座上的母亲多萝西因为过分担心女儿，正低着头轻轻哭泣。

“行啦！不要再哭了！希拉里能照顾好自己！”休·罗德姆这样劝慰妻子，自己的眼圈却慢慢变红了。

短短几天，希拉里就感觉到了严重的不适应。虽然一开始，希拉里很喜欢韦尔斯利学院的校训“宁照顾他人，勿被他人照顾”，但是现在她发现，这一切并没有那么简单。

以前，她的所有生活事务都由母亲打理；现在，这一切都要自己独自应对。那些平时看惯母亲做的事情，现在居然变得那么难。

而且，更让希拉里感到着急甚至难堪的是，从小学到高中，她一直是学校的优秀学生，是老师的宠儿，可是来到韦尔斯利学院以后，这一形势瞬间发生了翻天覆地的变化。

在这里，没有一个人关注希拉里，而在与同学们接触后，希拉里的孤单渐渐演变成了焦躁、自卑，甚至抑郁。因为她发现，似乎所有的人看上去都比她厉害。

希拉里一直忍耐着，希望早点儿适应这种变化，可是，那种压抑的感觉非但没有消失，反而一天比一天强烈。

直到有一天，希拉里再也忍受不了了，她大哭着给家里打了电话。

“爸爸妈妈，我的选择错了，我不应该来这所学校的。在这里，我的自尊心全都被粉碎了！她们比我聪明，受到的教育比我优秀，见识比我广，样样都比我强！所有的课程对我来说都太难了！”

电话另一端的父母听到希拉里哽咽的声音，既心疼又着急地说道：“你慢慢说，说得清楚一些。”

希拉里呜咽了半天，也不管父母有没有听清楚，最后，她终于慢吞吞地说出了自己打电话回家的目的：“爸爸妈妈，我想退学。”

希拉里的父母没有想到，让他们引以为豪的女儿居然说出这种话，在沉默了好一会儿之后，希拉里的父亲休·罗德姆痛快地说出了三个字：“回来吧。”然后，他又补充道，“回来爸爸给你找别的学校上。”

“不行！”母亲多萝西坚决反对，“我们家里不欢迎临阵脱逃的人，这么不堪一击怎么行？你要是退学了，以后肯定会后悔！”

听到母亲如此决绝的话，电话这端的希拉里失望了，在心里默默说道：“妈妈，你根本不知道我在这边经历了什么。不，你一辈子都不会知道！”

希拉里想起这一个月所经历的种种困难，眼泪又流了下来。可是她知道，如果她真的回家了，母亲真的有可能把她赶出门。

最后，希拉里只好无奈地说：“妈妈，我明白了，我会继续留在这里。”挂了电话后，希拉里又大哭了一场。

我的苦闷，没有人能了解。

抱着这样的心理，希拉里留了下来。随着时间的流逝，她渐渐能够接受与其他同学之间的差距了。

可是，苦闷依然充斥着希拉里的内心，因为她引以为豪的学习能力，现在看来却是那样的不足。作为一个学生，希拉里对于自己所学的课程都无法应对，更别提从那么多同学当中脱颖而出了。

努力得到好的成绩，一直是希拉里获得老师喜爱的原因之一。但是在这里，她失去了这一资本。“希拉里，你真的不适合学习法语”，当她在法语课上听到法语教授这么说时，真是羞愧得想永远离开。

希拉里经过思考又思考，反省又反省，终于做出了决定：我不仅要留在这里，我还要全力以赴！我要成为韦尔斯利学院最优秀的学生。

如果说希拉里有什么地方最值得她骄傲，那就是她的毅力。为了提高学习成绩，她可以整天泡在图书馆里，而且坚持很久。

在希拉里决定成为韦尔斯利学院最优秀的学生后，她就是这样学习的。而不久之后，在一个雪夜里发生的一件事情，更坚定了她的这一想法。

那晚，校长玛格丽特·克拉普突然来到女生宿舍——戴维斯楼的餐厅，这位非常有气质的校长笑着说道："如果有时间，我希望大家能和我一起摇掉树上的雪。"

顺着校长的目光，希拉里往窗外看去，宿舍周围的树木上已经堆积了厚厚的雪，如果不快点摇掉，树枝肯定会被压断的。

希拉里最先走到校长身边，餐厅的其他几个女生见状，也默默无语地跟在校长身后，一同走出餐厅。

"真冷啊！"希拉里不禁小声说道。抬头望向天空，星斗满天。此刻，地上的雪已经有一尺多厚，齐膝深。她们一起走向离餐厅门口最近的一棵树，一起轻轻晃动，然后再一起走向下一棵树。

在这个过程中，希拉里就站在校长身边，看见她脸上满是坚强和睿智。这样一位懂得呵护大自然的校长，一定也会关爱她的学生吧，希拉里在心里这样想着。

第一次，不是迫于父母的压力，希拉里从内心深处感觉到，自己属于韦尔斯利学院。在这里，她终于找到了迟迟而来的归属感。

那一晚过后，希拉里努力重拾自信，开始主动敞开心扉结交新的朋友。而这些朋友，在以后几十年都和她保持着友好的关系。

希拉里毫不掩饰地表现自己，没过多久，她的善良、风趣幽默、组织和协调能力就表现得一览无余。她的同学发现，在她的身上有一种大方和优雅的气质，让人很难不被吸引。

希拉里是幸运的，在韦尔斯利学院，由于没有男同学的关注，她可以戴着大大的厚瓶底眼镜，可以用粗橡皮筋把头发简单地扎成马尾辫，根本不必因为自己的穿着自卑，也不必花费时间打扮。

这让希拉里多了很多学习、交友的时间。她渴望得到韦尔斯利学院老师和同学的认可和赞赏，而这一切必须通过努力才能取得。

下定决心的希拉里不知道，用不了多久，她就会成为韦尔斯利学院独一无二的人物，成为一个领导者，成为让同学崇拜和敬畏的人。

决定在韦尔斯利学院努力学习后，青年共和党俱乐部的主席竞选活动也要开始了。希拉里既兴奋又担心，考虑着自己是不是要参加这次竞选。

"她们都这么强，按身份，她们出身特权阶层；论外貌，她们很多人都比我强；按学习水平，她们成绩优异，能讲三四种甚至五种外语；论学习经历，她们很多人都读过新英格兰地区最好的寄宿学校……我要怎么和她们相比？"

希拉里在心中默默地将自己和其他同学相比，发现如果自己参加竞选，实在没有什么优势可言。

"我不行！上次学生会主席都竞选失败了！"

一瞬间，一种深深的挫折感围绕着希拉里。

"算了，不去想了！"希拉里叹了口气，拿起课本，准备去图书馆学习。

突然，希拉里看到书的封皮上，自己亲手贴上的小纸条，那上面用清秀的字体写着校长训话的内容。

"你们是精英中的精英，是最聪明、最优秀的学生。你们要记住，在任何时候，都没有人有权力要求你们屈居第二，尤其是屈居男孩子之后。"

"对啊，"希拉里说了一句，"如果我不愿意，没有人能让我屈居第二，我完全可以成为第一，就看我想不想做、敢不敢做。"

想到这里，希拉里立刻着手参加主席竞选活动。希拉里勇气可嘉，那自信的样子、雄辩的口才给全校的老师和同学留下了深刻的印象，也让她成功当选主席。

在知道结果的那一刻，希拉里深深地认识到，不论事情有多难，自己都要鼓励自己去尝试、冒险，甚至犯错误，这是自己的机会和权利，不能因胆怯而失去。

希拉里在青年共和党俱乐部主席的位置上努力着，但没过多久，她的思想就发生了变化。她开始质疑共和党的民权和越战政策，开始向党内的少数派靠拢。

在和父亲休进行讨论时，希拉里总是不由自主地表现出自己民主主义、女权主义和反战主义的倾向，并且援引《纽约时报周刊》上的内容，这让父亲既惊讶又反感。

韦尔斯利学院是一个非常有水准的学校，教授们认真负责，思想开明。即使他们非常支持某一个党派，也不会盲目地认同这个党派的全部观念，更不会因此打击对立的党派。

在学校教授们的教导下，希拉里把更多的时间用在了反省上，不断审视自己头脑中的许多固有观念，也渐渐拥有了属于自己的思考能力，而非沿袭父亲的观念。

有了思考能力的希拉里发现，她无法像以前那样毫不怀疑地支持共和党人，这或许是一种暗示，暗示着她需要从主席的位置上下来。

这天，韦尔斯利学院的林荫小道上，充满活力的女孩们三三两两地走着，脸上洋溢着欢快、自信而又充满斗志的神情，看上去让人感觉心里充满了阳光。

但是，在这三三两两结伴而行的女孩中，有两个女孩的面色非常凝重，她们似乎在非常慎重地讨论着什么。

“希拉里，你再慎重地考虑一下好不好？”贝琪·格里菲斯，共和党人坚定的支持者，同时也是希拉里在韦尔斯利学院认识的好朋友这样劝说道。

“不，贝琪，我考虑得很清楚了。”希拉里用非常坚定的语气说，“现在，我已经不再认同共和党的政治观念了，继续担任青年共和党俱乐部主席一职，只能是自欺欺人。”

贝琪·格里菲斯并不这么认为，她说：“你说过，对于共和党在越战和民权运动问题上的政策，你很难理解，但是这并不代表你的思想已经脱离了共和党。而且，你也不能因为一些政策，就彻底否定共和党的价值。”

希拉里推了推鼻梁上重重的眼镜，然后才缓缓开口：“我不是否定共和党的价值，只是感觉我无法认同那些观念。”

说这话时，贝琪·格里菲斯明显感到有一道坚定的目光透过酒瓶底厚的镜片直射到她脸上，这是一种怎样的感觉呢？

贝琪·格里菲斯一直非常拥护共和党，也因为这一政治信仰，她和希拉里经常就共和党的一些政策进行讨论。加深了友谊的同时，也更让她坚定了自己的信念。现在，希拉里要远离共和党，作为好朋友，她理应劝说她。

但是，当贝琪·格里菲斯看到希拉里坚定的目光时，她逐渐明白，这一场劝说注定要失败的。

很久之前，希拉里曾经说过，高中时，她开始阅读父亲一直反对她看的《纽约时报》，从中看到了很多不同的信息和观念，冲击着她对共和党、对世界的认识。

而且，贝琪·格里菲斯也很清楚，韦尔斯利学院的政治学教授们非常睿智，利用新闻事件让希拉里打破了以往的认知，逐渐发现共和党并不是她想要拥护的党派。

想到这里，贝琪·格里菲斯笑着对希拉里说："我知道了，我尊重你的决定，可是这之后，你要做什么？"

希拉里明白，贝琪·格里菲斯是问她在政治方面想要继续做什么，她想了想，说："我打算好好阅读一些关于越南战争的文章，多花一些时间反思自己以往的各种政治思想。"

贝琪·格里菲斯握住了希拉里的手："我相信，即使不再拥护共和党，你以后也一定会有一番作为，我绝对相信。"

希拉里笑着点了点头，握了握她的手，表示对好朋友的感谢。

此时的希拉里已经不再是丑小鸭，但她知道，自己离变成美丽的白天鹅还有很长的一段距离。她总是觉得自己的人生很不完整，还有很多事情值得探索。

这是希拉里的一大特点，她总是喜欢反省和思考。在韦尔斯利学院获得了很多老师和同学的认可后，希拉里的情绪仍然不是那么稳定，时常会因为思考而陷入抑郁之中。

希拉里的成绩很好，经常得"A"；她有一群相亲相爱的朋友，能给她最大的支持；她有个哈佛大学的高材生男朋友，能给她炽热的关心；她参与课外公益活动，从中得到成就感和满足感。

即使这样，也没能让她觉得自己是优秀的。不知道从何时起，她的心中有了一颗抑郁的小种子，如果找不到自己的人生目标，她就会一直这样抑郁下去。

在大一快结束时，希拉里辞去了青年共和党俱乐部主席的职务。经过广泛的阅读、深入的反省和思考，希拉里反而变得更加迷茫了。

"越战是合理的，还是错误的呢？"这天，希拉里又在思考这个问题。

但这次与以往不同，心里有个声音突然说道：“越战问题很复杂，但对你而言，现在难道不应该仔细想想自己的人生目标吗？你想成为什么样的人？”

“是啊。”希拉里突然自言自语道，“我应该想想，自己想成为什么人。”

想到这里，希拉里拿出一张纸，一边思考，一边在纸上简单地写上几笔，然后把这张纸贴在了自己的书桌上。

每当希拉里坐在桌旁看书或者学习时，抬头看到这张纸，都会好好地思考一番。希拉里每天都这样做，每天都在纸上添加上几笔。写得满满的几张纸，在经过筛选、整理和总结后终于变成了这样五行字，也是她对自己人生的五项定位：

教育和社会改革家

与世无争的学者

彻头彻尾的准嬉皮士

乐于助人的隐士

政治领导人

这不是随随便便写出来的，而是经过了冷静的思考与筹划。而在这五项定位的后面，希拉里又陆陆续续地列出了进行实践的方法与途径。

显然，她是认真的，想要通过实践活动为自己的人生定位。在那个困惑、茫然的阶段，这可能是走出困惑最好的方法。

在希拉里上小学的时候，她一度想成为一名科学家，乘坐着宇宙飞船在太空中进行重要的研究。因为在当时，苏联成功地发射了第一颗人造卫星，这充分刺激了希拉里的奇思妙想。

进入中学后，希拉里越发将这个理想当回事。当时，肯尼迪总统为了不在空间竞赛上输给苏联，号召全国人民支持他的登月计划。

希拉里非常兴奋，把做一名宇航员当成了自己一生的目标。只是后来得知，宇航员的视力要求很高，而她又是一个高度近视者，便放弃了这一理想。

“具体要从哪里开始呢？”希拉里一边思考着，一边自言自语。突然，她察觉到自己面前出现了一个阴影，躲闪不及，直接撞了上去。

“啊，撞到人了。”希拉里想。

很快，希拉里就说了声“对不起”，这才抬起头来，看到一个黑人女孩正在冲着她笑：“希拉里，想什么呢？”

希拉里笑了：“嗨，凯伦，是你啊。”凯伦·威廉森是韦尔斯利学院的学生。在近400人的年级里，只有6个学生是黑人，凯伦·威廉森是希拉里认识的黑人朋友之一。

这时，希拉里看到，在凯伦·威廉森的身旁还站着一个黑人女孩，仔细看了以后，才知道是和自己见过几次面的珍妮特·麦克唐纳。

珍妮特·麦克唐纳来自新奥尔良，沉着的她和希拉里有着一段相同的经历。珍妮特·麦克唐纳进入韦尔斯利学院没多久，便要求退学。巧合的是，她父母的态度与希拉里父母的态度一致，结果，她就留了下来。

珍妮特·麦克唐纳和希拉里简单地打声招呼后，便离开了，留下凯伦·威廉森和希拉里互说近况。

希拉里很喜欢凯伦·威廉森，在进入韦尔斯利学院之前，她虽然也认识一些黑人，比如父亲公司里和家里请的工人，但那些并不算是真正的朋友。

与凯伦·威廉森交朋友，虽然一方面是因为她生气勃勃、思想独立，但是另一方面，希拉里很清楚，是某种动机在作怪。

和凯伦·威廉森告别后，希拉里突然想起自己在大一时曾经邀请她一起去做礼拜。现在，希拉里还记得当时的情景。

那是在希拉里和凯伦·威廉森一起参加一个活动时发生的事情。活动结束后，希拉里问道：“凯伦，星期天早上我们一起到校外做礼拜怎么样？”

这一提议一说出口，不仅让凯伦·威廉森感到很惊讶，就连希拉里也被自己的话吓了一跳。好在凯伦·威廉森没有注意她的这一变化，爽快地答应了。

在这个提议之前，希拉里看到过一个白人学生和一个黑人学生一起去做礼拜，她总是感觉很羡慕：“哇，那个女孩真是开明呀。”

而和凯伦·威廉森一起去做礼拜，也能证明她是一个开明的女孩。她渴望体验这种感觉，也希望能因此展现出自己的与众不同。

做完礼拜回来，希拉里立刻给父母打了电话：“爸爸妈妈，你们猜我刚才做了什么事情？我和我的黑人朋友一起去教堂做礼拜了！”

听到希拉里兴奋的声音，父亲休·罗德姆感觉非常好笑，这并不是一件值得炫耀的事情。他立刻斥责希拉里：“你知道吗，我很不赞成你这样炫耀！”

尽管从父亲那里听到了训斥的话，但希拉里高兴的心情依然没有受到破坏。她后来又打电话给朋友，没想到，她朋友的反应也和父母一样。

回想到这些并不让人愉快的经历，希拉里突然发现，想要和过去告别，想要成为一个教育和社会改革家，并不是一件容易的事情。

但是，很快，希拉里就不得不承认，与教育和社会改革活动相比，她更喜欢泡在图书馆里学习。“或许，做一个与世无争的学者更适合我吧。”希拉里对自己说。

很快，她就展开了行动，找到了自己的政治学教授安东尼·达马托，希望能通过做他的研究助理了解学者的生活。

“做学术研究？可不是你想的那么容易啊，希拉里。”安东尼·达马托看着眼前这个年轻的女学生，笑着说道。

“那么，请让我试试吧。”希拉里并不相信安东尼·达马托的话，一点儿也不退缩。她相信，只要想做，只要去做，自己就能做好。

安东尼·达马托笑了：“做研究很枯燥、很辛苦，往往还得不到别人的理解，我担心你做不了几天就会放弃……”

原来是有这样一层顾虑，希拉里略略放了心。“教授，我不是一个会轻易放弃的人，我会好好做的，请给我一个机会吧。”不等安东尼·达马托辞毕，希拉里便抢着说道。

安东尼·达马托点点头，一字一句地说：“好吧，我给你这个机会。”

就这样，希拉里成了安东尼·达马托的研究助理。

第一天的研究工作结束后，希拉里发现，原来学术研究是那么严谨，顿时对安东尼·达马托充满了崇拜。

但是不久后，希拉里听说安东尼·达马托被韦尔斯利学院辞退了，这一次，她原本对学者的猜想一下子被打破了。

“为什么？为什么会这样？”希拉里有些激动地对好朋友贝琪·格里菲斯说，“达马托教授这么有能力，在哈佛大学拿到法律学位后，又在哥伦比亚大学读博士，这样的学者，都没有办法自由地进行研究吗？”

贝琪·格里菲斯没有说什么，只是静静地坐在希拉里的身边，听着希拉里发泄。她很清楚，这次的事件将彻底打碎希拉里对学者的幻想。

果然，一段时间后，希拉里向贝琪·格里菲斯宣告：“我对学者的探索到此结束，以后，我想尝试一些嬉皮士的生活，做一个彻头彻尾的准嬉皮士。”

但是，贝琪·格里菲斯这次却直言相告：“这种生活方式并不适合你，你可以体验一下，但是绝不能作为你的主要生活方式。”

希拉里知道贝琪·格里菲斯担心什么，她怕自己感染到嬉皮士的颓废，沉溺于玩乐中不可自拔。但希拉里更清楚，有自制能力的自己断不会如此。

在接下来的日子里，希拉里依旧过着和以往相同的生活。所不同的是，她开始待在朋友们身边，观察她们的“颓废”表现。

有一次，一个朋友邀请希拉里参加颓废派婚礼，希拉里觉得，这真是一种时髦的结婚方式，同时也很是喜欢。

然而，这种生活毕竟只是一种紧张之余的放松而已，希拉里无法让自己长期沉浸其中。她很清楚，自己只是喜欢无忧无虑的生活，而不是要做一个真正的“嬉皮士”。

在教育和社会改革家、与世无争的学者、彻头彻尾的“准嬉皮士”探索失败后，希拉里把目光转向了乐于助人的“隐士”。

很快，希拉里就不断向她中学时的青年牧师唐纳德·琼斯发出求救信件。

对于唐纳德·琼斯来说，每次收到希拉里的来信，他总是要思考一番，才能给出合理的建议，这次也不例外。

在静静地读了希拉里的一封来信后，唐纳德·琼斯把信放下，沉思良久。然后又一次拿起信，再次读了一遍，随后又把信放下，叹了口气：“这孩子，恐怕以后要苦恼好一阵子了。”

唐纳德·琼斯说得没错，只是他不知道，希拉里已经苦恼了很长时间了。

他站起身来，又看了一眼桌上的信，随手拿起一本书，盖在了信的上面，转身走了出去。在书的下面，露出了信纸上的一句话：“你能做一个隐士，又能同时爱一些人，与他们愉快相处甚至帮助他们吗？”

唐纳德·琼斯猜想得没错，希拉里在对自己的人生定位上出现了严重的危机，这次的危机从她幻想过“简单的隐士生活”那一刻起，就注定要困扰她很久。

这天，希拉里在和男朋友杰夫•希尔兹约会时，将自己的苦恼说了出来。

“我一直渴望能在一个安静的地方生活。早上醒来，开始看书，给别人提供帮助，借以实现自己的价值。”希拉里淡淡地说。

“可是，这很困难啊。”杰夫•希尔兹说，“想要帮助别人，就需要有能力、有耐心，还要花时间了解对方。可如果你想要隐居起来，就很难做到这些了吧。”

杰夫•希尔兹在芝加哥的富裕郊区长大，是希拉里第一个认真交往的男朋友。大一时，希拉里在一次聚会上认识了他，很快被他帅气的外表、风趣的性格以及强烈的政治意识所吸引。

而另一方面，杰夫•希尔兹也认为希拉里很有趣，跳舞也不错。几次交流下来，两人便开始了正式的交往。

与其他恋人不同，希拉里和在哈佛大学念书的杰夫•希尔兹见面时，经常会讨论一些政治、道德、理念问题，两人都能得到自我领悟和提高。

所以，这次一见面，希拉里没有过渡，直接说出了自己的困惑，希望男朋友可以为她指点迷津，或者哪怕帮她分析一下问题也好。

听到杰夫•希尔兹一句话就点出了问题的实质，希拉里点点头说：“我也知道这一点，所以才会感觉特别头疼。”

杰夫•希尔兹只好抱了抱希拉里，提议一起去参加聚会，或者去划船，或者去游泳，让她缓解一些不好的情绪。

希拉里摇摇头，一副毫无精神的样子。杰夫•希尔兹很少看到希拉里这样有气无力，只好保持安静，和她一起陷入了沉思。

杰夫•希尔兹知道希拉里此时的状态很不好，但是他不知道，希拉里的这些行为和状态是抑郁症的前兆。

两天后，希拉里再也控制不住大脑中的胡思乱想，陷入了巨大的抑郁中。但是，没有人能救得了她，一切都只能靠她自己。

这天，上课铃响后，同学们陆续安静下来，老师扫视了教室一周，突然问了一句："希拉里没来上课吗？"

同学们左顾右看，这才惊讶地发现，以往总是提前到，坐在靠前位置的希拉里，这次居然缺席了。

同学们小声地议论起来，老师说道："有谁看到希拉里后，记得转告她，让她来办公室找我。现在，我们开始上课。"

实际上，希拉里并没有出现任何意外，此刻正赖在床上。"天气太冷了，"希拉里小声嘟囔着，"我不想起床，我不想出门，我不想上课。"

说完，希拉里把被子往上提了提，盖住了头，整个人蜷缩在被子里，发出"啊啊"痛苦的叫声。

一开始，希拉里希望自己能废寝忘食地学习，利用自己的勤奋让自己成为一名优秀的学生，甚至决定以图书馆为家。

可是，另一方面，希拉里内心又有着强烈的社交欲望，渴望结交更多的同学、朋友，甚至多次悄悄溜出宿舍参加派对和聚会。

于是，一个奇特的现象出现在了希拉里身上。一段时间，希拉里是一副只知道埋头学习的书呆子形象，可没过多久，希拉里又展示出一副玩疯了的模样。两种截然相反的状态，不断地出现在希拉里的生活中。

真是痛苦啊！希拉里的状态，直接传达了这样一声呼喊。一直追求完美，可是自己却是这副鬼样子，希拉里感觉很绝望。

希拉里终于强迫自己走进了学生餐厅，强迫自己吃一点儿东西。坐在她身后的，是两个打扮入时的女孩，一个留着披肩长发，一个留着有造型的短发。

长发女孩对短发女孩说："爱丽丝，周末快到了，你要去哪里玩啊？"

短发女孩想了想，有些苦恼地说：“我还没有想好。我爸爸想带着我乘坐他的私人飞机旅游，好好放松一下，可是我男朋友又邀请我一起参加一个聚会，介绍一些名人给我认识。真头疼，你呢？”

最初提问的长发女孩说道：“我啊，打算和男朋友去巴黎待几天，领略一下那里不一样的风情。”

“嗯，这个安排听着很不错。”短发女孩点点头说道，随后，她又像想起了什么似的，问道，“你和老师打过招呼了吗？”

“啊，这个嘛，我父母会和老师打招呼的。”长发女孩说道，然后，她又说，“我真是讨厌学校的这项规定，外出都要征得父母的同意。”

短发女孩也附和道：“是啊是啊。”

……

这两个女孩在讨论自己的周末行程时，口中没有一丝夸耀的语气，似乎这一切都很平常。可是在希拉里耳中，却变得特别刺耳，让她又一次对自己产生了怀疑。

“我要多勤奋、多拼命，才能赶得上她们？”

“就算我在成绩上超过她们，又能怎么样？以后不是一样要被社会淘汰？”

“为什么我以前从来没有意识到，自己是这么可怜？”

“我到底还要多努力，才能对抗命运？”

“我是不是要彻底放弃了？”

……

一瞬间，希拉里感觉眼前出现了一个大的旋涡，旋涡越转越快，最终，她被卷进了旋涡，动弹不得。

未来充满了未知，自己又找不到奋斗的方向，这让希拉里愈加怀疑自己。虽然，她也曾设想过一毕业就从政，但这似乎很难实现。

在那段痛苦纠结的时间里，希拉里突然发现，自己担忧的事情似乎过多了。

“我为什么要担心这些呢？”这一天，希拉里突然自言自语道。同时，她的大脑也在飞速地运转着。

我的父母，在我出生前就已经决定好了，对于这一点我根本没有选择权。他们给了我生命，让我能感受这个世界，我应该感谢他们。

比起其他同学的父母来，他们或许没有那么富有，但他们已经把自己最好的东西都给了我，我怎么能埋怨他们呢？

既然这一切都是不可改变的，我又为什么耿耿于怀呢？难道我整天自怨自艾，就能改变命运吗？

再说了，如果我没有能力，即使父母把全世界都放在我的手中，那又能怎么样呢？以后不还是会被别人抢走吗？

过去的事情是已经存在的事实，就算我现在喊冤，就算我不吃不喝表示抗议，也不会改变，那我又何必把自己的精力放在这上面呢？

至于未来的事情，那是以后才会发生的。以后怎么样，又有谁知道呢？别说毕业以后的事情了，就是明天的事情，我不是也无法预测吗？

我现在担心这个，担心那个，对自己没有信心，只会让自己朝不好的方向发展。如果将来我发现了更好的机会，却因为现在的放纵而失去了，我岂不是更冤枉吗？

过去，不重要；未来，不可知。现在，我要抓住现在，我现在的想法和行为才是决定未来的唯一要素。

想到这里，希拉里突然开心地哈哈大笑起来，长久以来困扰她的问题，似乎就在那一刹那被完美地解决了。

希拉里努力让自己不再过多地反省，她发现，一旦反省过多，她就很容易陷入自责和自卑之中。与其被自卑淹没，不如把不高兴的事情暂时封存起来，减少担心。

希拉里开始笑了，并用一张笑脸面对所有的同学。当她把关注点转向外部时，她的心情也不再抑郁，变得幸福多了。

当抑郁来袭时，希拉里会强迫自己走出宿舍，走到其他同学当中，关心她们，帮助她们，以转移自己的注意力。

一个周末，希拉里的男朋友杰夫·希尔兹发现，希拉里脸上露出了明朗的笑容，又恢复了自己第一次见到她时的样子。

“出了什么事情了吗？”杰夫·希尔兹好奇地问。

“嗯。我发现了一个自己以往没有注意到的真相。”希拉里点点头，停顿了一下，继续说道，“我原本所羡慕、担心并且害怕不能超越的同学，原来是那么不值一提。”

“我一个同学告诉我，她在大一的时候，父母就为她选好了结婚对象。至于她来韦尔斯利学院，只是为了丰富一下人生经历，拿到一个大学毕业证而已。”

“那一刻，我突然发现，很多像她一样的同学，虽然出身于富裕家庭，却没有自己的思考能力，也无法脱离家庭而独立。我第一次察觉到，原来我是那么富有。”

杰夫·希尔兹赞同地点点头：“希拉里，你一直都很富有。比起那些有钱人家的木偶公主，你要优秀百倍、千倍！”

希拉里笑了，给了杰夫·希尔兹一个大大的笑容，同时，脸上又露出了自信和坚毅的神色：“下一步，我打算继续好好学习。优异的成绩或许无法敲开从政的大门，但是，如果连成绩都不好，我又拿什么去创造自己的未来呢？”

杰夫·希尔兹看着希拉里，他能感觉到这段时间以来她所经历的痛苦。但是，痛苦过后，希拉里变得更加睿智和成熟，也更有自信。

摆脱抑郁症后，希拉里开始追求自己的最后一个个人认同——政治领导人。为了让这一定位更具有可行性，希拉里甚至制订了一系列的计划。

第一步，成为韦尔斯利学院“大三维尔”俱乐部的一员；第二步，进入大学学生评议会；最后，当上韦尔斯利学院学生会主席。

希拉里的这一计划是非常明智的。竞选，依靠的并不只是一次演讲，需要做更多的辅助工作，这样才不会重蹈高中时竞选失败的覆辙。

当希拉里成为“大三维尔”的成员后，她就开始站在多数同学的立场上思考，看她们关心什么，自己就去做什么。

在一次上课结束后，一个同学对希拉里说：“你有没有觉得，咱们学校的课程安排要求太严格了？想要自己灵活地选择学习，几乎不可能。”

另一个同学说道：“是啊，要是能放宽这些要求就好了。还有啊，学校总是打分，让我也有了计较之心，老是担心比别人考得少。”

希拉里没有说话，此时，一个构想在她心中展开。

希拉里私下做了调查，发现这两个同学反映的问题，也是其他大多数同学在意的。于是，希拉里努力劝说学校管理层放宽课程安排要求，同时呼吁改变课程的打分方式。

希拉里是聪明的，也懂得利用同学的力量提高自己的影响力。

在发现学生们不喜欢“在餐厅吃饭时要祈祷”的规定后，希拉里就在竞选时呼吁废除这一规定；发现同学和老师希望学校更为多元化时，就提出要求学校录用更多少数族裔的老师，并提高少数族裔的学生招生人数。

不过有一条规定，即使其他同学不说，希拉里也清楚，大家都想把这条规定废除掉。因为这条规定，希拉里有时差点儿要在宿舍外过夜。

记得那天晚上，9号公路上，一辆辆车从波士顿一路狂飙，让过往的人怀疑自己是不是开到了赛车场。这些车不是在赛车，而是要赶去韦尔斯利学院。

终于到了学生宿舍楼前，几辆车同时停了下来。宿舍门口，一名宿舍长一边看着手表，一边为关门做准备。

“等一等，等一等！”希拉里和其他几个女生几乎同时说道，然后来不及和男生们告别，就立刻跑进了宿舍门内。

“好险，好险！”希拉里一只手撑在膝盖上，一只手捂在胸前，大口大口地喘着粗气。再看看左右的几个女生，也和自己一个姿势。

刚缓过劲来，宿舍的门就被关上了。希拉里和几个女孩一边朝宿舍内部走去，一边低声耳语。

“我真的很讨厌宿舍的规定，平时不准男生进，只让周日下午2点至5点半进。这也就罢了，男生来不了，我们就出去好了。可结果呢？周末也不让我们好好玩玩，1点就关门，真是把我们当孩子管着呢。”

“是啊，我还以为上了大学就能好好玩了呢，谁想到，居然比高中时还要受约束，我都在想自己是不是上错了学校。”

“早知道是这样，我当初就不来这里了，真是不好玩。”

“就是就是。”

……

希拉里没有加入她们的讨论，但这并不代表她认为这条规定合理。因为没过多长时间，希拉里就宣称学校应当改变这一规定。

希拉里要参加学生会主席竞选的消息很快传开了，大家公开地、私下里都对这件事情议论纷纷。

校园一角，两个女孩正在低声谈论着。

“你听说了吗，希拉里·罗德姆这次要竞选学生会主席？”一个女孩问道。

“嗯，我知道，一起竞选的还有另外两个同学，也非常优秀。”另一个小女孩答道，显然，她知道更多的消息。

“我听说过希拉里，但是不太熟悉。昨天，她来我们宿舍了，说是要通过自己的努力改变我们的大学生活，看上去自信满满，可我却觉得她看上去挺自大的。”对方继续说。

“嗯，是啊，一开始我也觉得她挺高傲的，还有点儿可怕。不过接触下来，感觉她真是一个努力又坚定的女孩，组织能力也不错。”第二个女孩说道。

“按照你的意思，你是想选她当学生会主席了？”

“嗯，我有这个打算。对了，你还记得我上次和你说过，有个同学帮我制定了目标，让我的学习成绩提高了很多的事情吗？那个同学就是希拉里。”

“哦，真是看不出来，她还很热心啊。”最初提问的那个女孩略带感叹地说，“听你这么说，我也想投她一票了。”

在这段时间，类似的讨论声在韦尔斯利学院层出不穷。随着希拉里影响力的扩大，越来越多的人相信，她一定能够竞选成功。

终于到了竞选辩论赛的那一天，希拉里充分发挥了自己的口才，而她大方的仪态也为她赢得了更多的掌声。

竞选辩论赛结束后，艾伦·谢克特略带惊讶地对希拉里说：“希拉里，你真是不简单呢，作为政治教授，我为有你这样的学生感到骄傲。”

被自己的政治教授这么夸奖，希拉里感到很高兴，一点儿也不掩饰自己欣喜的神色，礼貌地道谢：“谢谢教授夸奖。”

“嗯，你值得得到称赞，每个问题，你都能直截了当地回答，轻松自如。而且，你的回答充满睿智，非常务实，让我印象深刻。我相信，你一定能当选。”

就在艾伦·谢克特教授称赞希拉里不久，有一天，天气很冷，希拉里被告知成功当选学生会主席。

“天啊！你说的是真的吗？我真的当选了？”希拉里有些不敢相信地问道。

“是的。”

“啊，真是太好了！”希拉里一边说着，一边朝门外跑去，打算打电话把这个消息告诉父母。

路上，在与一个老师擦肩而过后，希拉里突然停了下来，转身叫住了那位老师。她说：“老师，你相信吗？我刚当选了学生会主席。”一脸惊喜的神色。

那位老师没有露出一点儿惊讶的表情，很坦然地说：“是吗？你不说，我也觉得你一定能获胜，学生会主席的位置非你莫属。”

那一瞬间，希拉里没有再说话，向老师告别，转身，眼泪流了下来。

这期间，付出多少努力，只有希拉里自己知道。一次次询问同学们的观点，一次次找校方交涉，一次次修改演讲稿……尽管如此，希拉里却一直担心自己会落选。

甚至，希拉里曾经想过，如果这一次竞选还像高中时那样，她可能真的会放弃在这方面的尝试，永远不再考虑做政治领导人。

“谢谢！”走到杳无人迹的地方，希拉里突然大声开口说道，“谢谢你，亲爱的自己，谢谢你的努力，谢谢！”

如果说，在当选之前，希拉里还有一些抑郁倾向的话，那么在她得知自己当选后，这种抑郁的情绪便一扫而光。

希拉里感觉很高兴，她又一次证明了自己。而在这以后，她再也没有因为自己在某方面不如别人而自卑，她知道，自己比别人拥有更多的优点、更好的未来。

然而，希拉里并没有意识到，当选学生会主席只是她人生中非常小的一步，以后，她会面临更多、更大的选举活动。在此过程中，她还要经历很多事件、很多磨难。

当选6周后，希拉里的内心仍然充满了愉悦感。虽然在这段时间，因为反战运动的关系，韦尔斯利学院变得不那么平静，但是在希拉里有力的领导和协调下，学生们都能冷静而又自律地展开抗议活动。

这天，希拉里走在校园里，看着匆匆来往的同学，想着自己接下来要做的事情，感觉成功真的离自己不远了。

但这只是她一厢情愿而已。很快，一个消息的到来就会使她失去以往的冷静，也会强烈地冲击她的思想。

然而，此时的希拉里还沉浸在短暂的快乐之中。一脸笑容的她，正想着下周末与男朋友的出游计划。

突然，对面有个同学神色慌张地跑了过来。看到希拉里，她立刻停下脚步："希拉里，告诉你一个不幸的消息，马丁·路德·金今天在孟菲斯一家汽车旅馆的阳台上被暗杀了！"

"什么？你说什么？"希拉里一惊，立刻大声问道。

"马丁·路德·金今天被暗杀了！"那个同学又重复了一遍自己的话。

"不可能！"希拉里斩钉截铁地说。自从听过马丁·路德·金的演讲之后，她就把他当成了心中的英雄和榜样，虽然因为领导和组织黑人民权运动，他曾三次被捕，三次差点儿遭遇不测，但他依然坚持着。希拉里不相信，这样一个伟大的人物会被暗杀。

"是真的，电视上已经报道了这个消息！"对方一点儿都不体谅希拉里的心情，再一次证实了这一消息的可靠性。

“骗人！你是开玩笑的，是不是？”希拉里有些绝望了，用两手抓住对方的胳膊，使劲摇晃着。

“希拉里……”对方用同情又无奈的眼神看着希拉里，没有再说什么。

希拉里松开自己的手，神情恍惚，身后同学连续叫了她几声，她都没有听到。突然，希拉里大步跑了起来，直接跑到了宿舍。

希拉里冲进了一位朋友的房间，不顾朋友一脸的诧异，把自己的书包使劲扔了出去，大声嚷道：“我不相信，我不相信！”

“怎么啦？”朋友有些担心，紧张地问道。

希拉里没有回应朋友，而是继续发泄自己的情绪：“我接受不了，不可能的，马丁·路德·金不可能被暗杀！”

朋友这才明白，希拉里为什么变得有些神经质。在一个人最高兴、得意的时候，居然得知支撑自己信念的人物被暗杀了，这个打击确实太大了。

朋友走上前去，抱住了全身颤抖的希拉里：“亲爱的，亲爱的，我在你身边，你想哭多久都行，哭吧哭吧。”

希拉里号啕大哭起来。

在希拉里心中，马丁·路德·金一直是一个大英雄，是自由和正义的象征，也是永远打不倒的铁人。

当初第一次听马丁·路德·金演讲时，为了与他握手，希拉里等了很长时间，她至今还记得马丁·路德·金和蔼可亲的笑脸。

虽然没有听到过他那著名的演讲《我有一个梦想》，但希拉里对于其中的内容却耳熟能详，倒背如流。

“我梦想有一天，这个国家将会奋起，实现其立国信条的真谛：‘我们认为这些真理不言而喻：人人生而平等。’”

哭过之后的希拉里终于镇定下来，轻轻地背诵着马丁·路德·金这段著名的演说词。朋友见状，也小声附和着：“我们认为这些真理不言而喻：人人生而平等。”

第二天，希拉里忍住心里的悲痛，在手臂上戴了黑色臂章，到波士顿邮政广场前参加了大规模的示威游行与悼念活动。

希拉里不禁在心中祈祷：“希望以后再也不要发生这样的事情了，这种暗杀事件实在是太可怕了！”

但是，美国当时就处在那样的风气下，不会因为希拉里或是任何人的心愿而改变。很快，希拉里又会得知第二起暗杀事件。

6月初，还无法坦然接受马丁·路德·金死亡事实的希拉里回到家中，和父母在一起生活、交谈，逐渐展现出了笑容。

这天夜里，希拉里睡得正香，突然，她感觉四周有了一种晃动感。原来，是母亲在摇晃着她的胳膊。

“希拉里，快醒醒。”母亲急切地说。

希拉里打掉母亲的手，转过身子，又要重新进入梦乡。

“不好了，希拉里，罗伯特·肯尼迪参议员被暗杀了！”

听到这句话，希拉里立刻坐了起来，瞪大了眼睛说：“妈妈，你说什么？”

“罗伯特·肯尼迪参议员被暗杀了！”母亲努力让自己的声音平静下来，然后又补充道，“是在洛杉矶的国宾饭店被暗杀的，太可怜了！”

希拉里那一刻真是惊呆了。

罗伯特·肯尼迪是约翰·肯尼迪总统的弟弟，在肯尼迪总统任职期间，担任司法部部长，为和平解决古巴导弹危机和促进民权作出了很大贡献。

后来，罗伯特·肯尼迪当选美国纽约州联邦参议员，是民主党最有威望的总统候选人。当时，他已赢得6个州中的5个州的胜利，赢得民主党总统候选人提名已是大势所趋。

就在几天前，希拉里还和母亲讨论这件事情，她当时还说："尼克松真是不幸运，第一次总统大选输给了约翰·肯尼迪总统，这次恐怕又要输给他的弟弟了。"

没有想到，这话说出口才过几天，罗伯特·肯尼迪居然被暗杀了！

多萝西叹了一口气说："真是没有想到，肯尼迪家族居然又出现这样伤心的事情，罗伯特·肯尼迪参议员的妻子要怎么办呢？她有那么多孩子要照顾，而且还怀有身孕。"

面对母亲的喃喃自语，希拉里无言以对，她的心里也感觉很愤怒，有个声音在狂吼："美国不是和谐社会吗，为什么总有人遭到暗杀？"

第二天，希拉里给朋友凯文·欧基芙打了电话，诉说自己心中的苦闷和担忧。

"这些年来，我们国家的暗杀事件层出不穷，真让人绝望。我知道政治是残忍的，可是长此下去，我们的国家要怎么办？"希拉里说。

凯文·欧基芙一直非常欣赏肯尼迪家族，他用愤怒的声音对希拉里说："本来国家就非常缺少强悍而又有风范的领导人，暗杀了约翰·肯尼迪总统之后，居然又暗杀罗伯特·肯尼迪参议员！我真是不知道，以后我们的国家要面临什么样的境地。"

希拉里赞同地点点头，不无感慨地说："是啊，罗伯特·肯尼迪参议员真的是一位很了不起的人，我知道肯尼迪家族中，你最欣赏他。"

过了一会儿，她又说："我还记得他曾经说过：'很少有人能伟大到使历史折腰，但是我们每一个人却能够通过自己的努力来改变事件的一小部分，合在一起铸就我们的历史。'可是现在，他再也无法为自己热爱的国家做出努力了。”

凯文·欧基芙表示赞同：“这件事情，让我很心痛。”

希拉里沉默了一会儿，缓缓说道：“我最近一直在疑惑，我们以及其他在政治领域奋斗的人，值得为了政治承受这么多的痛苦与斗争吗？”

电话那端，是一阵沉默。

过了许久，凯文·欧基芙的声音才重新出现：“我认为，值得。”

希拉里也郑重地点点头，深沉地说道：“我同意。”

挂掉电话后，希拉里就开始为自己的实习做准备了。

实习是希拉里在暑假前就已经向学校提出申请的，她不想因为自己的情绪影响她对政治的探索。希拉里认为，为期9周的实习或许能让她在观看政府如何运作的同时，更能加深对政治的认识。

在去华盛顿的路上，希拉里一直思考着关于暗杀的事情，情绪依然略带沮丧和焦虑。离开家前，母亲还问她：“你现在这种状态，一定要去参加实习吗？“

希拉里点了点头，坚定地告诉母亲：“妈妈，我会好好实习，你完全不用担心。如果我这么容易就受到影响，就不配做妈妈的女儿了。”

多萝西听了，这才放心地让女儿离开。

到了华盛顿，希拉里才发现，这里到处都透露着绝望、凄凉，马丁·路德·金被暗杀带来的影响远远超过了她的想象。

不久后，希拉里见到了“韦尔斯利学院实习计划”的负责人艾伦·谢克特教授。他是希拉里非常尊重的政治学教师，也是她的论文指导老师。

艾伦·谢克特教授负责将所有参加实习的学生安排到国会各办公室和政治机构，看到自己被分配到众议院共和党联席会实习后，希拉里觉得很难接受。

“教授，”希拉里有些气愤地抗议道，“您明明知道，虽然我以前是共和党人，但现在我已经开始有自己的政治观点，也逐步脱离共和党，您为什么还做这样的安排呢？我觉得，这样的安排不符合我的政治信仰。”

“希拉里，”艾伦•谢克特教授语重心长地说，“现在，你能非常确定地说，你已经彻底脱离共和党了吗？”

希拉里摇摇头。她只是逐渐不认同共和党的政策而已，还没有彻底脱离共和党。

艾伦·谢克特教授接着说：“我认为，这样的安排对你来说是最好的。在你不知道自己将来的决定到底是什么时，在众议院共和党联席会实习能帮你早日做出决定。”

希拉里看到艾伦·谢克特教授坚定的目光，知道自己再反对也不会有作用，只好简单整理一下行李，到少数党领袖杰拉德·福特和国会议员梅尔文·莱尔德、查尔斯·古德尔领导的团体报到实习。

在实习第一天，杰拉德·福特向数千名实习生介绍国会内部的概况，并且与实习生一起合影。希拉里觉得，即使自己老了，这一幕也会一直留在记忆深处。

合影后，实习正式开始，希拉里作为韦尔斯利学院实习生代表团的团长，开始在国会议员查尔斯·古德尔身边实习，了解国家政治的运作过程。

当时，希拉里的心情仍然非常压抑，除了她自身的原因外，很大一部分是因为当时华盛顿的政治气氛紧张，让她也深受影响。

在一次共和党实习生联谊会上，希拉里认识了来自乔治敦大学的实习生戴维·鲁珀特，这个帅气的男孩很快缓解了希拉里的糟糕情绪。

当时，希拉里虽然正在与杰夫·希尔兹交往，两人的感情也很稳定，但鲁珀特很快吸引了她的注意。

每次见到鲁珀特，希拉里的心情都非常激动。在她开始与鲁珀特约会后，她与杰夫·希尔兹之间的关系就朝着友情的方向发展，渐渐远离了恋人关系。

实习很快就要结束了，查尔斯·古德尔突然召集希拉里和其他几个实习生开会，提出了一个新的提议。

“各位，我很快就要去参加共和党全国代表大会，利用这个机会帮助洛克菲勒州长战胜尼克松，获得党内提名。”

说到这里时，查尔斯·古德尔看了看他们，继续说：“你们的实习表现我感觉很满意，想让你们和我一起做这件事。你们可以考虑一下，在实习结束前告诉我你们的决定。”

希拉里此刻内心很不平静：在共和党联席会实习，已经违背了我的政治观念，难道现在还要继续为共和党工作吗？

可是，希拉里转而又想：这次实习，让我看到了政治的运作过程，让我大开眼界。帮助洛克菲勒州长拉选票，或许能让我学到更多。对，这是个机会，我不能放弃。

做了这个决定后，希拉里轻松地结束了自己的实习，前往佛罗里达州迈阿密市，开始了帮助洛克菲勒州长拉选票的行动。

遗憾的是，洛克菲勒最终没能争取到党内提名，尼克松获得了胜利。在那一刻，希拉里清晰地认识到了自己的方向，她很清楚，自己再也不是共和党人了。

很快，国内反对越南战争的呼声越来越高，游行示威活动也变得暴力和猛烈。示威者憎恨警察和士兵，而很多学校也被迫停课。

在帮助洛克菲勒拉选票的工作结束后，希拉里决定先回芝加哥和家人团聚，然后再回韦尔斯利学院，准备新一学年的课程。

就这样，希拉里从迈阿密回到了家中。然而，即使回到了芝加哥，氛围也没有多少变化。很显然，整个美国都被越南战争、反暴乱和暗杀问题宠罩着，政治上对立又分裂。

希拉里回到芝加哥之前，就已经知道民主党1968年8月26日至29日将在芝加哥召开大会，选出最终的民主党总统候选人。

然而，就在各地都爆发示威游行活动的时刻，芝加哥市市长理查德·戴利却拒绝颁发任何游行许可，拒绝承认公民享有集会和示威的权利。

于是，在大会正式召开前，没有得到游行许可的游行示威者与警察之间发生了激烈的冲突，整个芝加哥的气氛变得更加紧张。

希拉里和好朋友贝齐·埃布林一起在电话中谈论了这件事。

贝齐显得有些紧张，她说："我觉得，我们应该去市中心看看，这样才能了解情况到底恶劣到什么程度。"

"嗯，我知道，我们应该这样做。"与贝齐相比，希拉里的态度似乎比较淡定。经历过实习和助选活动后，希拉里明显变得更加稳重了。

但是，去市中心毕竟是一件危险的事情，希拉里没有把这件事情告诉父母，而是偷偷和贝齐出了门。

到了市中心格兰特公园，希拉里和贝齐一下子惊呆了。到处都冒着烟，散发着催泪瓦斯的味道。有的游行者在全力奔跑，后面有穿着制服的警察在追赶着他们。

希拉里和贝齐不敢再往前走，眼前的一切已经让她们大感意外。一时间，"血""火""催泪瓦斯"这几个词充斥了希拉里的大脑。

后来，在27日和28日的晚上，希拉里和贝齐又一次来到格兰特公园，情况似乎比之前更加恶化了。

回到家后，希拉里通过电视了解了民主党大会的一些情况。同时，她又结合自己之前就知道的一些消息，理清了民主党大会的情况。

在1968年3月份，总统林登·约翰逊宣布退出竞选，这平息了一部分民众的怒火，也让民主党内部稍稍放了心。

因为越南战争是在他的总统任期里发生的，而这一年一开始，美军的伤亡就特别惨重。美国民众对此很不满，纷纷进行反战游行，高喊："嘿，LBJ（林登·贝恩斯·约翰逊的简写），你今天杀了多少个孩子？"

不堪重压的林登·约翰逊只好宣布不再竞选总统连任，民众的情绪才不再那么激烈，对他的攻击也稍微有所缓和。

几个月后，参议员尤金·麦卡锡和罗伯特·肯尼迪先后宣布参加民主党的总统候选人提名竞争，副总统休伯特·汉弗莱也参加了竞选活动。

后来，几乎稳获总统提名的肯尼迪在洛杉矶被暗杀，民主党内竞选总统候选人提名的，就只剩下了尤金·麦卡锡和休伯特·汉弗莱。

而在民主党大会上，没有参加过初选的休伯特·汉弗莱成功获得民主党候选人提名。休伯特·汉弗莱一直支持总统林登·约翰逊的越南战争政策，他的提名引发了不满，导致暴力冲突不断。

希拉里就这件事给朋友凯文·欧基芙打了电话，表达了自己对政治的失望。"可是，不管国家现在的状况如何，我都坚信，政治是打造和平民主国家的唯一途径。"希拉里最后得出了自己的结论。

回到学校后，希拉里开始撰写毕业论文，内容是分析芝加哥社区活动家索尔·阿林斯基的活动。

后来，希拉里得到了阿林斯基的赏识，他提出希拉里毕业后可以和他一起进行各种活动，但是被希拉里拒绝了。

希拉里认为她和阿林斯基政治观念不同，但因为阿林斯基也是出于好意，她便借口说自己毕业后会继续读法律研究生，暂时不会考虑工作的事情。

在韦尔斯利学院，对政治感兴趣的希拉里主修的是政治学。而读研时，她希望可以读法律专业，因为她认为法律能最大限度地改变世界。

做出了这一决定后就要申请读研的大学了。申请哪一所学校比较好呢？希拉里发愁了。这需要慎重地选择。

之后，因为希拉里的这个选择，她将迎来生命中最重要的一个人。

希拉里坐在校园的长凳上，抬头仰望着天空，似乎在看天上的云彩，又似乎在思考些什么，看上去非常出神。

“去哪所学校比较好呢？”希拉里在心里问自己。

从决定读研开始，希拉里就在研究国内大学的相关情况。她觉得，只有选择了一所好大学，才能帮助自己不断地探索、思考、进步，最终获得人生的成功。

一番比较后，希拉里同时向国内最好的两所大学——哈佛大学和耶鲁大学提交了研究生申请书，结果，两所学校都给她发了录取通知书。

“怎么办？两所学校都那么优秀，耶鲁大学似乎更适合我，可哈佛大学也不差啊，或许也能让我学到更多东西……”

希拉里继续看着天空，继续思考着。

“希拉里！”突然，一个声音传来，希拉里朝声音的源头看去，原来是之前认识的在哈佛大学读书的朋友。

“对了！我正好问问她！”希拉里自言自语了一句。

希拉里将自己的苦闷告诉了朋友，朋友也觉得很为难：“这个问题需要你自己好好考虑，我没办法帮你作决定。不过，我可以帮你放松一下。我们法学院今天正好有鸡尾酒会，走吧，我带你一起放松放松。”

希拉里点头答应了。

在鸡尾酒会上，长长的餐桌上摆着各种颜色鲜艳的鸡尾酒、美味可口的小食。此时，希拉里才感觉到腹内空空，决定先取点儿东西填饱肚子。

“希拉里，希拉里，”朋友突然拉住了希拉里的胳膊，指着正在高谈阔论的一位教授说道，“他是我们法学院最有名的教授，我介绍给你认识吧。”

不等希拉里回答，朋友就拉着希拉里走到教授面前：“教授您好，这是我的朋友希拉里，她收到了哈佛大学和耶鲁大学的录取通知书，正考虑上哪所学校。”

希拉里也说道：“我觉得，耶鲁大学是唯一可以和哈佛大学一较高下的学校，可以说是哈佛最有力的竞争对手，不知道您怎么看待这两所大学？”

那位教授上下打量了一下希拉里，然后用傲慢的口气说：“我想，你搞错了。首先，我们哈佛是最棒的学校，耶鲁大学根本不值一提，更算不上竞争对手；其次，哈佛的女生已经够多了，并不欢迎其他女生的加入。”

希拉里和朋友都显得有些尴尬。

在回去的路上，希拉里又一次认真思考起来。她不是一个轻易退缩的人，也不会因为教授的一句话就被吓走。

“朋友说那个教授是法学院最有名的教授，如果我去了哈佛法学院，势必要与那位教授打交道，如果他因为我是女性就歧视我，我恐怕也很难从他那里得到帮助。

“到时受辱事小，浪费了时间却学习不到真正的法律知识和技巧，才真是浪费了大好的光阴。耶鲁大学法学院在国内也是名列前茅，我完全可以到那里学习。”

想到这里，希拉里的心情顿时变得明朗起来。虽然酒会上出现了一些不愉快，但是与这一决定相比，一切都不算什么了。

这样一想，希拉里反而有些感谢那位教授了。困扰自己那么久的难题，终于在他的“帮助”下解决了。

“啊，太好了！”希拉里终于松了一口气，“现在，我只要等着从韦尔斯利学院毕业就可以了，再也没有其他事情要操心了。”

然而，果真如此吗？天将降大任于希拉里，在毕业之前，还有一件非常重要的事情等着她去做，那就是在毕业典礼上作为学生代表发言。这件事情让她在进入耶鲁大学法学院之前，就已经被耶鲁的同学们所熟知。

“希拉里，亚当斯校长让你去他家一趟。”

校长鲁思·亚当斯的家位于校园韦班湖畔，与其说是家，不如说是办公室和家的结合体更合适，很多同学都在这里接受校长的教育。

“会是什么事情呢？”希拉里一边朝着校长家走去，一边想着。

突然，她想起了几天前埃莉诺·艾奇逊告诉她的一件事情。

埃莉诺·艾奇逊是希拉里的同学，也是杜鲁门总统的国务卿迪安·艾奇逊的孙女，是个有着自己独立见解又勇于进取的女生。

那天，埃莉诺·艾奇逊对希拉里说：“希拉里，我认为在韦尔斯利学院的毕业典礼上，学生应该是主角，应该有学生代表发言。你觉得怎么样？”

希拉里笑着说：“安排学生代表发言，那很棒啊！在此之前，从来都没有过这种事情。如果能行，还真是我们韦尔斯利学院历史上的第一次呢。”

“我也这么认为。”埃莉诺·艾奇逊非常自信地说。

希拉里有些迟疑，过了几秒钟问道：“不过，亚当斯校长会同意吗？毕竟，以前并没有这样的先例。”

“嗯，他不同意。不过，那是他的想法，他怎么想不重要，关键是我已经决定这样做了。如果校长不妥协，我会在周末再组织一次毕业典礼，并邀请我爷爷出席。”

看到埃莉诺·艾奇逊坚定的目光，希拉里没有再说什么。

后来，在学生会会议上，大家针对这件事情也展开了讨论。“如果校长同意了，让希拉里发言最合适。”会议最后，大家一致提出这样一个建议。

“想必，校长让我过去，也是商量毕业典礼上学生代表发言的事情。”想到这里，希拉里反而变得安心了，并决定为了那些信任她的同学好好争取一下。

果然，希拉里一进门，校长就问道：“埃莉诺提出要学生代表在毕业典礼上发言的事情，你知道了吗？”

“我知道，校长。”希拉里毫不隐瞒，轻松地答道。

“对于这件事情，你是怎么看的？”校长似乎并不知道学生们推举希拉里作为学生代表的情况，反而问希拉里的想法。

希拉里没有直接回答，而是提出了一个问题：“我听埃莉诺说，您特别反对学生代表做毕业发言，原因是什么呢？”

校长毫不犹豫地回答：“以前，我们韦尔斯利学院可从来没有过这样的先例，学生在毕业典礼上发言，这不合规矩。”

“我认为，”希拉里不失时机地建议道，“凡事都有第一次，我们可以试一试。”

“毕业典礼很重要，我不想把它搞砸。而且，我不知道，她们会选谁进行发言。”

“她们说，想让我做学生代表。”

校长看了一眼希拉里，然后才缓缓地说道：“那，让我再好好想想。”

过了一段时间，校长同意了埃莉诺·艾奇逊最初的要求，并且对希拉里说：“希拉里，我是信任你才会同意的，你要好好演讲啊！”

与毕业典礼上的发言相比，希拉里觉得，事前的准备工作更为重要。

希拉里对朋友们说：“怎么办？要我做学生代表发言，我要说些什么呢？

我在韦尔斯利学院度过了4年的时间，在离开时却不知道应该说些什么。”

朋友们议论纷纷，给了她各种建议。“你可以讲讲我们在校园的生活”，“你可以讲一些关于信任的问题”，“或许，可以讲一些毕业生要面临的挑战”……

然而，希拉里依旧很苦恼，不知道什么才是自己想要讲的话题。她思考着，犹豫着，直到毕业典礼到来时，她依然还在考虑。

毕业典礼这天，阳光明媚，在学校礼堂和图书馆之间的绿草坪上，坐满了学生、教授、学生家长和学校的行政人员。

在校长鲁思·亚当斯宣布韦尔斯利学院第91次毕业典礼开始后，希拉里的心情也紧张到了极点，“如果母亲能来观看，我可能就不会这么紧张了。”

前一晚，父亲休·罗德姆一人从芝加哥来到韦尔斯利学院，说：“希拉里，你母亲身体不舒服，不能来，让我和你说声抱歉。”

虽然希拉里很失望，可是她还是安慰父亲说：“没关系，母亲的身体重要。”然后，还乖巧地给母亲打了电话，告诉她不要担心自己。

但实际上，希拉里真的希望母亲能陪在自己身边，握住她的手，让她得到一些勇气和力量，同时也听听她的演讲。

这时，参议员爱德华·布鲁克发言结束了，亚当斯校长起身说道：“今天早上，除了邀请布鲁克参议员发言外，我们应69届学生的要求，请学生代表希拉里·罗德姆小姐发言。”

“希拉里·罗德姆小姐不仅学习好，乐于参加课外活动，对同学也非常热情，说是大家的好朋友一点儿也不过分。现在，让我们有请希拉里·罗德姆小姐。”

希拉里从容地走向讲台，一阵热烈的掌声过后，希拉里面带微笑地说道：“谢谢亚当斯校长的赞誉。今天我站在这里，是代表我们全体毕业生发言。我们这代人，过去总是根据别人的话做出自己的反应，现在也是如此。因为我们不是领导，也没有任何权势。”

讲到这里，希拉里扫视了一下台下，继续说道：“但是我相信，即便这样，我们也有权利有责任提出相反的意见。所以，我想先对布鲁克参议员的发言做出一些回应。”

由于是临场发挥，希拉里的语言并不是那么流畅和连贯，即便如此，她的演讲还是赢得了一阵又一阵热烈的掌声。

“我很高兴地看到，在我们走进韦尔斯利学院后，虽然发现现实的残酷与理想之间有着巨大的差距，但我们都没有气馁，也没有怨天尤人，而是努力奋斗，缩短梦想和现实的距离。我觉得，我们都是好样的……”

这段话，引起了在场所有同学的共鸣，一时间，掌声雷动，希拉里示意好几次，掌声才渐渐平息下去。

最后，希拉里说道：“我想以我的同学南希·沙伊伯纳写的一首诗结束今天的演讲：地球可以是公平的，你与我一定是自由的，不要以光荣的圣战来拯救世界，也不要用一种不可名状的持续的剧痛来伤害自己。要用我们平生所有的技巧化腐朽为神奇……”

台下，掌声经久不息，鲁思·亚当斯校长的脸上却写满了不满：“这个希拉里，真是太没有礼貌了，怎么能当众反驳布鲁克参议员呢？”

毕业典礼结束后，希拉里一身轻松，感觉自己终于要离开韦尔斯利学院了。看到韦班湖清澈的湖水，想到严禁在韦班湖游泳的校规，希拉里突然笑了。

她脱下牛仔短裤、T恤衫，摘下眼镜，放在了岸边。我可以跳下去游泳，算是我向生活了4年的韦尔斯利学院告别。希拉里一边想着，一边跳进了韦班湖。

希拉里是近视，摘下眼镜后，周围的一切看起来都是模模糊糊的，好像一幅印象派画卷。游在湖中，希拉里感觉自己就像一条鱼，自由自在，心无挂念。

畅游一番后，希拉里回到岸边。

“咦？我的衣服呢？眼镜也不见了！”岸边，空荡荡的，什么也没有。

这时，旁边走来一位保安：“亚当斯校长看到你在湖里游泳，让我把你的衣服和眼镜收走了。”

“呀，我一定是让校长生气了。”希拉里笑着对保安说。

不过，很快，希拉里又恢复了高兴的神态。与打破校规和游泳的畅快相比，这点儿小小的惩罚也就不算什么了。

不久后的一天，希拉里接到母亲打来的电话：“希拉里，你的照片和演讲内容被登在《生活》杂志上了，妈妈真是太高兴了！”

没过多久，希拉里又接受了芝加哥一家电视台的采访，这让她产生了更加广泛的影响力，也让她以后受到更多人的关注。

第四章

在耶鲁大学遇到克林顿

希拉里觉得，这是认识克林顿的好机会，便走上前去，告诉他，如果他再盯着自己看，她也会盯着他看。

1969年秋，希拉里终于踏进了耶鲁大学法学院。刚到这里，她就成了众人讨论的对象，很多同学甚至直接向她表达了敬佩之情。

“希拉里，你以前在韦尔斯利学院当过学生会主席吧？”一个之前见过希拉里的同学问道，希拉里点点头。

确定了她的身份，很多同学纷纷说道：“希拉里，我真是佩服你，以前，我曾经在《生活》杂志上看到过你的照片和演讲稿。真的没有想到，能和你成为同学。”

“希拉里，你为什么来耶鲁大学读书？以后，你是要进入政坛的吧？来到这里，只是为了实现目标而积累经验吧？”

希拉里笑了笑，没有回答。

在接下来的日子里，希拉里参加了在全美播出的电视访谈节目，也常常出现在报纸上，成了名噪一时的新闻人物。

希拉里在这个过程中，一点点积累着自己的名望，扩大自己的影响力。她喜欢这种被人关注的感觉，感觉自己比一般人更特立独行、更有思想。

希拉里一直努力着，在耶鲁大学法学院不断提高着自己的各项能力。读研究生一年级这一年，希拉里虽然也参加了一些活动，但因为要学习的课程太多，她的主要精力还是放在了学习上。

1970年，在这一学年快结束时，发生了一件重要的大事，将希拉里再次推了出来，让她又一次发挥了自己强大的领导能力。

4月，提倡革命与暴力的黑人团体——黑豹党的8名成员被控杀害了警方的一名线人，在纽黑文市接受审判。

在当时，黑豹党的支持者很多，他们认为，黑豹党成员是无辜的，是政府捏造了他们谋杀的罪名。所以，每次开庭审判，他们就在法院外面示威抗议。

由于法院就在耶鲁大学校园外，所以各种抗议声也让耶鲁大学法学院的学生无法正常学习。不仅如此，校园的气氛也变得动荡不安，很多学生加入了示威的行列。

这时，有一个黑人学生为了表达不满，在位于法学院地下室的国际法图书馆里纵火。希拉里吓坏了，立刻和其他人一起救火，抢救大火中的书籍。

校方非常愤怒，要起诉这名黑人学生，但是这一行为却激怒了学校的学生。学生们自发地在校内发起示威抗议，校方在警方催泪瓦斯的帮助下，勉强镇压下来。

学生的不满一天天强烈，校方也不愿意看到这一幕，这时，希拉里成了调解者。在希拉里的组织下，学校召开了学生大会。

希拉里走到讲台中央坐下，开始主持会议。

刚一宣布会议开始，要求学生代表发言，就有不少学生情绪激动地说："我们必须强硬起来。""我们要让校方付出代价。""我们必须让校方做出让步。"……

希拉里没有表现出过激的情绪，只是冷静地倾听着、思索着。等到学生代表发言完毕，希拉里才开始进行总结。

"现在是什么情况，我想大家都非常清楚。我们虽然身处校园，但也不能对社会问题不闻不问，我们当然有权利参与，但是，我们的身份是学生，不能为了参加社会活动就影响法学院的正常教学。越是这种时候，我们越要保持冷静，理智地对待……"

希拉里侃侃而谈，最后，大家决定采用对话的方式解决这一次的争端，尽早恢复校园的教学秩序。

在这件事情的处理上，希拉里不断地充当着学生和校方的调解员，力求平衡双方的利益，让双方都满意。

3天后，也就是4月30日，尼克松突然宣布扩大战争，已经派美军进入了柬埔寨。在反战浪潮下，这一决定就像一颗炸弹，立刻让许多高校乱作一团。

"尼克松这样是不行的。"在得知这一消息后，希拉里自言自语道。同时，她心里也有一种不好的预感，美国又要因为这件事变得更加动荡不安了。

在竞选总统时，尼克松曾向公众承诺，一旦他当选美国总统，就会按照公众的意愿结束对越南的战争。但是，尼克松违背了自己的诺言，没有结束这一战争。

在越南战争中，每年都有超过2.5万名士兵伤亡，这就需要补充兵力。所以，对于大学生来说，成绩已经不再重要，因为自己随时都可能应征入伍去越南参战。

所以，比起其他人来，大学生反对越南战争的情绪更加高涨。原本以为越南战争可以结束的大学生们发现，战争不但没有结束，反而扩大了。

“尼克松不能这样做！”

“结束越南战争！”

“反对战争扩大化！”

社会各界纷纷抗议，尤其是美国各大高校，耶鲁大学也在其中。不过，相比于其他大学的混乱，耶鲁大学要显得平静很多。

耶鲁大学的校长金曼·布鲁斯特与牧师威廉·科芬对待越南战争的态度非常明确，也曾公开表示反对越战升级，在他们的指导下，耶鲁大学反战的学生都没有做出过激的行为。

4天后，也就是5月1日那天，按照预计的那样，组织者们在耶鲁大学的校园里举行了一次集会。但是让人惊讶的是，由于尼克松要进军柬埔寨，与会人数达到了1.5万，远远超过了预期。

杰里·鲁宾——活动的发言人，大声斥责尼克松推行的战争政策，并不停地重复“打倒尼克松”，但听众的情绪却显得非常平和。

此时的希拉里虽然只是一名研一新生，也积极参与其中。在接下来的时间里，总是大会、小会不断。组织者们召开特别会议，以商讨斗争策略，不可避免地引发了各种冲突。

在这种时候，希拉里总是强调斗争应该是以和平的方式展开，而且要为了长期目标的实现而努力。在希拉里的安抚下，讨论也变得越来越理智。

后来，法学院院长戈尔兹坦见到了希拉里，夸奖她的调解能力：“当时，大家由于情绪激动说了那么多过分的话，你都能进行安抚和引导，真的是个杰出的学生。”

5月4日，希拉里又听到了一个让人伤心的消息，国民警卫队成了刽子手，开枪打死了俄亥俄州肯特州立大学参加反战游行的4名学生，还导致9人受伤。

希拉里感到很震惊，她没有想到，尼克松政府居然会让国民警卫队对付手无寸铁的学生！希拉里哭了，跑出了法学院。

路上，她遇到了弗里茨·谢斯勒教授。弗里茨拦住她，问道："希拉里，你怎么了？"

希拉里将自己刚刚知道的消息告诉了弗里茨，弗里茨语气平淡地说："这种事情我以前天天都会看到，已经习惯了。"

弗里茨来自德国，曾经历过希特勒统治的时代。她的这一说法让希拉里不寒而栗，也让她对政治又多了一层认识。

"我该怎么办呢？我当然可以选择支持黑豹党，放火焚烧校园和政府大楼，但那样做，与只凭满腔热血做事的愤青有什么不同呢？

"可是，除了这一选择，我还能做什么呢？从内部改革整个体制吗？这个目标太过远大，而且对现在的社会形势一点儿帮助也没有。"

思考再三，希拉里终于选择了后者，并且为了实现和平的游行示威而努力。

希拉里不知道，在以后的道路上，她会遇到更多更残忍的真相。只有她的心能接纳这些真相，她才能获得对抗它们的力量。

在肯特大学惨案发生后的第三天，也就是5月7日，希拉里被邀请至华盛顿参加妇女选民联盟大会，并在大会上发表演讲。正是在那次会议上，希拉里第二次见到了玛丽安·埃德尔曼。

玛丽安·埃德尔曼是希拉里的校友，她的演讲《儿童与法律》深深地打动了希拉里。由于希拉里的母亲多萝西儿时遭遇悲惨，希拉里一直希望能为保护儿童做出自己的努力。

在会议结束后，希拉里主动向玛丽安·埃德尔曼提出自己的请求："你的演讲很精彩，我一直对儿童福利问题很感兴趣，也很想为他们做些什么。暑假时，我能为儿童保护基金组织工作吗？"

说这话时，希拉里脸上露出了恳切的表情，眼里也充满了真挚。看到这一幕，玛丽安·埃德尔曼仿佛看到了年轻时的自己，立刻答应了。

很快，希拉里就前往佛罗里达州的来兹市，那里有一大批甘蔗种植工人，希拉里要做的工作就是调查这些务工人员子女的教育情况以及身体健康状况。

希拉里发现，虽然生活条件很艰苦，这里的孩子们却非常自信、乐观，希拉里很快就和他们交上了朋友。

在这些孩子中，和希拉里关系最密切的是一个叫玛丽的7岁小女孩。玛丽的家在墨西哥，甘蔗收割完后，她就会同父母一起回家。

这天，希拉里看到玛丽一个人躲在角落里，一副闷闷不乐的样子。

"怎么啦，我漂亮的小姑娘？"希拉里走向玛丽，故意用欢快的语调询问着。

玛丽不高兴地说："我要参加洗礼了。"

希拉里有些不明白她的意思："哦？"她故意用了疑问的语气，期待着玛丽把这句话说完整。

玛丽低着头，半天不说话，终于，她看了一眼希拉里，又看了看身上的裙子。那条裙子有些脏旧，但却是玛丽唯一的一条裙子。

她说："我想穿着新裙子参加受洗仪式，可我知道家里经济困难，不可能给我买。"说着说着，玛丽的眼睛湿润了。

希拉里很惊讶，她没有想到，一个7岁的孩子会这么早熟，其他孩子缠着父母买这买那的时候，她已经知道为了不增加家庭的负担而克制自己的欲望。

然而，更让希拉里很难相信的是，在这些工人家庭中，孩子想要一条裙子居然成了一件天大的难事。

希拉里把这件事情告诉了母亲，并和母亲一起去商店买了一条漂亮的裙子。当希拉里把裙子送给玛丽时，玛丽的妈妈一再道谢，让希拉里甚至有些惶恐。

从那一刻开始，希拉里暗暗告诉自己，一定要多花点儿时间在儿童救助工作上，这样才能让他们幸福快乐地长大。

而那个夏天，她也是这样做的，她也认为自己做得很好。但是有一天，她听到有人议论自己，说她并不是真的关心儿童，而是想以此积累以后从政的经验和声誉。

我真的是这样吗？希拉里开始反省起来。

不！我不相信选举政治的力量。我学习法律，不是为了从政，而是为了更好地帮助社会中的弱势群体，尤其是孩子，我应该往这个方向努力！

希拉里确实是这样做的。事实上，希拉里虽然学习的是法律专业，但在进入耶鲁大学后，她却同时学习医学和心理学知识。

很长一段时间，耶鲁大学医学院的学生发现，法学院的明星希拉里总是来旁听，这是希拉里在为了孩子学习。

希拉里自告奋勇到纽黑文法律服务团做志愿者，在这个过程中她发现，儿童比大人更需要辩护人，更需要有人为他们说话。

所以在学习之余，希拉里开始在耶鲁大学儿童救助中心做一些帮助儿童恢复身心健康的工作，她尤其关心那些受虐儿童的身心健康问题。

每次看到这些孩子，希拉里总会想起自己的母亲。母亲由于受到虐待身心受到了巨大伤害，经过了很长时间才克服心理创伤。

希拉里发自内心地想帮助这些孩子，让他们不因虐待而伤心，不因身体受到伤害而封闭心门。

希拉里开始更多地关心儿童权益。她发现，人们对儿童的权益并不重视。在涉及儿童的问题上，法官只会征求儿童父母的意见。当父母的意见不一致时，他们往往赞成母亲的意见，却没有人问问儿童是怎么想的。

有一次，希拉里因为一个案件被派到地方机构工作。在这里，希拉里见到了一位律师。

“你好！我是司法援助律师佩恩·罗迪恩。”这位年轻的律师自我介绍道，“以后，我们会一起为受虐待儿童辩护。”

希拉里和佩恩·罗迪恩握了握手后，就开始了忙碌而紧张的工作。希拉里看着那些案例，心中突然升起了一种满足感，这虽然是学习，却让她感觉到了自己在发挥作用。

有一次，一位五十多岁的黑人寄养母亲来到希拉里面前，寻求法律帮助。

“我是一个寄养孩子的母亲，在自己的两个孩子成年后，开始照顾这个孩子，她当时才刚刚出生。现在已经两岁了，也开始懂事了，我想把她长久带在身边照顾。”

希拉里说：“这是好事啊，那个孩子应该也会感到非常幸福。”

这位老妇人摇了摇头，潸然泪下：“我也是这么想的，我有养育孩子的经验，孩子也离不开我。可是，康涅狄格州社会服务部却不同意我的申请，还说要给孩子找一个更好的家庭。”

说到这里，这位老妇人再也忍不住了，低声哭了起来。

希拉里很同情她，研究了案件的情况后，她和罗迪恩起诉了康涅狄格州社会服务部，希拉里还代表这位老妇人出庭，但最终还是失败了。

“对不起，我没能帮到你。”希拉里有些难过地对老妇人说。

老妇人摇摇头，两只黝黑、布满皱纹和老茧的手握住了希拉里的两只白皙的手，轻轻晃动了几下，松开，然后离去了。

希拉里看着老妇人略微弯曲的、满是凄凉和失望的背影，暗暗下定决心，以后一定要努力为儿童争取权利。

在这一刻，希拉里大为感慨，疑惑了那么久，她终于找到了自己的人生目标，找到了自己最想做的事情，那就是成为美国儿童的代言人。

1971年春天，希拉里在耶鲁大学法学院内不紧不慢地走着。她走到哪里，哪里就会出现窃窃私语的声音。

“快看，那个抱着书、戴着大框眼镜的就是希拉里，看上去也没那么传奇！”“你也知道希拉里呀！她可比看上去牛多了！”

希拉里对关于自己的言论，不管是好的还是坏的，都早已经习以为常。看着那些对自己露出或羡慕或嫉妒目光的女生和那些带有或仰慕或轻蔑眼神的男生，希拉里的思绪回到了一年前。

那时，耶鲁大学法学院共录取了235名学生，只有27名女生。“这不公平！男生几乎是女生的10倍！我一定要靠自己争取更多的权利”，希拉里在心里暗暗想道。

现在，刚上研二的希拉里在别人看来无疑实现了自己对自己的承诺，她成了法学院的明星，同学们经常谈论她，老师也对她爱护不已。只是，让人羡慕的希拉里总是觉得生活中似乎还缺少些什么。

“想什么呢？”突然，一个调皮的声音传来，吓了希拉里一跳，她很快镇静下来，歪着脑袋笑着说：“没什么，随便想想。”

“你呀，总是喜欢思考。现在天气这么好，正是享受的好时候，你这样深沉地思考，实在是辜负了这片天空啊。”希拉里的朋友蒙娜丽大声说道。

希拉里笑了：“你的性格……”然后，她没有再说什么，而是转移了话题，“你最近过得怎么样？和男朋友还好吗？”

蒙娜丽回答说：“挺好的，最近我们班发生了一件趣事，我说给你听听……”两个女孩就这样一边说笑着，一边向前走着。

说到后来，希拉里突然试探着问道：“对了，你还记得我们上次见到的那个来自阿肯色的男生克林顿吗？”

“克林顿？记得啊，他怎么啦？”蒙娜丽有些惊讶地问。

那天，蒙娜丽和希拉里一起经过休息室时听到里面传来一群人的笑声，紧接着一个爽朗的声音说道：“真的，我们阿肯色州的西瓜是世界第一，你们一定要相信。”

出于好奇，希拉里往休息室望去，看到一个高大的男生正对着一群同学说话，那一头卷曲浓密的头发、红棕色的胡须让他显得非常扎眼。

“真有点儿像强盗。”希拉里不由自主地说道。

“哦，你是说喜欢吹牛的比尔·克林顿啊，他刚从牛津大学过来，见人就夸自己家乡的西瓜好，我都见过好多次了。”蒙娜丽说完，便拉着希拉里继续往前走。

当时，希拉里表现得很不在意，现在却这么问，让蒙娜丽有些不解其意，不知道她脑子里在想什么。

“没什么，随便问问。”希拉里神色有点儿慌张，似乎不想让蒙娜丽发现她的心思。好在蒙娜丽本来就有些粗心，没有注意到这一点。

蒙娜丽说道：“对了，你和他或许能成为朋友。听说他刚来咱们法学院的时候，天天都不学习，忙着帮一名民主党人竞选国会议员。这本没什么，可他在缺课3个月的情况下，居然只复习笔记就通过了各科考试。”

“哦，听你这么说，他还挺厉害嘛。”希拉里假装漠不关心地附和道。

“是啊，知道什么时候学习，什么时候做其他事情，我觉得这样的人将来一定能有很好的成绩。”说着说着，蒙娜丽一脸佩服的样子。

“她就是这样，有什么就说什么。”希拉里在心里默默说道。

突然，蒙娜丽话题一转：“你怎么突然提起克林顿？”

“没什么……昨天在法律图书馆看到他，我就过去和他打招呼了。”接着，希拉里把自己结识克林顿的经过讲了出来。

那天，希拉里从书架上找了一堆书，想要好好准备论文。可不知道为什么，她总是感觉有一道目光偷偷地落在她的脸上。

希拉里抬起头，看到了克林顿，那个自己之前和朋友谈论过的来自阿肯色州的年轻人。发现希拉里看到自己后，克林顿的眼光立刻躲闪开来，重新和自己的朋友交谈。

希拉里看得出来，克林顿的那个朋友说得兴高采烈，可克林顿的反应却很迟缓，一副心不在焉的样子。

后来，那个朋友注意到了克林顿的变化，朝着自己的背后望去，才发现克林顿刚刚在偷偷打量希拉里。

那个朋友朝希拉里友好地笑了笑，然后很知趣地立刻找了个理由离开了。这下，克林顿失去了朋友的遮挡，脸色不自然起来。

希拉里觉得，这是认识克林顿的好机会，便走上前去，告诉他，如果他再盯着自己看，她也会盯着他看。

克林顿立刻目瞪口呆，这时，希拉里继续说道：“与其我们互相盯着对方看，不如认识一下，我叫希拉里·罗德姆。”

克林顿低声说道：“我知道。”

然后过了好几秒钟，他才反应过来，说道：“我叫比尔·克林顿，大家都叫我比尔。”

“哦，比尔，我记住了。”希拉里莞尔一笑。

在希拉里和他搭话之前，一直是他主动和女孩说话。他是个大家公认的情场高手，善于公开表白，私下求爱也能获得成功，甚至可以周旋于几个女朋友之间。

可此刻，面对希拉里的笑容，克林顿却一下子慌张了。虽然表面上看，他这段时间的学业很好，在政治活动方面表现也不错，但实际上，他的个人生活却非常糟糕。

在不久前，克林顿的一个女朋友离他而去，与自己的前男友结合。而接下来，由于不能确定在一起是否能有未来，克林顿又和自己喜欢的一个女孩子分了手。

这些爱情经历让克林顿的思绪也变得混乱，他决心好好反省一下，短期内不与其他女孩谈情说爱，专注地思考自己想要什么样的爱情。

很快，克林顿对女朋友的要求有了变化，他不再追求长得漂亮、身材性感的女友，而是开始寻找能够相伴一生的女人。

而从见到希拉里的那一刻起，他心里就有了一个想法：“啊，找到了，她就是我想要呵护一生的女人。”

没有想到，希拉里现在居然主动和他打招呼。这不禁让克林顿开始相信，自己真的和希拉里是天生的一对。

但是，很快，两个人就分开了。

其实，希拉里不知道，克林顿在很久之前就开始关注她了。希拉里在法学院人气很高，在课堂上又频频回答老师的提问，让克林顿印象深刻。

而事实上，希拉里对克林顿也有所了解。

那是在一堂课上，教授在讲解一个法律案件。由于讲解的时间很长，很多同学都听得头昏脑涨，坐在教室后排的克林顿也逐渐体力不支，打起盹来。

教授讲解完案例后，大声问道：“有哪位同学可以讲讲这个案例的处理方法？”

课堂上鸦雀无声，没有一点儿声音，这时坐在后面听讲的克林顿站了起来，说出了自己的看法。结果，自然赢得了教授和希拉里的认可。

所以在昨天，希拉里才会有那样大胆的举动。

蒙娜丽听完整个过程，意味深长地看了希拉里一眼：“缘分来啦，缘分来啦。”希拉里假装生气地说：“瞎说什么呢？是不是想让我打你啊？”边说边做出要打人的样子。

“哈哈，就说就说。”两人在校园里追逐着，打闹着。

希拉里见到克林顿时，他在法学院读研究生一年级，比希拉里晚一届。耶鲁大学是总统和政治家的摇篮，克林顿到这里读书，不是为了当律师，也不是为了在华尔街工作，而是为了走上从政的道路。

此后，希拉里和克林顿的缘分似乎真的没有再出现，两个人时常会在校园里碰面，却再也没有说过一句话，有的只是简单的点头示意。

直到学期末结课那天，克林顿才主动对一同走出教室的希拉里说道：“嗨！朋友。时间还早，接下来你要去哪里？做什么？”

有点儿吃惊的希拉里很快回答道：“我想去教务处注册下学期的课程。”同时在心里画了个问号，“问这个干嘛？”

“是吗？我也要去，我们一起吧。”克林顿故意不等希拉里回答，就立刻展开赞赏，“你知道吗？你穿上这条裙子很漂亮。”

“谢谢。”希拉里送给克林顿一个礼貌的微笑，“这是我那个喜欢做衣服的妈妈亲手做的，我也很喜欢。”

“哦，那你真是幸运，有一位这样心灵手巧的母亲。今天，我听到你在课堂上回答老师的问题了，我觉得你说得很对，你是怎么想到的呢？”

克林顿害怕希拉里以为他是靠赞赏别人勾搭女孩的人，在简单夸奖了两句后，立刻转移了话题。

“哦，其实这个问题，我之前也思考过……”希拉里缓缓答道。

就这样，克林顿和希拉里边走边聊，由课堂问题开始，逐渐谈论到家庭及出生地等问题。而在希拉里排队等待注册课程时，克林顿也一直站在她身边，与她热烈地交谈着。

负责登记的老师看到希拉里时笑了笑，但是当他看到站在希拉里身旁的克林顿时，感觉有些惊讶：“比尔，你来这里做什么？你不是已经注册过了吗？”

克林顿摸了摸后脑勺讪讪地笑了。

注册过后，克林顿向希拉里道歉，他是为了有机会和她在一起，才善意说谎的。“你除了说谎，还有什么我不知道的本领吗？”希拉里打趣道。

“有啊，我拥有魔法，可以满足你的所有愿望。说说看，此刻，你最想得到什么？我能变出来。”和希拉里并排走着的克林顿突然快速走了几步，然后转身，边退着走边一本正经地说。

“呵呵。”希拉里被逗笑了。此时，因校工罢工而被迫关闭的美术馆正好就在路的一旁。“我现在的心愿就是想看看马克·罗斯科的画展。”

“这好办，你等着看我施展魔法。”克林顿边露出神秘笑容边倒退着朝美术馆走去。

希拉里好奇地看着克林顿对着保安一边比画，一边快速地说着什么。很快，克林顿就冲希拉里招招手：“快过来吧。”

希拉里和克林顿一起走进了美术馆，她没有立刻奔向展厅，而是好奇地问：“你是怎样说服保安的？”

克林顿笑了："我告诉他，如果他放我们进来，参观完展览后，我会帮助他打扫馆内花园的树枝和垃圾。"

希拉里和克林顿在展览馆里不紧不慢地走着，观看着，感觉真的非常美好。在参观完后，希拉里和克林顿一起走到花园里，将树枝捡了起来。

在花园里，希拉里看到了一个美丽的女子坐像。在打扫干净后，希拉里坐在了雕像的腿上，而克林顿就坐在她旁边。

他们就这样聊着，无话不谈。到了后来，克林顿俯下身去，将头轻轻靠在希拉里的肩头。那一刻，希拉里的心里突然涌入了一股暖流。

希拉里发现，克林顿并不是一个五大三粗的人。相反，他居然有让人吃惊的很好的艺术素养。在这只属于两个人的空间里，他们的思想和心灵不停地碰撞和靠近。

随后，克林顿应邀出现在希拉里和室友合办的派对上。

"谢谢你邀请我。"说完这句话的克林顿似乎变成了哑巴，再也没有开口。

"可怜的家伙！他一定很不自在！"希拉里想到克林顿可能是因为不自在而不说话时，心里略感不安。

不过，一想到周末要和男友戴维·鲁珀特去旅游，希拉里便很快高兴起来，无暇顾及克林顿的感受。对于旅游，她仍然充满了憧憬。

克林顿得知希拉里要去旅游很不安，可他知道自己没有资格阻止希拉里，只好焦急地等待着希拉里旅游归来。

旅游回来后的希拉里很快接到了克林顿的电话，她说："旅游很有意思，我很好……咳咳咳……好像感冒了……"

"可怜的感冒了的小丫头，你现在一定很痛苦吧。"克林顿安慰了几句，便出去买了鸡汤和橘子汁，然后气喘吁吁、满脸是汗地出现在希拉里的宿舍，"快把鸡汤和橘子汁喝了吧。"

小口喝着鸡汤的希拉里听克林顿谈论非洲政治、西部乡村音乐等话题后，才意识到上次派对上克林顿并非不善社交，只是为了多了解希拉里和她的朋友，所以才牺牲了别人对他的第一印象，把重点放在了倾听上。

希拉里还发现，克林顿的价值观、理想抱负和自己十分相似。她默默地听着克林顿的言论，脑海中浮现出“志同道合”四个字。

一口口在希拉里嘴里化开的鸡汤让她的心也暖暖的。她没有意识到，从那一刻开始，她的心就已经偏向这个高谈阔论的大男孩了。

在当时，希拉里不是没有想到自己的男朋友戴维·鲁珀特。她与鲁珀特约会已经有3年了，充满激情。

在这次探病之后，希拉里和克林顿的关系很快亲密起来，到了无话不谈的程度。希拉里一开始就知道比尔·克林顿出生于阿肯色州，只是不知道，在他出生前3个月，父亲就在车祸中不幸去世了。

希拉里也才知道，在他出生后不久，母亲便离开他，独自一人到新奥尔良学习护士技能。克林顿只好跟着开杂货店的外祖父母一起生活，度过了自己贫困的童年。

后来，克林顿的母亲回来了，再嫁，克林顿与母亲和继父一起住在温泉城。继父酗酒、爱赌，克林顿经常遭到暴打。即便如此，克林顿依旧洁身自好，刻苦学习，在初中时被选为全国优秀少年代表访问白宫。

在白宫玫瑰园，克林顿终于见到了自己的偶像——肯尼迪总统，在与肯尼迪总统握手、照相时，一个信念在他心中产生：长大后，我一定要做美国总统。

高中毕业后，克林顿考上乔治敦大学，因为他一直很喜欢华盛顿，很喜欢乔治敦大学。而且，校园离国会大厦很近，能时时提醒克林顿不要忘记自己的政治目标。

在乔治敦大学，克林顿一直非常活跃，组织并参加各种学生活动。毕业后，又以优异成绩申请到罗兹奖学金，取得了到英国牛津大学读书的机会。后来，又来到耶鲁大学读书。

希拉里有些佩服这个叫克林顿的小伙子，在如此糟糕的环境中，能安心读书，为了自己的未来努力奋斗，实在难得。

对于希拉里与克林顿的交往，他们的朋友也都十分看好。

有一次，克林顿的好朋友德博拉·塞尔对希拉里说："亲爱的，我觉得你和比尔在一起真的很合适，真是天生的一对。"

德博拉·塞尔这么说，是因为她深深感受到，希拉里思想深刻，克林顿才思敏捷，不论在价值观还是理想抱负上，两人都惊人地一致。

在那一段时间，希拉里经常听到一些风言风语，有的同学甚至好心地劝告她："你要小心克林顿，他追求你是别有用心。做了你的男朋友，他的声望也能大大提高。"

对于这些劝告，希拉里并没有在意。别人怎么说，对她不重要，重要的是，克林顿如何对待她。而这些，只有她自己最清楚。

可没过多久，克林顿联系希拉里的次数越来越少，这让她心里不禁犯嘀咕："克林顿最近在忙什么呢？有什么事情那么重要吗？"

事情果然如希拉里所想的那样，克林顿在忙着一件重要的事情。

几天后，克林顿找到希拉里："亲爱的，我简直不敢相信！"克林顿抱住还没有反应过来的希拉里，大声地说了一句。

希拉里被他吓了一跳，问道："不敢相信什么？"

"我之前登记到乔治·麦戈文参议员的竞选阵营里工作，想要协助麦戈文参加总统初选。现在加里·哈特，就是竞选经理要我去南方各州，做竞选协调员。"

所谓竞选协调员，就是要在各州穿梭，说服民主党人一起反对尼克松的越南战争政策，让他们支持麦戈文。

克林顿以前虽然也帮助别人竞选过，但那只是竞选参议员。这一次，是他第一次参与总统竞选的助选工作。

克林顿兴奋得像个孩子，虽然他对于自己无暇顾及希拉里的事只字不提，希拉里仍善解人意地祝贺他："是吗？太好了！祝贺你！"

希拉里早就知道，克林顿很关心家乡的教育发展、经济繁荣和文化进步情况，希望将来回到阿肯色州竞选公职。如果这次他能从头开始参与助选活动，那么就能帮助他提高以后求职和工作的能力。

而且，这也是克林顿一直想要做的一份工作，他甚至计划要将迈阿密作为助选的基地，然后在南方各州奔波，穿线连珠一样协调各州的竞选活动。

"这真是一个好机会！你一定要好好抓住！"希拉里温顺地依偎在克林顿怀中，畅谈起两人对各自未来的憧憬。希拉里发现，克林顿眼中发出前所未有的光芒。

希拉里和克林顿恋爱后，法学院流言四起，如："希拉里名气大，克林顿只是利用她提高自己的声望""克林顿别有用心，才会费尽心机追求希拉里"等。

事实上，事情的真实原因只有克林顿知道。他知道，希拉里身上的那种不妥协精神深深地吸引了自己，所以他才会那么珍惜希拉里。

几天后，希拉里告诉克林顿，自己暑假要去加利福尼亚州奥克兰一家小律师事务所当助理。克林顿听完，对她表示了祝贺，然后就陷入了思考中。

当天晚上，克林顿又找到了希拉里，毫不犹豫地说道："我陪你一起去奥克兰。"

克林顿之所以这么说，是因为他知道，他和希拉里在一起才刚刚一个月，如果两人就此分开一个暑假，这份恋情很可能就会结束。

“那怎么行？助选工作马上就要开始了，你也要好好准备才行。”希拉里虽然很高兴听到克林顿这么说，但还是拒绝了。

“不，我和你一起去，亲爱的。”克林顿抱着希拉里轻轻晃动着，“参与总统助选的机会以后还会有，但是陪你去奥克兰的机会只有一次。让你一个人去一个陌生的城市，然后整个暑假见不到你，我无法忍受。”

眼里充满泪水的希拉里感动地看着克林顿，一言未发。克林顿把她的头搂入自己的怀中，轻轻说道：“亲爱的，你要知道，什么都没有你重要。”

希拉里的眼泪默默地流了下来，此刻，她的内心突然出现了一种从未有过的确定感，这是以往的男朋友所不曾带给她的。

希拉里不知道，未来她和克林顿之间会发生什么事情，但是她非常确信，自己找到了能相伴一生的最好伴侣。

很快，希拉里就和克林顿到达了加利福尼亚州的伯克利，那里与她在奥克兰的工作单位距离不远。

过了两天，克林顿开车回到华盛顿，告诉加里·哈特他无法去南方做竞选协调员了。不过，他又提出到康涅狄格州帮忙，建立一个竞选机构。

做完这些工作之后，克林顿便立刻赶回希拉里的身边。

希拉里很高兴，特地做了克林顿最爱吃的桃子馅饼。在那段时间里，他们一直厮守在一起，非常快乐。

后来，希拉里开始了暑期的工作，克林顿则一个人去市里逛，到公园或咖啡馆里看书，生活得悠闲而又快乐。

到了晚上，希拉里结束工作，便立刻回到克林顿身边。两人一起寻找当地的美食，一起看电影，一起听现场演唱会。

暑假就这样过去了，经过一番商量，希拉里和克林顿决定，回到纽黑文以后，他们就开始在一起生活。

希拉里和克林顿从加利福尼亚州回到纽黑文，租下埃奇武德街21号的一楼。由于月租很便宜——每个月仅需75美元，希拉里欣然接受了房间的不足之处。

这个房子是格雷·克雷格的，在听说希拉里和克林顿正在寻找住处时，他把他们带到了自己的房子面前，希拉里觉得很不错。

克雷格是耶鲁大学的名人，热心于民权活动，很多时候为了参加抗议集会，他不惜跑到新英格兰地区甚至更多的地方。

“这是我们的第一个家啊。”在克雷格走后，希拉里环顾着租下的房子，卫生间小得可怜，厨房只有简单的几样厨具，凹凸不平的地板导致桌子没有办法放平，墙面上还有缝！

“这里，环境是不是太差了点儿？”克林顿问道。

希拉里摇摇头。现在，她和克林顿的学费一部分来自贷款，一部分来自打工，实在没有多余的钱租下更好的房子。

“这里挺好的，我们好好装饰一下，一定是个非常舒服的住所。”希拉里安慰克林顿，然后说道，“地板不平，我们可以在桌角下垫一点儿东西；墙透风，我们可以用报纸塞住墙缝。”

克林顿点点头。

希拉里笑了。她拿出一张纸，开始在上面列出需要购买的家具、厨具、生活必需品等，然后和克林顿一起买了回来。

一番布置下来，希拉里心里非常高兴，离开家这几年，终于有了一个自由的又属于自己的空间。而且，与之前相比，布置过的房子一改贫穷气息，变得非常温馨。

这样的生活真是美好。在新家的周围，有24小时营业的餐厅，有瑜伽馆，有健身中心，希拉里经常和克林顿一起吃饭、学习瑜伽、跑步，生活充满了欢乐。

有时，希拉里和克林顿还会招待朋友到他们的新家做客，这也是他们最快乐的时候。客人们都发现，他们两人沉浸在甜蜜的爱情之中。

紧接着，克林顿就要正式拜访希拉里的父母了。希拉里知道，这一天迟早都会来，但是她没有想到会来得这么快。

“希拉里，我想，圣诞节过后我去你家，怎么样？”克林顿笑着注视着希拉里，征求着她的意见。

“嗯，你能来我很高兴，可是我担心，我爸爸不会给你好脸色看。”希拉里有些担心地说。

“没关系，应该不会有什么问题的。再说了，你要相信我，我会让他们喜欢上我的。”克林顿安慰道。

即使克林顿这么说，希拉里还是感觉很不放心。克林顿蓄着络腮胡，而且还是民主党人，一定会被父亲刁难的。

可是，担心归担心，希拉里一回到家，还是把这件事告诉了母亲。

希拉里搂着母亲的腰，撒娇地说道：“妈妈，我要告诉你一个消息，圣诞节过后，会有一个男孩子到咱们家做客。”

多萝西有些诧异，“男孩子？”她反问了一句。

很快，她就反应了过来：“难道是你的男朋友吗？”多萝西转过身子，注视着希拉里问道。她发现，希拉里的脸一下子变得通红。

多萝西很高兴，打算好好招待这个准女婿。

圣诞节过后，克林顿果然开车来到希拉里家，希拉里非常高兴。她快速打开门，然后挽着克林顿的胳膊进入屋里。

“嗨，我叫比尔·克林顿。”克林顿向多萝西介绍自己。

多萝西愣住了，她看到的年轻小伙子简直不像样子。长长的头发遮住了耳朵，苍白的脸色让整个人显得很没有精神。

但是，多萝西没有立刻表现出自己的不满。然而，敏感的希拉里还是察觉到了母亲的失望。她决定，以后找时间和母亲好好谈谈。

果然，母亲对克林顿的态度虽然很有礼貌，但明显能让克林顿感觉出来，她非常冷淡，想拒克林顿于千里之外。

希拉里不知道，当母亲看到克林顿时，就有一种直觉，认为他会把自己的宝贝女儿带走。为了避免这一结果，多萝西故意冷脸相对，想让克林顿知难而退。

克林顿在来之前就做好了思想准备，所以对于这一切，他并不在意。在希拉里家住下后，克林顿主动帮助多萝西洗碗、整理房间，做一些力所能及的事情。

第二天，多萝西坐在客厅里，认真阅读一本大学哲学书。克林顿见状，便和她主动聊起书上的内容，足足聊了一个多小时。

不仅如此，克林顿还对多萝西说：“我觉得，您应该去上大学，我见过很多人，没有一个人像您这样，有这么强烈的求知欲望。说真的，您真应该去读大学。”

多萝西很高兴，第一次有人给予她如此让人激动的建议，而且，在谈论上学计划时，克林顿的眼中充满了真挚的神情。就这样，多萝西立刻喜欢上了克林顿。

“希拉里，”后来，多萝西对女儿说，“我觉得，比尔是个挺不错的小伙子，很有自己的思想，你和他一起，我挺放心的。”

听母亲这么说，希拉里感觉很高兴，克林顿这么快就获得了母亲的认可，想要让父亲喜欢上他，也不是不可能的。

但这时，母亲却一脸严肃地继续说道：“在你爸爸眼中，你是最优秀的，没有一个男孩能配上你。比尔这一战，估计会很辛苦。”

多萝西的话没错，休·罗德姆一直认为，他的女儿希拉里是世界上最优秀的女孩，所以对克林顿一点儿好脸色都没有。

可是，克林顿根本不害怕休·罗德姆的坏脾气，对他的横眉冷对也毫不在意。他认为，只要自己努力迎合，就不怕休·罗德姆不接受他。

所以，在休·罗德姆玩扑克牌、看球赛时，克林顿总是积极参与其中。起初，休·罗德姆对克林顿这一厚脸皮的表现很反感，但慢慢地，他改变了对克林顿的看法。

而且，多萝西也一直做着休·罗德姆的工作，一遍又一遍地劝告他。因为多萝西认为，克林顿最适合做女儿的终身伴侣。

后来，希拉里带着克林顿去好朋友贝齐·埃布林家。在那里，克林顿非常健谈，常常逗得希拉里和贝齐一家人哈哈大笑。

贝齐看着希拉里脸上洋溢着幸福，也很为她感到高兴。在和希拉里一起煮咖啡时，贝齐抱着她说：“亲爱的，看到你现在和比尔在一起，我真是为你高兴。”

希拉里笑了，贝齐一直都很照顾她，她是在真心为自己高兴。

离开前，贝齐的母亲把希拉里拉到一角，告诉她：“我认为，比尔真的很适合你。我发现，他能让你开怀大笑，你一定要把他留在身边。”

看到克林顿获得家人和朋友的认可，希拉里这才放下心来，感觉自己的选择真的非常明智。

多萝西是个非常爱女儿的母亲，经过一周的相处，她相信克林顿能给自己的女儿带来幸福。然而，另一个问题很快出现了。

细心的多萝西发现，在这一个星期的时间里，克林顿谈论的话题几乎都离不开阿肯色州、美国社会，似乎只对政治感兴趣。

多萝西受丈夫的影响，虽然也了解一些政治问题，但是对她来说，她更关心克林顿以后能给女儿什么样的生活。

终于，在一次晚餐过后，她忍不住问克林顿："比尔，大学毕业以后，你打算做什么工作？"

克林顿毫不犹豫地回答："我会回到阿肯色州，在那里竞选公职。"

似乎是怕多萝西认为阿肯色州落后，克林顿立刻强调说："最近这几年，阿肯色州发生了很大的变化，现在的经济增长速度也很快。"

多萝西似乎没有听到这些话。阿肯色州的情况她很了解，那里很贫穷，生活习惯也和芝加哥很不一样。如果希拉里和克林顿一起去了阿肯色州，那就相当于放弃了自己的未来。

所以，多萝西有些不满地问："你可以回去竞选公职，为家乡作贡献，可是我的女儿，我的希拉里将来要怎么办呢？"

克林顿愣住了，没有回答。

后来，多萝西就这个问题和希拉里谈了谈，希拉里笑了，她认为考虑这个问题还为时尚早，劝告母亲不要过于担心。

希拉里没有想到，以后这个问题会困扰她很久。

1972年，新的学期开始了。希拉里和克林顿一起参加了大律师联盟模拟审判竞赛。除此之外，克林顿还在纽黑文为麦戈文成立了一个竞选总部，希拉里也帮助他一起维持这个总部的运作。

如果想帮助麦戈文在初选中获胜，克林顿就要拉拢那些不支持麦戈文竞选总统的民主党机构团体及它们的负责人阿瑟·巴尔别里。

有一次，克林顿和希拉里谈到了这个问题，希拉里说："真是个让人头疼的问题，你打算怎么应对？”

克林顿说：“我已经号召咱们学校的学生和教员，由他们作为竞选志愿者，帮助麦戈文拉选票，效果应该不比正规宣传机构差。”

希拉里想了想：“这真是个好主意。即便如此，如果能说服阿瑟·巴尔别里，岂不是能拉到更多选票？”

克林顿有些懊恼地回答说：“我也在思考这个问题。我想要用庞大的志愿者团队说服他，让他知难而退。”

希拉里点头表示赞成：“我觉得这个想法不错，我们可以告诉阿瑟·巴尔别里，我们会让志愿者挨门挨户地宣传，告诉大家阿瑟·巴尔别里要把他们的孩子送到越南战场，呼吁大家一起反对他。”

克林顿听了，很高兴：“就这么办！希拉里，你真是太聪明了！我决定就这样说服阿瑟·巴尔别里。”

后来，克林顿果然去了阿瑟·巴尔别里的办公室，阿瑟·巴尔别里很热情，但两只手却交叉在胸前，一副非常抗拒的样子。

克林顿按照和希拉里商量的那样，把自己的想法说了出来。然后，他说道：“其实，你不必在乎谁获得提名，支持麦戈文，也能让你继续控制纽黑文。”

阿瑟·巴尔别里听后，表示自己会考虑。

在克林顿的竭力劝说下，阿瑟·巴尔别里终于改变了主意，决定支持麦戈文的竞选活动。最终，麦戈文被提名为民主党总统候选人，意味着竞选就要进入下一个阶段。

后来，克林顿赶往德克萨斯州，继续做竞选工作，想在竞选决战中发挥更重要的作用。他认为机会难得，便邀请希拉里也前来帮忙。

实际上，希拉里很清楚，去德克萨斯州拉票可能会徒劳无功，但是如果能和克林顿一起工作，也是一段不错的经历。

“可是，比尔，你知道的，我必须有份工作。”希拉里说。

“没问题的。”克林顿回答。

就这样，凭着对克林顿的信任，凭着对政治的热情，希拉里义无反顾地来到了德克萨斯州，与克林顿并肩作战。

从肯尼迪总统竞选开始，民主党就经常派一些州外人士为候选人拉选票，理由是州外人士能更多地考虑候选人的利益，平衡州内的选举纷争。

可实际上，这会引起当地人的不满，而德克萨斯州内部本来就矛盾重重，政治环境恶劣，想要争取选票难上加难。

但希拉里并不在意，几周后，她赶到德克萨斯州。没过几天，她的才华便显露出来。

“以前，只有年满21岁才有选举权，现在年满18岁就可以了。也就是说，18岁到21岁之间的选民，我们完全可以争取过来，这也是一个不小的数字。”

“换句话说，如果我们能够号召大学生支持麦戈文，在德克萨斯，麦戈文也会获得超高的支持率。”

在如何争取选民的会议上，希拉里提出了自己的见解。到会的人听到后，都为她的这个提议感到兴奋。

然而，遗憾的是，由于德克萨斯州的情况比较特殊，当时也没有那么多的人手，导致这一构想并没有得到实现。

对于希拉里来说，最大的收获是认识了贝齐·赖特。贝齐·赖特是竞选班子组织者之一，她与希拉里一见面便很投缘。

贝齐·赖特是一个医生的女儿，一直热衷于政治。她虽然知道在竞选中帮助麦戈文获胜很难，但还是每天工作18个小时，全身心投入，尽职尽责。

希拉里发现，赖特聪明、感性、尽职，而且在草根政治方面有丰富的经验。在赖特眼中，希拉里热情、重情义、喜欢与人相处，而且非常聪明，懂得自我克制。

顿有惺惺相惜之感的两人很快建立了深厚的友谊，而这段友谊给她们各自都带来了快乐和满足。希拉里相信，很多年之后，她们一定仍是好朋友。

在投票日两周前，希拉里开始组织阿拉莫造势大会的动员工作。在工作中，希拉里发现，原来在缺乏经费的竞选过程中，准备工作者要承受那么大的压力！

两周后，投票结果出来了，麦戈文最终没能在德克萨斯州战胜尼克松。不过，让希拉里欣慰的是，在她和克林顿、阿瑟·巴尔别里以及众多支持者的努力下，麦戈文在纽黑文的得票率超过了尼克松。

这次助选让希拉里学到了很多，即使在接下来与克林顿到墨西哥太平洋海岸的兹华坦尼乔度假时，她还在进行思考。

第五章

婚姻，希拉里人生的重要一笔

希拉里此刻完全没有这方面的担心，她还沉浸在即将要和克林顿组成一个新家的愉悦之中。尽管克林顿身上有着这样那样的毛病，但希拉里觉得，一切尚在自己的控制之中。

两个月后，也就是在1975年10月，克林顿和希拉里终于要结婚了。

在兹华坦尼乔度过了一段愉快的时光后，希拉里和克林顿回到了耶鲁大学，继续在法学院的校园生活。

1973年春，希拉里和克林顿同时从耶鲁大学法学院毕业。毕业典礼上，坐在希拉里不远处的两个男生小声议论起来。

“那个不是希拉里·罗德姆吗？”

“哦，是希拉里·罗德姆，没错。”

“希拉里去年不就应该毕业了吗？怎么和我们一起毕业？”

“你不知道吗？她为了和克林顿在一起，推迟了一年毕业。”

"哦，是这样啊！"

希拉里早已习惯了别人的议论，现在，她已经没有心思去顾及这些议论了。"毕业了，新的不一样的生活就要开始了。"希拉里在心里默默说道。

毕业典礼结束后，希拉里和克林顿一起去欧洲旅行。希拉里兴奋地告诉周围的朋友："我要和比尔一起去欧洲，看看那些他曾经游历过的地方。"

旅行的那段日子，希拉里每一天都过得很高兴，参观威斯敏斯特教堂，在国会大厦俯瞰，欣赏泰特美术馆的画作，在巨石阵中漫步，赞叹威尔士奇特的山丘。

一天傍晚，希拉里和克林顿在艾纳戴尔湖畔散步。

"哇，最近的生活真是太美好了！就像生活在童话故事中一样。"希拉里很满足地对克林顿说。

克林顿笑而不语，用充满深情的目光看着希拉里。

希拉里感受到了这份爱意，继续说："从索尔兹伯里经林肯、达勒姆玩到约克，凭吊修道院遗址，在乡间古堡的花园之间穿梭。哇，真好！"

"我很高兴，这次旅行能让你这么喜欢。"克林顿温柔地说道，然后突然话锋一转，"希拉里，我们在一起的时间也不短了，和我在一起，你感觉怎么样？"

希拉里有些不解地说："什么怎么样？"

克林顿笑着说："你愿意和我一直在一起吗？希拉里，嫁给我吧！"

希拉里看着克林顿，显然受到了惊吓。对于自己的未来，希拉里还不是很清楚，不想让婚姻把自己牢牢拴住，所以她立刻拒绝了："不行，现在还不行。"

"为什么不行？"克林顿问。

"事情太突然了，这个问题我还没有好好想过。"希拉里诚实地回答道。

那一晚，希拉里和克林顿两个人都心事重重。

由于外祖父母离婚，希拉里的母亲从小吃了很多苦，在原本应该快乐的童年时期却遭受着饥饿、孤独、苦难。知道母亲的这段童年生活后，希拉里就暗下决心，将来一定要做一个负责任的母亲，不让孩子因为父母离婚而受苦。

克林顿是个不错的人选，可另一方面，他的性格多变，又太有女人缘，希拉里担心自己没有能力应对他以后可能造成的乱子。

在克林顿还没有出生前，他的父亲就去世了。在他4岁那年，母亲因为生计问题嫁给了克林顿的第一位继父罗杰·克林顿。罗杰·克林顿嗜酒成性，经常对克林顿和他母亲施暴。

后来，罗杰·克林顿因癌症去世。不久，克林顿有了第二位继父杰夫·德怀尔。虽然德怀尔对克林顿很好，但克林顿还是渴望能有一个属于自己的家。

虽然希拉里的拒绝让克林顿很难过，但他是个非常执着的人，并没有因为希拉里的拒绝而放弃。在时机合适时，克林顿总是一而再地求婚。尽管希拉里也很喜欢克林顿，可是一想到未来实在不可知，她只能选择拒绝。

虽然希拉里拒绝了，可她心里却一直惦记着这件事。在她答应嫁给克林顿之前，她有很长一段时间被这个问题困扰着。

6月底，从欧洲回国后不久，希拉里去了阿肯色州。这是克林顿的提议，一方面可以见见克林顿的家人，一方面希拉里也可以增加对阿肯色州的了解。

早晨，希拉里乘飞机抵达小石城机场，一走出机场，希拉里就看见了克林顿。克林顿抱着鲜花，给了希拉里一个大大的拥抱。

“亲爱的，一路辛苦了，欢迎你来到阿肯色！”克林顿说道。

两人才分开没几天，希拉里就感觉到自己的思念似乎要从身体里溢出来一样。抱着克林顿，她才重新有了一种幸福的感觉。

为了让希拉里更好地了解自己的故乡，克林顿没有沿着捷径回家。他故意绕一些远路，以便让希拉里看到维多利亚式住宅、州长官邸、州议会大楼、阿肯色河峡谷、沃希托山脉等。

到了傍晚，两人终于到达温泉城。希拉里略带疲惫的脸上满是高兴的神色。她看着克林顿说："谢谢你，比尔，这一路上带我看了很多景点，我很高兴。"

克林顿明白，他的心意没有白费。这一路走走停停，时而观景，时而看看乡村商店，虽然耽误了一点儿时间，但如果能让希拉里喜欢上自己的故乡，再耽误一些时间也是值得的。

事实上，克林顿曾经向希拉里谈论过自己生活的这个城市，介绍过那热气腾腾的硫黄泉，希拉里便在心中有了第一印象。

到了克林顿家，克林顿的母亲弗吉妮亚对希拉里很冷淡。这一点，希拉里早已经预料到了，所以非常坦然地接受了。

在这次拜访前，希拉里曾经见过弗吉妮亚。那是在1972年春天，弗吉妮亚来到纽黑文看望自己的儿子克林顿，同时见到了希拉里。

希拉里到现在还记得自己当时的样子，那时，她的头发乱糟糟的，为了省下理发的钱，她没有去理发店，而是自己拿起剪刀剪了头发；为了方便，她穿着牛仔裤、T恤衫；当然，更没有化妆。

而弗吉妮亚呢？穿着很精致的衣服，看上去经过了认真的打扮。脸上扑满了粉，粘上了假睫毛，嘴上抹着大红色的唇膏。两人的差距太大了，难怪弗吉妮亚不喜欢希拉里。

在克林顿家里，希拉里第一次见到了克林顿的弟弟小罗杰·克林顿，小罗杰·克林顿有着和母亲一样的眼光，他毫不避讳地对母亲说：“希拉里真丑，而且对待比尔的态度很高傲，真是不知道比尔喜欢她什么地方。”

好在弗吉妮亚的第三任丈夫杰夫·德怀尔很喜欢希拉里，和她相处得也比较愉快。一有机会，杰夫就对希拉里说：“你是个好女孩，弗吉妮亚会喜欢你的。只是你们之间的差距有些大，你要主动和她交往才行，给她一点儿时间。”

希拉里明白，在杰夫看来，弗吉妮亚就是他的女王。不过，杰夫没有因为弗吉妮亚的态度拒绝希拉里，让希拉里颇为感动。

有一天，克林顿对希拉里说：“我想过了，我们一起到小石城参加律师考试吧。”

希拉里很清楚，克林顿这样提议，是有他的打算。因为他之前就计划到阿肯色大学法学院当老师，一边熟悉家乡的政治环境，一边为竞选公职做准备。

而如果希拉里能一起参加律师考试，以后她答应嫁给克林顿并搬到阿肯色州生活后，就可以利用取得的律师证书在律师事务所找一份稳定的工作。

可是，这并不符合希拉里对于自己未来的打算。不久前，希拉里已经联系上了玛丽安·埃德尔曼，答应在她创办的位于马萨诸塞州的儿童保护基金会工作。

所以，听到这个提议时，希拉里说：“嗯，比尔，让我再想想吧。”

犹豫再三后，希拉里还是和克林顿一起去小石城参加了律师资格考试。

没过几天，希拉里便告别克林顿，前往马萨诸塞州。坐在飞机上，望着渐渐远去的阿肯色州，希拉里有种爱情也渐渐远离了她的感觉。

“我们的未来，会是什么样子呢？”希拉里的心里充满了不安。

随着工作的进行，希拉里获得的成就感越来越多，可另一方面，对于克林顿的思念也让她备受折磨。当她得知在小石城参加的律师资格考试合格，而在华盛顿特区参加的考试却被淘汰后，心里便隐隐露出一个想法，或许，这是老天给她的暗示？

克林顿决定参加众议员的竞选后，给希拉里打了一个电话："亲爱的，我决定参加阿肯色州西北区第三选区众议员的竞选了，虽然其他竞选人的知名度、人脉、经历都比我强，我还是想要试一试。"

在上一次通话时，希拉里还提出希望克林顿回来，两人一起在华盛顿奋斗，而克林顿则请求希拉里到阿肯色去，与他一起创造政坛奇迹。

现在，克林顿提出要竞选众议员，希拉里不禁为克林顿的决定感到骄傲："你真是了不起，有如此大的勇气，真是让我刮目相看！"

面对希拉里的赞赏，克林顿心里高兴极了。虽然距离很远，但两个人约定经常电话联系，互诉衷肠，共同分享欢乐。

圣诞节后，希拉里去阿肯色州看望克林顿。两人一同喝咖啡时，克林顿接到了约翰·多尔的来电。

"嗨，克林顿，我是约翰·多尔。"由于联系不多，约翰·多尔一开始就自我介绍道。

"啊，多尔，你好！"克林顿的声音里透露出喜悦。

约翰·多尔是希拉里和克林顿都非常钦佩的人。就在前一年耶鲁大学大律师协会模拟庭审大奖赛时，两人还邀请多尔担任大赛的评委。

"比尔，我要告诉你一个消息。我现在接受了一份委任，做议会司法委员会尼克松弹劾调查的首席法律顾问。"约翰·多尔说道。

"真是恭喜你，这是一件好事。"克林顿真心祝贺道。

"是的，这是一个锻炼的好机会，不知道你有没有兴趣参加呢？你能不能暂停一年的教学工作，到华盛顿帮我的忙？如果你还认识其他优秀的律师，多给我推荐几个。”约翰·多尔直截了当地说出了自己的本意。

“谢谢你的信任，不过我打算竞选众议员，恐怕没有时间帮你了。”克林顿直接拒绝了。

约翰·多尔用略带失望的语气说：“这样啊，不过竞选众议员是件好事，希望你能成功。如果有什么需要我帮忙的，尽管告诉我。”

克林顿笑着道谢，随后，他看了一眼坐在自己身旁的希拉里，又继续说道：“虽然我无法帮你的忙，但是我可以给你推荐一个人选，你也认识的，是希拉里·罗德姆，她一定能完成你吩咐的事情。”

约翰·多尔赞同道：“嗯，希拉里是个很优秀的律师，我会联系她的，祝你竞选成功，多努力！”

克林顿是聪明的，这是个出名的好机会，但是，他已经下定决心要竞选众议员了，他没有必要因为弹劾案而放弃自己的计划。

如果希拉里能做这份工作，那她就不必着急决定是不是搬到阿肯色住，更不必急于整理两个人的关系。对于两人说，这是非常好的一个消息。

1974年1月，希拉里接到了约翰·多尔的电话，自然而然地接受了这一邀请。

希拉里给住在华盛顿的朋友萨拉·埃尔曼打电话，两人是在为麦戈文竞选团队工作时认识的，埃尔曼邀请她工作期间住在自己家，希拉里高兴地接受了这一好意。

来到华盛顿，希拉里非常兴奋，一口气和埃尔曼说了很多话。

“我很高兴有这个机会，尼克松弹劾调查是件大事，这给了我努力的机会，也让我的能力能够展现出来。”

“亲爱的，看到你这么高兴，我的心情也变得舒畅起来。”埃尔曼回应道。

“是啊，我的那些同事都是非常优秀的人才，通过这份工作，我一定能从他们身上学到很多东西。而我，也能让他们从我身上获得一定的灵感。这真是一份令人期待的工作……”希拉里滔滔不绝地说着，埃尔曼则笑着听她倾诉。

作为律师，希拉里的经验显然很不足，只能做一些简单枯燥、琐碎的具体工作。希拉里要和其他同事一起研究如何建立一套法律程序，让接下来的审判和弹劾更加顺利。

希拉里还有一个工作，就是听录音带。这是一件非常枯燥的事情，但是希拉里却觉得很有意思，因为从中可以发现尼克松和他的助手与水门事件的关系，非常神秘。

为了早一点儿查明真相，希拉里和她的同事们废寝忘食地工作。每天一大早赶到工作地点，然后开始工作、工作、工作，一直到深夜才会回去休息。

就这样，希拉里每天都工作16至18个小时，连周末也不例外，简直是夜以继日。很快，有关尼克松的精确资料被准确地整理了出来。

希拉里每天都沉浸在工作中，比周围的同事都要勤奋，而且她不是不讲效率地埋头苦干，而是高效率地工作。同时，希拉里还努力配合同事的工作，不久就赢得一片赞誉，也得到了大家的尊重和信任。

希拉里很高兴。

之前在华盛顿特区时，她曾经参加过律师资格考试，可是居然没有通过。如果考试很难，希拉里或许还能接受，可是，在817位报名者当中，就有551名通过了考试！

这个打击太大了！即使希拉里说出去，恐怕也没有人会相信。

“大家都觉得我很棒，可是我居然连一个小小的考试都没有通过，太丢人了！”自从知道考试结果后，希拉里就在心里一遍遍地这样说。

现在，通过自己的努力，希拉里发现，那只是一次小小的考试而已，即使不及格，也不能因此否定自己，她的自信又重新回来了。

而希拉里在工作的同时，还不忘利用电话帮助克林顿助选。关于克林顿参加阿肯色州众议院选举的事情，她周边的同事都知道了，也包括她的直属上司伯尼·努斯鲍姆。

有一天晚上，希拉里和伯尼·努斯鲍姆两个人最后离开办公室。在回去的路上，希拉里又兴奋地谈起了克林顿的事情。

伯尼·努斯鲍姆毕业于哈佛大学法学院，也担任过助理检察官。看到希拉里这么兴奋，他觉得自己有必要给她一些忠告。

所以，他说："你口中的比尔·克林顿或许很厉害，但是我认为，在争取国会议席之前，他最好多经历一些历练。"

希拉里很不喜欢听否定克林顿的话，她立刻反驳道："你根本就不清楚比尔是怎样一个人，你等着看好了，总有一天，他会成为美国总统的。"

伯尼·努斯鲍姆感觉大为诧异："你怎么会有这样的想法呢？"他觉得，希拉里真是太小看总统这个职位了。

希拉里固执地说："你不了解比尔，但是我了解，我知道他有什么样的潜质。"希拉里说这话时，正好到了家门口，她便扭头一言不发地走了。

克林顿也认为希拉里是一个人才，同样对她报以热切的期望。从准备竞选时起，克林顿就不断谈起希拉里。

没过多久，整个竞选团队就知道了希拉里的存在，知道她在华盛顿为尼克松弹劾调查组工作，知道她很有政治头脑。

虽然希拉里并不在助选现场，却能让人时时感觉到她的存在。希拉里每天都给克林顿打电话，说出自己的竞选建议。

周末时，曾经在麦戈文德克萨斯州的竞选团队工作过的贝齐·赖特，在希拉里的邀请下，也会赶来给克林顿帮忙，让希拉里的影响力更大了。

如果希拉里只是做了这些，那她就不是希拉里了。希拉里认为，自己曾经为麦戈文的竞选团队工作过，又有现在的工作经验。比起那些助选人，自己拥有更丰富的经验。为了更好地帮助克林顿，那些人应该按照自己说的做。

在这种观念的支配下，希拉里开始给克林顿的竞选团队下达各种指示。她把自己认为应该做的事情列出来，然后要求他们百分之百地执行。

没过多久，希拉里和克林顿的竞选团队就发生了矛盾。

“比尔，我是为了帮助你竞选才写下了这么多要做的事情，可是，你为什么不监督他们好好做呢？他们到底是帮你竞选呢，还是为竞争对手帮忙？”

希拉里在得知竞选团队的成员并没有百分百执行自己的指示后，非常生气，在电话中就冲着克林顿大声发火。

克林顿知道，自己需要希拉里的帮助，他没有传达竞选团队那样做的理由，而是尽力安抚希拉里。

可是，希拉里根本不听克林顿的安慰，她继续说道：“我以前为麦戈文的竞选团队工作过，现在又为弹劾调查组工作，这些你都是知道的，难道你也怀疑我的判断吗？”

克林顿摇摇头，急忙解释：“不是这样的，没有人怀疑你的能力……”

希拉里打断克林顿的话，继续说：“再看看你的那些助选人员，有几个有过助选经验？有很多人都是第一次参加助选工作，他们根本不知道政治的残酷！”

就这样，希拉里在电话中滔滔不绝地说着，克林顿在电话那端苦笑着，直到希拉里终于发泄完。

克林顿以为，这件事情就这样过去了，可是他错了。没有几天，希拉里就从华盛顿飞到了阿肯色州，训斥助选人员不听从她的安排。

私下里，这些助选人员也向克林顿反映过：“希拉里只是纸上谈兵，她从来没有在阿肯色州生活过，不了解这里的历史和政治情况。如果我们只是一味听从她的安排，很可能让助选活动陷入困境。”

在这种时候，克林顿只好安抚这些人，然后试图找到更好的解决方法。

到了1974年5月份，初选结果终于出来了，与其他候选人相比，克林顿的得票更多。

希拉里一开始就期待有这样一个结果，可是当她真的听到这一消息时，反而高兴得有些不知所措，她一遍遍地确认着：“亲爱的，你说的是真的吧？这个消息是真的吧？”

克林顿也非常激动，说起话来语无伦次的，他一遍遍地说：“亲爱的，我就快成功了，亲爱的，我成功在即。”

在做弹劾尼克松总统的调查工作时，希拉里认识了一个名叫特里·柯克帕特里克的女律师，她毕业于阿肯色州立大学法学院。

由于柯克帕特里克来自阿肯色州，这一点和克林顿一样，所以希拉里经常把自己和克林顿的消息告诉她。

这天，希拉里挂掉克林顿打来的电话后，柯克帕特里克问她：“希拉里，你的脸色看上去真好，有什么好事吗？”

“柯克帕特里克，克林顿的初选结果很不错。”

“哦，就是你那个在阿肯色州立大学当老师的男朋友吗？”柯克帕特里克问道。

“是的。”

柯克帕特里克很清楚，希拉里的心里满是对爱情的憧憬，但她还是直言不讳地问道：“工作结束后，你打算去阿肯色州吗？”

“这一点，我还在考虑中。”希拉里有些犹豫地说。

柯克帕特里克用略带担心的口气说：“在阿肯色州，女律师非常少，你要想成功，必须要比男律师强很多才行。那里的文化氛围与华盛顿截然不同，你在与人相处时也要注意很多细节，否则很容易受到排斥。”

希拉里听后，深深地吸了一口气。

柯克帕特里克发现自己的话过于直接了，便立刻改口道：“当然，你也不用担心，一旦他们认可了你，会对你非常亲切。而且，阿肯色州并不大，你很容易给别人留下深刻印象，作为暂居之处也不错。”

希拉里听了，点点头，陷入思考中。

对于希拉里而言，和克林顿在一起是件幸福的事情，但是，如果答应求婚，就要到阿肯色州生活，那并不是她所希望的。

阿肯色州的生活，与自己的家乡不同，与华盛顿也很不同。在那里，她没有家人，也没有朋友，只有以克林顿为中心的生活，让希拉里很难接受。

从认识的时候起，希拉里就从克林顿的口中知道了很多关于阿肯色的事情。显然，克林顿很爱自己的家乡，也希望希拉里能爱上那里。

可是，尽管克林顿的家乡很美，但这些还是很难让希拉里改变主意。而且，克林顿的母亲和弟弟并不喜欢希拉里这一点，也让她变得更加犹豫。

“怎么办呢？”希拉里在心里问自己，“如果克林顿是最适合我的人，我因为自己的固执错过了，是不是要后悔一辈子呢？如果我们两个人在一起，必须要有一个人做出让步，我做出让步是不是更好呢？”

想到这里，希拉里决定在工作结束后就去阿肯色州，到那里找工作，看看自己能不能适应那里的生活。

在希拉里做出这个决定后，克林顿又一次给她打了电话：“亲爱的，你来阿肯色州好不好？我们在一起。”

希拉里没有拒绝："亲爱的，我现在的工作很紧张，不能放手。等过一段时间，工作结束后，我会过去。"

克林顿高兴极了："太好了，太好了！其实，我在阿肯色大学帮你找到一个职位，你来到这里以后，我们就可以每天都在一起了。"

希拉里答应了，去阿肯色州以后，做什么工作，她现在并不在意。

希拉里的工作有条不紊地进行着，直到1974年8月8日那一天，尼克松总统终于宣布辞职。继任的福特总统宣布赦免尼克松的违宪罪行，在此之前，希拉里在弹劾小组的工作就提前结束了。

希拉里虽然答应克林顿会去阿肯色州工作，但是，对于自己将来是不是要留在那里与克林顿生活在一起，希拉里还是没有下定决心。

这一段与克林顿分开的日子，希拉里把全部的精力都投入到了这份工作中，现在工作突然结束了，希拉里反而有一种失落的感觉，与克林顿的关系又一次成了她要考虑的问题。

在希拉里结束弹劾工作后的一天，克林顿突然给她打来了电话。

"希拉里，我现在真是一团糟。"克林顿真是遇到了困难，他用非常沮丧的声音对希拉里说。

"怎么了？他们又做出什么事情了？"在此之前，希拉里已经知道，竞争对手们利用报纸大肆宣扬克林顿逃避兵役的行为，所以才会直截了当地问道。

1974年5月份的初选结果，让竞争对手们发现，原来毫不起眼的克林顿居然有如此强大的号召力。于是，他们把矛头对准克林顿，联手打击这个年轻人。

竞争对手的竞选团开始研究克林顿，事无巨细地打听一切与克林顿相关的事情。终于，他们发现，在牛津大学读书期间，克林顿曾被征兵，但他却通过关系拿到缓征通知，逃避了兵役。

“他们公开指责我，说我贪生怕死、不负责任，不肯为了国家上战场，说我没有资格代表国家。”克林顿回答说。

“那你怎么回应的？”希拉里问。

“我真是哑口无言，我想努力改变自己的形象，可是效果却不好。希拉里，你立刻过来帮我好不好？”克林顿恳求道。

“我知道了，我很快就过去。”希拉里说道。

挂了电话后，希拉里告诉萨拉·埃尔曼：“萨拉，我决定离开华盛顿了，我想去阿肯色找比尔。”

“你疯了吗？”埃尔曼用很失望的语气问道。她很清楚，希拉里说要去找克林顿，并不是简单的探访，而是打算留在当地。

“我已经告诉比尔了，他给我在阿肯色大学法学院找了一份工作，做一个助理教授，我觉得很不错！”希拉里有点儿自欺欺人地说。

埃尔曼很激动地说：“这是你的真心话，希拉里？你这么聪明，这么有才华，为什么要为了一个男人放弃自己的远大前程？”

“因为那个人是比尔啊，我觉得，为了他，我可以做出一点儿牺牲。”

埃尔曼情绪更激动了：“为了比尔？希拉里，你是一个独立的女性，没有必要为了别人牺牲自己。就算那个人是比尔，也不值得。亲爱的，你再好好考虑一下吧。”

“可是，我觉得值得，而且在法学院工作也挺不错的。”

埃尔曼痛心地说：“什么？你是在自欺欺人。去乡下的法学院工作，真的是你想做的事情吗？我认为不是。你为了一个男人，连自己的理想也要放弃吗？一个人不能为自己的理想而活，该是一件多么可悲的事情啊。”

希拉里没有再说话，实际上，她自己也不知道，自己为什么决定去阿肯色，只是觉得，自己应该去。

能做出这个决定，对希拉里来说，也是一件非常困难的事情。希拉里很清楚，埃尔曼说的是事实，去阿肯色会影响她以后的事业。

希拉里苦恼着，抗拒着。

埃尔曼努力让自己的声音变得柔和些，然后继续说道："在华盛顿，你可以投身公益事业，你也可以在顶级的律师事务所工作，为更大的成功努力，你再想想？"

希拉里摇摇头。

看到希拉里抗拒的态度，埃尔曼明白，自己的一番劝说毫无效果。为了争取更多的时间劝说希拉里，她决定亲自开车送希拉里去阿肯色。

为了让旅途多些快乐，希拉里还邀请了另外一位朋友，来自阿肯色的艾伦·斯通。希拉里简单收拾了行李，大家就一起上路了。

希拉里很高兴，一路上情绪非常高涨，很快，她就能见到克林顿了，这真是一件让人高兴的事情。

但是，埃尔曼却丝毫不考虑她的这种心情，当车子行驶到蒙蒂塞洛时，埃尔曼突然提议说："这里是托马斯·杰斐逊的故乡，我们一起游历一下吧。"

希拉里并不想游览名胜，此刻，她心里只有一个想法：早点儿见到克林顿，缓解自己的相思之苦。可是，看到埃尔曼热情洋溢，希拉里也无法开口拒绝。

在游览景点的过程中，埃尔曼又一次开始劝说希拉里："亲爱的，我们还要继续走下去吗？现在回华盛顿还来得及。"

然而，令埃尔曼没有想到的是，希拉里从离开华盛顿的那一刻起，就已经说服自己不再动摇，一定要到达阿肯色。

希拉里非常坚定地说：“我一定要去。”

“可是，你确定不会为了这个决定后悔吗？”埃尔曼不停地问。

“我不知道我会不会后悔，但我知道一点，如果不去，我一定会后悔。所以，我一定要去那里看看，看看是不是真的那么难以忍耐。”

埃尔曼没有再说什么。

希拉里安慰埃尔曼：“亲爱的，我知道，在你看来，我是在冒险。可是，我们的一生不都是在冒险吗？如果连赌一次的勇气都没有，怎么能获得幸福呢？”

埃尔曼勉强笑了笑，决定不再劝说希拉里。考虑到希拉里的心情，埃尔曼没有再带着她游览景点，而是重新出发。

“到了！到了！”希拉里兴奋地大叫起来，“终于到达阿肯色州立大学了！”

但是，希拉里的声音很快被淹没在加油助威声中，原来，所有人都在为大学的橄榄球队野猪队加油助威。

“噢……噢……猪、猪、猪。”

到处都是加油助威声，埃尔曼不由吓了一跳：“这里真是粗野，根本不适合工作。亲爱的，我很担心，不知道你能不能适应这样的生活。”

这一次，希拉里没有再说什么，她知道，埃尔曼之所以会这么反对，是因为她还没有见过克林顿，如果介绍他们认识一下，她会改变自己的态度。

当希拉里在华盛顿为弹劾调查组工作时，克林顿也宣布参加阿肯色州第三国会选区的议员选举。为了获得更多的选票，克林顿在温泉城、小石城、史密斯堡和费耶特维尔4个城市举行新闻招待会。

而且，为了更好地进行选举工作，克林顿把选举总部设在了费耶特维尔，离阿肯色州立大学不远。

所以，到达阿肯色州立大学的第二天，希拉里立刻带着埃尔曼去听克林顿的演讲。在听到克林顿振奋人心的演讲后，埃尔曼的想法也产生了变化。

当她决定返回华盛顿时，她认真地看着希拉里说："希拉里，我现在才明白，为什么你会来到这里，我支持你的决定。"

希拉里很高兴听到埃尔曼这么说，也报以灿烂的微笑。

送走埃尔曼，希拉里在阿肯色州除了克林顿，就再也没有知心的朋友了。顿时，一种孤独感袭来。

但是希拉里知道，来到这里以后，这些是自己必须经历的。现在，克林顿的竞选活动陷入低谷，自己要振作起来，才能挽回局面。

希拉里没有一刻的拖延，立刻投入到了帮助克林顿竞选的活动中。

到竞选总部的第一天，希拉里只是作为一个旁观者，观察着。当晚，希拉里对克林顿说："大家虽然都很努力，看上去都在为竞选忙碌着。可是，仔细观察就会发现，他们做事很没有条理，我明天要让他们树立纪律观念。"

克林顿完全相信希拉里的组织经验，点头表示同意。

第二天，希拉里在温泉城阿灵顿饭店成立了办事处，并且亲自负责管理，指挥竞选团队工作。看到希拉里如此有魄力地指挥着，大家都很讶异。

不久，希拉里的父亲和弟弟托尼也来到镇上，为克林顿竞选做准备。尽管他们一直都反对民主党，但是为了希拉里，他们决定好好帮一把。

希拉里很感动。在这里，她没有朋友，没有家人，每天的生活对她来说真是一种折磨。现在家人来了，还帮她分担了一部分竞选工作，真是太好了。

来到这里的第二天，希拉里的父亲和弟弟就驾驶着凯迪拉克，满载着"克林顿国会选举"的标语牌，向阿肯色偏远的农村驶去。

"比尔，我觉得，如果你把胡子剃了，把头发剪成干练的短发，或许能赢得更多选民的好感。"希拉里衷心地建议道。

克林顿同意了，随后，他乘坐一架小飞机飞向阿肯色州的偏僻乡村，与人交谈，为自己的竞选作宣传，寻找更多的选民支持。

在希拉里的努力下，克林顿的竞选班子顿时变得高效起来。每天，总是有很多的记者和支持者前来办事处，而效率大会全国委员会的成员对此也高度赞扬，还派来专业顾问帮助希拉里开展助选工作。

就这样，克林顿被动的形象渐渐有所改观，逃避兵役这个焦点也失去了攻击力。然而，新的问题又出现了，竞争对手改变了策略，开始宣传克林顿的性丑闻。

希拉里有些沮丧，因为这种流言并不是空穴来风。尽管自己一开始就以非常强势的姿态出现在竞选总部，可还是有不少学生志愿者在克林顿身边不愿离开，而克林顿也乐于和她们搞暧昧。

虽然希拉里很不安，但她仍然要坚决地支持克林顿。当竞选团队的成员提出“以眼还眼，以牙还牙”时，希拉里断然拒绝了。

希拉里崇尚道德，竞选团队的成员则强调结果。当他们要求克林顿做出决定时，克林顿不出所料地站在了希拉里这边，支持希拉里做出的一切决定。

在这种关键的时刻，希拉里和克林顿一起研究阿肯色州各方面的发展，他们发现，和东部各州相比，阿肯色州的教育事业和公共机构都非常落后，这也导致人们的思想落后，视野狭窄。如果能赶上东部各州，对选民来说会是一个很有吸引力的提议。

离选举日越来越近了，助选工作也进入了冲刺阶段。经过整个竞选团队的不懈努力，越来越多的选民改变了对克林顿的看法。希拉里很高兴，认为克林顿势在必得。

然而，在这时，竞选资金不足的问题越来越严重。代表阿肯色州奶制品行业利益的一位律师提出，可以提供15000美元，以帮助克林顿赢得更多的选票。

律师说："有了这笔钱，就可以买到一些选票，还能进行公证，这对比尔·克林顿是非常有利的提议。"

希拉里很聪明，她知道，天下没有免费的午餐，一旦接受了这笔钱，克林顿以后在政策上就要照顾到奶制品行业，这对于执政者来说，是非常危险的。

所以，希拉里坚决反对。

但是，其他人并不这么认为，大家争论不休。其他人认为，这是获得选票的好机会，应该接受这笔钱。

看到克林顿沉默不语，希拉里大声劝告他说："你说话啊！你不能与这种事情沾上边！"

保罗·弗雷，这个富有竞选经验的成员也不甘示弱，大声问克林顿："你说，你想要什么结果？想赢还是想输？"

克林顿没有回答，希拉里抢先说道："我们要赢，我们也会赢。但是，如果现在就依靠这种力量取胜，那以后的道路就会越走越难，我们也很难取得更大的成功！"

克林顿点点头，表示同意希拉里的话。

9月份的民意调查显示，有23%的选民支持克林顿，有59%的选民支持克林顿的竞争对手汉默·施密特。在选举日时，这种差距几乎看不见了。

在选举夜，克林顿的团队非常乐观，因为除了锡巴斯琴郡的选票外，克林顿在其他郡都以微弱的优势领先。希拉里和克林顿都很平静，等待着锡巴斯琴郡的选举结果。

这时，锡巴斯琴郡的选举结果出来了，汉默·施密特获得的选票远远多于克林顿。保罗·弗雷看到结果后，拿起手边的东西扔了起来，怒气冲冲地说："都怪希拉里，都怪那笔钱！"

没有人劝说保罗·弗雷保持冷静，因为大家的心情都一样。克林顿输了，他比对手少6000张选票，如果当初接受了那笔钱，克林顿就可能获胜了。

希拉里沉默不语，克林顿也感觉大受打击。这么长时间的努力，全都白费了。这次失败，不仅是克林顿的失败，也让希拉里感受到了深深的挫败感。

但是，希拉里很快就振作起来，继续投入到教学工作中。在那里，她会继续体验教师生活，获得更多的人生感悟。

开学前一天，希拉里到法学院报到。当时，对于要教授的课程她还没有准备，希拉里深深吸了一口气："新的奋斗，开始啦！"

来到阿肯色州立大学后，希拉里变得忙碌起来，除了备课、授课，她还加入了当地的法律援助中心和参加囚犯援助项目，这让她感觉非常充实。

让希拉里没有想到的是，才刚刚开学一周，学校的学生、教职人员就已经知道她和克林顿的关系了，还知道她在教学前曾在华盛顿为尼克松弹劾调查组工作。

希拉里是个很有能力的人，开学没有几天，她的学生就开始叫苦不迭。希拉里对学生的要求很高，还很严格，似乎没有一点儿变通。

不过，和这个问题相比，学生们更关心这位老师的口音、举止以及着装。

有很多次，希拉里听到学生们在背后议论她。

"呀，你们知道我们新来的老师希拉里·罗德姆吗？她真是个奇怪的人啊。"希拉里听到班上的学生对其他班学生这样描述自己。

"怎么奇怪啦？"

"她说话的口音很奇怪，和我们很不一样。而且，她穿的衣服也特别奇怪，长裙、黑色丝袜，衣服也不是一套的，就像那些北方来的嬉皮士，完全不像一个老师的样子。”

希拉里听到这些话，一点儿也不生气，她很清楚，这里的学生和老师视野都比较窄，见识过的事物也很少，自己没有必要和他们一般见识。

之前，希拉里一边工作着，一边帮助克林顿竞选。可是现在，克林顿竞选失败了，希拉里又要面对自己的未来。她比以往更犹豫了，不知道自己接下来应该怎么办。

对于是走是留的问题，希拉里觉得很头疼，她可以去纽约当律师，或者回到华盛顿，做一份更具有挑战性和前途的工作。

希拉里不知道，在克林顿留在阿肯色期间，自己的职业要怎么办。如果只是作为克林顿的妻子存在，希拉里显然并不甘心。

克林顿竞选失败两周之后，耶鲁大学法学院同学南希·贝克瓦克来到费耶特维尔看望他们。克林顿似乎并不在意这次失败，他说：“下一次，我们就知道应该怎么做了。”

可是，希拉里仍旧说服自己留下来，为此她还向贝克瓦克阐明自己的理由：“我很喜欢我的学生，希望能帮助他们提高能力，将来成为合格的法律工作者；阿肯色州的教育力量很薄弱，我或许可以在这方面有所作为；而且，阿肯色城市问题、妇女权益保护问题、农村脱贫问题特别严重，已经到了不能忽视的地步，我可以贡献自己的力量。”

贝克瓦克没有说话，而是用一种很同情的眼神看着希拉里，希拉里笑道：“你不要这样看着我嘛。好，我承认，我很担心，阿肯色会夺去我实现梦想的机会，也可能会消磨我的意志。”

在费耶特维尔期间，贝克瓦克参加了一个答谢竞选支持者的宴会。在宴会上，当致辞结束之后，贝克瓦克准备走进男士所在的房间加入政治探讨，却被希拉里拦住了。

“亲爱的，我们坐在这里。”希拉里说。

“我想过去和他们聊一聊。”贝克瓦克不明白希拉里的用意，大声说道。

这时，周围的女士都用奇怪的眼神盯着贝克瓦克，贝克瓦克大为不解，低声问希拉里：“我说错什么了吗？”

希拉里也低声回答她：“在这里，女人要和女人坐在一起，男人们之间的谈话是不准女人加入的。”

“啊，你说什么？”贝克瓦克感到很震惊，声音也不由地提高了。感觉自己失言后，她立刻用手捂住了嘴巴。

希拉里说：“这里的规矩就是这样。等一会儿宴会结束后，我们去克林顿的住处喝一杯，到时候再说也不迟。”

出了宴会厅，贝克瓦克用不可思议的声音对希拉里说：“这里是美国吗？我知道阿肯色落后，可是没有想到居然会落后到这种程度！天啊，你是怎么忍受的？”

希拉里苦笑了一下：“我承认，你说的是事实，我也很犹豫，不知道该怎么办。可是我爱比尔，只能忍受这一切。”

贝克瓦克不可思议地看着希拉里，直到她离开时，她都无法认同希拉里的观点。“天啊，真像做了一场噩梦，还好我不用住在这里。”

实际上，竞选失败后的克林顿虽然表面看起来很正常，但内心却非常沮丧。希拉里只好不停地鼓励他，希望让他振作起来。

“比尔，我不知道你有没有注意到，”希拉里说道，“在整个20世纪，被选为总统的只有两位是参议员，也就是肯尼迪总统和哈定总统。而其他的总统，全都做过州长。”

“所以我想，如果你这次真的当选众议员，以后可能很难当上总统，毕竟，还没有一个众议员能当上总统。”

克林顿听了，眼睛顿时一亮，重新恢复了生机和活力。几天后，克林顿透露，他打算竞选阿肯色州的一个职位。

恢复活力后的克林顿察觉到，希拉里真的是一个可遇不可求的女子，他又开始频繁求婚了，可希拉里还是犹豫不决。

最后，克林顿说：“我不会再向你求婚了，但是，这并不代表我放弃。我会一直等你，等你点头。等你下定决心要嫁给我时，一定要告诉我。”

希拉里很为难，她对朋友吉姆·布莱尔说：“比尔又向我求婚了，之前我拒绝了他许多次，因为我觉得还不到我们结婚的时机。即使是到现在，我仍然这么认为。”

“嗯，我明白你的想法。”吉姆·布莱尔非常了解克林顿的为人，所以也能理解希拉里的担心。

“可是，”希拉里话锋一转，继续说，“可是……我又担心这次我再拒绝他，万一他因此灰心丧气，不再向我求婚了怎么办？”

吉姆·布莱尔知道，希拉里喜欢和克林顿在一起，可是又有种种担心，她需要得到自己的支持。于是，吉姆·布莱尔大声说：“希拉里，答应他吧，万一以后你发现你们俩不合适，选择离婚不就行了吗？不去试一试，怎么知道结果呢？”

但是，吉姆·布莱尔的话并没有让希拉里感到安心，因为她打心眼里希望自己的婚姻能一直持续到生命结束，“离婚”这两个字不会出现在她的生命中。

随后，希拉里又征求了安·亨利的意见。安·亨利是希拉里在费耶特维尔认识的新朋友，她的丈夫是州参议员，家中还有三个孩子。

希拉里说：“我不知道自己应不应该嫁给比尔，我喜欢比尔，可是我担心自己在阿肯色不能适应。”

安•亨利很认真地看着希拉里，用平缓的语气说：“如果你要嫁给比尔，你就必须不断做出妥协，因为你不再是个独立的个体，而是丈夫的附庸。”

“你为什么这么说？”希拉里很不解地问道。

安·亨利解释道：“一旦你成为一名政界人士的妻子，你就要注意自己的言行举止，要让它们和你丈夫的政治观念保持一致。你不能过分展示自己的才华，不能充分表达自己的意愿，否则会让丈夫的事业遭遇危机。”

“不，我不会这样做，我是我，我不会因为比尔改变自己的做法。”

“你会的，否则他很有可能遭遇失败。”安·亨利平静地说，“而且，你也会遭遇到各种指责和不公正的对待。”

希拉里没能从安·亨利那里得到一丁点儿支持，这让她不免有些失望。她仍坚定地认为，自己不会成为安·亨利那样的人，她一定能兼顾婚姻和自己的事业。

不过，这些只是希拉里的一厢情愿，她把一切都想得太简单化了。用不了多久，她就会明白安·亨利所说的一番话真的很有道理。

然而此刻，希拉里还没有想得那么长远，她等待着，等待着自己心灵的呼唤，然后毅然决然地听从内心的声音。

1975年1月，希拉里又从家乡回到阿肯色大学，继续认真地教学。此时的希拉里又变得自信、强势，努力让法律专业的学生掌握必要的专业知识。

希拉里觉得，自己越来越能适应阿肯色州的这个小城费耶特维尔了。平时，由于担心希拉里生活不习惯，克林顿总是尽可能多地陪伴她，还把自己的朋友介绍给她认识，带她参加各种聚餐活动等。

没过多长时间，希拉里发现，每当她走在街上时，大家都会向她微笑致意，还有人直接叫她“希拉里”。这种“名人”的感觉让希拉里感觉很舒服，也渐渐喜欢上了费耶特维尔。

然而就在这个时候，克林顿的一句话，让希拉里感觉深受打击，甚至有些惶恐。他说：“亲爱的，我想好了，以后我再也不想着去华盛顿了，我要在阿肯色州脚踏实地地工作。”

希拉里原本已经决心嫁给克林顿，只是因为不想生活在阿肯色州才有些迟疑。现在听到克林顿这么说，希拉里很怀疑，自己能否真的接受费耶特维尔的文化，接受整个阿肯色州普遍存在的狭隘的地方主义。

为了给自己更多思考的时间，初春刚至，希拉里便游览了波士顿、纽约、华盛顿和芝加哥。在帮助自己思考的同时，也看看这4个城市的就业状况。

身在远方，希拉里却一直思念着克林顿，经过一段时间的犹豫，希拉里最终还是决定回到克林顿身边。

只是，当希拉里乘坐的飞机真的即将在小石城降落时，希拉里的心情又变得压抑起来：以后，要一直在这里生活啊。

此刻，克林顿正在机场焦急地等待着。一见面，他就高兴地抱住希拉里，有些兴奋地问道：“希拉里，你记得你喜欢的那幢房子吗？”

“嗯？什么房子？”希拉里看着克林顿，不知道他在说什么。

“啊，你忘记了啊。我们有一次经过校园附近，看到一所等待出售的房子，当时你说你很喜欢。”

“哦，那幢小砖房啊，我觉得很可爱。”希拉里这才想起来，回忆似的说道。

“对，就是那幢，我看到你非常喜欢它，就买了下来。如果能在里面生活，应该很幸福吧？你愿意和我一起生活吗？你愿意嫁给我吗？”

这一次，希拉里似乎明白了，嫁给克林顿是自己这辈子必然会做的事。

与其毫无结果地拖下去，不如早点儿结婚，为了将来共同奋斗。

想到这里，希拉里抬头看了看克林顿，然后又有些害羞地低下头，点了点头，便什么话也说不出来了。

克林顿非常高兴，抱着希拉里，久久不愿意松开。

回到家后，克林顿立刻打电话告诉自己的好友，宣布了这一个好消息。“我真是太高兴了，希拉里终于同意嫁给我了！”他大声宣布。

朋友们都为克林顿感到高兴，只有贝齐·赖特例外。

挂了克林顿的电话，赖特不高兴地说：“我担心的事情还是发生了。希拉里是我们妇女解放运动的杰出代表，嫁给比尔会让她失去政治前途，可她还是那么做了。”

赖特立刻打电话给希拉里，她直言不讳：“希拉里，我听到你答应比尔求婚的消息了，我希望你能再考虑一下。成了政界人士的妻子，你还怎么参与政治活动？”

希拉里笑着说：“赖特，我已经考虑好了，我会和比尔一起在阿肯色生活。你放心，不管我身处何地，都会找到并实现自己的人生价值。”

在德克萨斯州为麦戈文拉选票时，虽然赖特最先认识的是克林顿，但她对希拉里的期待更高。她真心希望希拉里能有自己的政治前途，而不是作为克林顿的附庸存在。

希拉里此刻完全没有这方面的担心，她还沉浸在即将要和克林顿组成一个新家的愉悦之中。尽管克林顿身上有着这样那样的毛病，但希拉里觉得，一切尚在自己的控制之中。

两个月后，也就是在1975年10月，克林顿和希拉里终于要结婚了。

和婚礼相比，希拉里更关心婚后的生活。所以，她不想把时间浪费在筹备婚礼上，而是请安·亨利帮助自己处理一切婚礼事宜。

在结婚前，希拉里给母亲多萝西打了电话：“妈妈，过几天我就要和比尔结婚了，你和爸爸为我祝福吧！”

多萝西很震惊，从得知克林顿毕业后要回阿肯色州竞选公职后，她就担心女儿以后也要和克林顿一起在阿肯色州生活，现在她知道，该来的还是来了。

多萝西知道，现在说什么反对的话都没有用，所以，她轻轻问了一句：“你真的考虑清楚了吗？”

电话那端，希拉里兴奋地说：“是的，妈妈，我终于下定决心了。这辈子，我都要和比尔在一起！”

多萝西勉强笑了，用尽可能显得高兴的声音说：“亲爱的女儿，我真为你感到高兴，我会很快赶过去。”

放下电话，多萝西叹着气摇了摇头，然后立刻开始收拾行李。女儿的婚事，做母亲的要好好地帮忙操办一下。

多萝西很快飞到了阿肯色州，开始为女儿粉刷房子、整理家具，买一些生活必需品。与此同时，还盯着其他负责婚礼的人。

希拉里和克林顿都是追求简单的人，也拒绝繁文缛节。虽然安·亨利提议印制请柬，他们却认为没有必要。

希拉里的母亲多萝西有些看不惯，直接问女儿：“明天就要举行婚礼了，你什么事情都交给安·亨利，你自己做了什么？”

希拉里答道：“我定购了一套现代丹麦餐具。”

多萝西看着女儿毫不在意的样子，也不打算说什么。突然，她像想起来什么似的，问道：“你的礼服在哪儿？让我看看。”

希拉里有些惊讶地说：“礼服吗？我没有买礼服，也不打算买。反正是我们两个人的婚礼，穿不穿礼服都没有关系。”

这次，多萝西有些生气了："结婚怎么可以不穿礼服呢？其他事情可以依着你的性子来，这件事可不行。你现在立刻和我一起出去，我们去买礼服。"

在多萝西的坚持下，希拉里终于同意买礼服。她们来到婚纱专卖店，希拉里毫不犹豫地取下一件维多利亚蕾丝风格的婚纱："就它了，不错。"

希拉里和克林顿的婚礼是小规模的，只有两家的直系亲属受到了邀请。在结婚当天，婚礼按照卫理公会教派的规矩在两人的新居举行。

这天，多萝西亲手给女儿穿上了婚纱。看着女儿满脸笑意地站在克林顿身边，多萝西非常感动。

不久，希拉里轻轻在多萝西耳边说了一句话，让她愣住了。

希拉里说："妈妈，你放心，即使结婚了，我也不打算改姓，我会一直叫希拉里·罗德姆。"说这话时，希拉里脸上充满了自豪。

多萝西没有说什么，她知道，女儿决定了的事情，别人说什么也改变不了。所以，她只是回应了希拉里一个笑容。

但是，多萝西的心里充满了担心，她担心女儿好强的性格会让以后的婚姻生活不是那么顺利。然而，这并不是现在最重要的事情，多萝西很快把这种想法抛到一边。

婚礼开始了。

牧师问道："由谁将新娘交给新郎？"

此时，希拉里的父亲休·罗德姆正紧紧挽着女儿的胳膊，脸上毫无表情。尽管大家都盯着他看，他还是不舍得放开女儿。

牧师见状，只得说："亲爱的休·罗德姆先生，请您往后退一步。"

休·罗德姆看了看牧师，又看了看希拉里，只好照做了。

就这样，在20名宾客面前，克林顿和希拉里交换了戒指。牧师宣布克林顿和希拉里结为夫妻后，希拉里的母亲高兴地流下了眼泪。

希拉里和克林顿终于结合在了一起，可是，希拉里很清楚，在了解克林顿与其他女人的复杂关系后，他们之间的关系已经无法做到亲密无间了。

尽管希拉里选择了嫁给克林顿，尽管希拉里没有去追究克林顿的风流史，但是，她心中却始终有一团小小的愤怒，只是她自己没有意识到。而这愤怒终将会越来越大，直到彻底爆发出来。

婚礼过后，希拉里和克林顿在新居举办了一个盛大的招待会，他们精心安排了香槟喷泉、饰有黄玫瑰的结婚蛋糕，还专门安排了一位钢琴演奏者在现场弹奏钢琴。

与其说这是一场新婚招待会，不如说是一场政治集会。有300人走进走廊和庭院，参与这场狂欢。

在阿肯色州，很多人都认为克林顿拥有很好的前途，来宾中有商界人士，有富翁，有来自选区的民主党人士，热闹非凡。

克林顿携妻子希拉里走到唐·泰森面前，唐·泰森是阿肯色州最大的商业集团泰森食品集团的老板，一直对克林顿青睐有加。

克林顿说："唐·泰森先生，好久不见。谢谢您能来参加我们的招待会，我给您介绍一下，这位是我的妻子希拉里。"

唐·泰森笑了，握了握克林顿的手："真是恭喜你了！"同时，他也笑着向希拉里示意："祝贺你成为希拉里·克林顿。"

"谢谢。"希拉里笑了，然后话锋一转，"不过您弄错了一件事情，我的名字不叫希拉里·克林顿，您可以称呼我希拉里·罗德姆。"

唐·泰森很诧异，有些不解地重复道："希拉里·罗德姆？"同时不解地看着克林顿，"比尔，这是怎么回事呢？"

不等克林顿回答，希拉里便态度坦然地回答道："我只是保持了原来的姓氏而已，这一点，不会因为结婚而改变。”

克林顿略带尴尬地笑了笑，表示同意。

唐·泰森也感觉很意外，神情很不自然。但是，唐·泰森毕竟比一般阿肯色人见多识广，立刻说道：“希拉里·罗德姆小姐，刚才是我失言了，请见谅。”

很快，希拉里就宣布了自己要保留父姓的消息，没过几分钟，整个宴会上的人都在低声谈论这件事情。

安·亨利端着一杯香槟走到希拉里身边，小声对她说：“那些人都在议论你不改姓的问题，你这么公开自己的决定，没问题吗？”

希拉里笑着说：“没关系的，用不了几天，他们就会把关注点放在其他事情上了。我很小的时候就决定了，即使结婚了，也不改姓。”

安·亨利说：“真是个倔强的小姐。我刚才看到了比尔的母亲，别人追问你为什么不改姓时，她的眼圈红红的。”

希拉里有些无奈地说：“早上，比尔已经把这件事告诉她了，她可能接受不了，所以哭了。但是我觉得，名字是身份的象征，能让我感到自己是个独立的人。虽然让她难过了，我也不会轻易放弃。”

安·亨利笑了：“我知道，你不想因为政界人士之妻的身份让自己做出牺牲，勇气可嘉。不过……”

安·亨利很想提醒希拉里，为了克林顿的政治生涯，以后她会做出让步的。但是在这么高兴的场合，自己没有必要扫兴，便笑着说：“没什么，新婚愉快！”

此时，帮助克林顿竞选的保罗·弗雷用略带指责的口吻对克林顿说：“你怎么能同意她做出这么任性的决定？”

克林顿苦笑了一下，没有说话。谁让自己之前做出了对不起希拉里的事情了呢，可是这话又不能对保罗·弗雷说。

看到克林顿一副无可奈何的样子，保罗·弗雷有些气愤地说："用不了多久，希拉里·罗德姆就会成为你政治生涯中的滑铁卢。"

听到这话，克林顿除了沉默以对，别无他法。

希拉里知道，自己婚后不姓克林顿，保留罗德姆姓氏会引起一些人的注意，但是她没有想到，这些优秀的人士会这么重视这个小问题。

此刻的希拉里还很难想到，这个她眼中的小问题不仅会被人在宴会上谈论，以后还会被人继续谈论着，会给她和克林顿造成伤害，直到她改姓为止。

在新婚招待会上，克林顿得知阿肯色州的司法部部长吉姆·塔克决定辞去司法部部长一职，非常高兴，并宣布要参加1976年司法部部长的竞选。

比起竞选国会议员来，竞选司法部部长更容易些。一是克林顿已经积累了一定的知名度，二是这次只有民主党的3位候选人参加，三是有希拉里的周密策划，克林顿势在必得。

为了帮克林顿赢得更多的支持，希拉里亲自上阵，设计了关于如何改革阿肯色教育问题的方案，结果大受欢迎，让克林顿在初选中获得胜利。

7月，希拉里和克林顿一起去了纽约，参加了民主党代表大会。在这次会议上，吉米·卡特被提名为民主党总统候选人。

希拉里和克林顿的纽约之行，还有一个重要的目的，就是同卡特及其他助选成员一起商量下一步的选举计划以及各自负责的任务。

讨论过后，克林顿仍留在阿肯色州，作为选举委员会的主席；希拉里奔赴印第安纳州，作为现场调度员。尽管希拉里有能力全权负责选举委员会的工作，但由于当时"只有男人才能主持大局"的社会风气，她只能屈居第二。

即使这样，希拉里仍然兴高采烈地接受了。她知道，通过这次助选，她可以积累更多的政治知识和经验，说不定以后还能加入直接对总统负责的理事会和委员会。

而且，参加助选不仅对自己有利，还能提升丈夫克林顿在党内的地位。如果将来克林顿宣布竞选总统，这次的经验也能起到很大的帮助作用。

希拉里在心里暗下决心：“这是个重要的机遇，我一定要好好表现。”

作为印第安纳州现场行动的调度员，希拉里需要利用有限的竞选资金安排92个城镇的选举活动，同时将助选志愿者们合理地分配到各个竞选办公室里，让助选活动正常展开。

在希拉里做出工作安排后，有一个志愿者不满地说：“那个希拉里是谁啊？凭什么我们的工作要由她来安排？”

另一个志愿者说：“我听说，她以前为麦戈文助选过，在华盛顿为尼克松弹劾调查组工作，还参加过尼克松与自己的丈夫克林顿的竞选，是个很有实力的人。”

“就算这样，她也不用这样一副态度吧，直截了当，说起话来真是一点儿不顾及我们的面子。”那个志愿者仍然感觉很不满。

“这也没有什么呀，你是新来的不知道，不只是对我们，就是对参议员伯奇·贝赫以及其他党内高层人士，她也是这种态度。别说了，我们抓紧去工作吧。”

此刻，希拉里完全没有注意到别人的议论，她正在思考，思考怎么利用以往的政治经验更好地安排接下来的工作。

“想要帮助卡特赢得印第安纳选区不是一件容易的事情。一直以来，印第安纳州的人们都非常支持共和党，对民主党有着根深蒂固的偏见。想让他们支持民主党，简直比登天还难。”

“但是，我不会放弃，不管怎么样，我都要为卡特争取更多的选票，而且这一仗只能赢不能输。”

希拉里一边自己给自己打气，一边思考着，要采取什么措施，才能改善卡特在印第安纳州得不到支持的状况。

希拉里不是一个能利用闲聊和别人拉近关系的人，但是，她果断坚决，在很多时候都比较温和，不会和助手们进行无谓的争论，更不会用试探引发别人的不安。

利用这种风格，加上正确的策略，希拉里在印第安纳州的助选工作很快见到了成效，为卡特吸引了不少选民。

选举日终于到了，希拉里焦急地等待着印第安纳州的选票结果。

“呀，出来了！出来了！”一个负责等待选票结果的志愿者接到电话后，立刻向大家宣布了这一消息。

“结果怎么样？”

“赢了吗？”

“赢了多少选票？”

大家你一言我一语，纷纷围上来问道。

看到大家那么期待的目光，那个志愿者突然变得有些紧张，声音也变得结结巴巴：“啊，啊，对不起……那个……我们输了。”

现场顿时一片寂静。

希拉里很沉着，虽然尽全力去做了，但也没有绝对的自信赢得这个州的选票。她问道：“那有多少选民支持呢？”

“46%。”

希拉里自信地说：“嗯，那也很不错了，这期间大家都辛苦了。不要太失望，我相信，其他州也会有非常不错的成绩，卡特一定会赢得最后的胜利。”

最终的结果，真的如希拉里所说的那样，卡特赢得了更多的选票，在竞选总统的大战中获得了胜利，成为美国第39任总统。

在希拉里帮助卡特竞选的同时，克林顿也在为竞选阿肯色州司法部部长而努力着。经过艰苦的竞选战争，克林顿终于以压倒性优势成功当选为阿肯色州司法部部长。

希拉里非常高兴，克林顿的成功也是她的成功。以后，随着克林顿在仕途上节节攀升，她的政治愿望也能不断得到实现。

但是，希拉里高兴得太早了，未来还有很多不可知的事情等着她。尤其是克林顿的部长官邸是在小石城，刚刚适应费耶特维尔的希拉里想要适应小石城，还需要一番努力。

第六章

在小石城的生活与工作

希拉里在罗斯事务所的工作不紧不慢地进行着，而另一方面，新的竞选活动又要开始了，她也希望加入克林顿的竞选团队。

事实上，在搬去小石城之前，克林顿对希拉里能不能适应那里的生活略有些担心。因为小石城和现在居住的费耶特维尔不同，是典型的阿肯色城市。

克林顿从小生活在阿肯色州，对于阿肯色人的生活方式、行为方式，他早就已经适应了，即使搬家，对他的生活也不会造成任何影响，可是希拉里不一样。

克林顿说："在小石城，各种不成文的规矩比较多。虽然有很多乡村俱乐部，也经常举办各种社交舞会，但却很排外，我有点儿担心你。"

希拉里握住克林顿的手，眼里露出惯有的自信与从容，仿佛在告诉克林顿，一切都在她的掌握之中。所以，她只说了"没关系"三个字，克林顿就再也没有说其他话。

希拉里和克林顿卖掉了他们原来住的房子，加上原来的一些储蓄，也只是让他们在小石城买了一栋面积很小的砖房。

希拉里从一结婚就想要一个孩子，由于克林顿的薪水不高，希拉里也开始考虑自己以后的事业，做律师是她的第一选择。

“怎么办呢？”希拉里喃喃自语。

想要孩子，就需要先存一笔钱作为育儿基金，希拉里又开始陷入犹豫中：要不要去做公司代理律师呢？

要是在以前，希拉里一定会不屑一顾，可现在情况毕竟不同了。这时，克林顿给了她一个建议：“希拉里，你要不要去罗斯律师事务所工作呢？”

罗斯律师事务所成立于1820年，在阿肯色州还不是一个独立州的时候，就已经存在了，拥有非常重要的地位。

然而，在阿肯色州的法律事务所中，还没有一名女律师，而且，这里的人都默守一个不成文的规定，女人不能做律师。

只是今天，希拉里才知道，克林顿儿时的好朋友文斯·福斯特现在是这个律师事务所的合伙人之一，而且，她和文斯·福斯特一年前也曾经见过面。

在克林顿的推荐下，希拉里决定到罗斯律师事务所面试。而她在面试时的表现也像平常一样，非常优秀。

即便如此，在是否录用希拉里的问题上，罗斯律师事务所内部还是爆发了很大的争论。

福斯特认为，希拉里是个优秀的人才，为了将她招入麾下，罗斯律师事务所应该改变没有女性律师的现状。

而且，希拉里的丈夫克林顿很快将要就任阿肯色州的司法部部长，在这个靠关系生存的小城里，拥有这样一位有背景的员工是件只赚不赔的好事。

不过，事务所里的其他合伙人却坚决反对，反对的理由也是多种多样。但究其根本，还是在于希拉里是个女人。

“我们怎么向客户介绍希拉里呢？”

“万一以后希拉里怀孕了怎么办？”

“如果将来希拉里与其他工作人员发生冲突，要怎么办？”

一时间，会议室里如吵架一般喧闹。很显然，其他人并不像福斯特那样欢迎希拉里，除了合伙人韦布·哈贝尔。

哈贝尔对福斯特的意见表示支持：“我们不能因为害怕改变而不录用希拉里，如果我们不努力争取，她就会被其他律师事务所抢先雇用。”

在哈贝尔和福斯特的共同努力下，希拉里终于正式成为罗斯律师事务所的员工，年薪25000美元，比做法学教授时的年薪18000美元要多。

希拉里很高兴，她是罗斯律师事务所的第一位女律师，这一点让她感觉很骄傲。从小，母亲多萝西就教育她，一定比男孩子强，希拉里觉得自己现在证明了这一点。

然而，希拉里的高兴只是一时的。一旦开始工作，她就会在人际关系、工作能力、政治观念各个方面经历各种磨难，现实的打击也会让她变得更加清醒。

进入罗斯律师事务所工作，希拉里过得果然不是很顺利。作为事务所唯一的女律师，希拉里不可避免地成为嫉妒的对象，经常遭到其他人的非议。

“快看她的卷发，真是可笑。”

“天呢，她居然光着腿穿裙子！”

“这哪是职业女性的形象？”

“那是眉毛吗？那么粗，像两只大青虫。”

“她戴的那是首饰吗？只是一堆塑料而已。”

“看她那走路的姿势，真难看，还不如不穿高跟鞋呢。”

“真是没有一点儿女人味。”

……

大部分的非议都与希拉里的外貌和衣着打扮有关，但是，在希拉里面前，没有人敢直接这样说，因为她对待所有人的态度都显得颇具威胁性。

希拉里并不高傲，也不是那种咄咄逼人的人，只是她从来不会对别人表现出恭顺，而且从不知什么是退让，导致她的强势让其他雇员和公司客户都感觉有些害怕。

希拉里花了很长时间，终于适应了小石城的生活，工作上也如鱼得水。由于最开始福斯特对她很钦佩，认为她犀利又能干，给了她不少帮助。而哈贝尔同她的关系也非常融洽，三人甚至常被称为“罗斯三剑客”。

因为有福斯特和哈贝尔的帮助，尽管事务所的气氛并不融洽，希拉里仍然很喜欢在这里工作，在这里实现着自己的价值。

在希拉里刚进入罗斯律师事务所工作不久，就发生了一件让她感觉特别为难、难堪却又无可奈何的事情。

在美国，阿肯色州是公认的穷州，这本没有什么。如果大家都穷，那么阿肯色州的人们恐怕也能接受这一现实。

但是，在阿肯色州，还有很多富人，贫富差距在这个州表现得特别明显。为了减轻穷人的生活压力，同时缩小贫富差距，1976年，韦德·拉特克发起了一项公投。

韦德·拉特克知道，很多人都希望降低小石城普通民众的水电收费，提高企业用户的水电费。这样一来，税收方面也不会受到影响。

之前，为了穷人的利益，韦德·拉特克成立了改革社会组织协会，这个协会让他拥有了很强的号召力，结果公投获得了成功。

公投结果虽然让民众很满意，但是却让企业主很气愤。他们认为，公投完全无视他们的利益，他们决心将其推翻。

很快，一家电力公司就提起了诉讼，而其他行业的企业见状，也纷纷加入到诉讼的行列。他们的理由很简单，一旦将公投的结论付诸实践，其他企业很可能就会不愿意再来小石城投资，因为水电等基础设施的收费太高了。

面对这些诉讼，韦德·拉特克一点儿也不紧张。但是，当他站在法庭上，看到对方的律师团里居然有一个律师是自己熟悉的希拉里时，他还是彻底震惊了。

由于克林顿的关系，韦德·拉特克和希拉里也成了朋友。很多时候，他们都在一起讨论政府和社会改革话题，而且相谈甚欢。

韦德·拉特克很失望，站在他对面的希拉里也露出了尴尬的笑容。

从一开始，希拉里就知道韦德·拉特克发起的这项公投，也非常赞同，因为她也一直对生活在底层的人们充满了同情。

但是，当罗斯事务所接到这份工作后，立刻组织了包括希拉里在内的律师团来应对。希拉里知道，她不能因为韦德·拉特克的关系就放弃自己的工作，而应该为事务所的企业客户解决难题。

在法庭上，希拉里并没有攻击自己昔日的朋友，而是把重点放在了企业的立场上。她认为，人人平等。公投结果虽然帮助穷人减轻了生活负担，但实际上却是公然掠夺企业的财产，是欠缺考虑的。

最终，法院同意了希拉里的说法，宣布之前的公投结果作废。韦德·拉特克非常愤怒，而其他的协会成员也表示无法接受。

官司结束后，韦德·拉特克走到希拉里面前，很不满地说：“我一直以为，你说的是真的。你曾经说过，如果有机会，你愿意帮助生活在社会底层的民众。但是今天，你背叛了他们，你也背叛了我们之间的友情。”

希拉里无话可说。

回到罗斯律师事务所后，希拉里受到了同事们的热烈赞扬。但是，她的心里却高兴不起来。她发现，理想和现实之间的差距越来越大，这让她感觉很尴尬。

到底什么时候才能按照自己的想法行事呢？希拉里思考着。

希拉里在罗斯事务所的工作不紧不慢地进行着，而另一方面，新的竞选活动又要开始了，她也希望加入克林顿的竞选团队。

但是，她还不清楚一个情况，克林顿是会竞选阿肯色州的州长，还是竞选联邦参议员？竞选州长上任后可以做很多事情，竞选联邦参议员则能有机会重返华盛顿。

希拉里等待着，等待着克林顿做出决定。她知道，不管克林顿的决定是什么，她都必须全力支持。接下来，她确实也是这么做的。

对于希拉里而言，当然是希望克林顿能竞选联邦参议员，这样他们就能一起去华盛顿，开辟一片新的天地。

但是，希拉里并不知道克林顿的想法。她本想等下去，可克林顿迟迟没有决定，希拉里一贯不喜欢猜别人的心思，便找了个机会，开门见山地问克林顿：“你想竞选哪个职位？”

克林顿一时也委决不下，但是看到希拉里的眼神，用沉默来表示自己的态度肯定不行，只好这样答一句：“我也没有想好。”

面对这样的答案，希拉里沉默了。

如果能成功竞选联邦参议员，不只克林顿可以成为美国最年轻的联邦参议员，希拉里也可以在华盛顿获得一些职位，或者继续为玛丽安·埃德尔曼的基金会工作，继续为保护少年儿童的权益而努力。

现在，在罗斯律师事务所的工作是不错，工资也比之前做老师高出不少，可毕竟在很多时候都要为了客户的利益违背自己的政治理想，她不喜欢一直这样下去。

而且，希拉里和克林顿在华盛顿给很多人留下了很好的印象，如果能趁热打铁，竞选为美国联邦参议员，必然能取得不小的成就。

几天后，政治顾问迪克·莫里斯又问了克林顿同样的问题。

“你想竞选哪个职位？”

迪克·莫里斯拥有很巧妙的民意调查技巧，而且能通过数字看到别人发现不了的东西。克林顿特地把他从纽约请来，就是想让他帮助自己确定应该竞选哪个职位。

克林顿明白，迪克·莫里斯之所以这样问，是想知道他的真实想法，这样才能知道下一步该怎么做。

他稍想一想，略带困扰地答道：“一方面，我想做州长，因为我认为自己能为阿肯色州做更多的事情，发挥更大的作用；另一方面，要想站在真正的政治舞台上，却又必须去华盛顿。我为此很苦恼。”

迪克·莫里斯立刻说道：“我明白你的意思了。要想竞选参议员，需要和其他三位民主党人士竞争提名，你似乎并不占太大优势。我会进行民意测验，看看竞选哪个职位的成功率更大一些。”

结果很快出来了。

当希拉里询问这一结果时，虽然心里七上八下，但表面却很沉着。克林顿告诉她：“相较于参议员，我赢得州长竞选的可能性更大一些。”

希拉里又一次选择了支持克林顿。在州议会大厦里，希拉里陪同克林顿一起宣布了竞选州长的决定。

在竞选中，希拉里也没有放松。她会仔细听克林顿的演讲，提出修改意见；她会思考克林顿做的事情和说过的话，并考虑如何实现。

虽然这一次希拉里的参与度并不高，但是，她却第一次成为憎恶甚至谩骂的对象，成为选民们热烈讨论的话题。

“不应该支持克林顿，因为希拉里太强势、太独立了！政界人士的妻子做好丈夫的贤内助就行了，还做什么律师！”

“是啊，不只这样，即使结婚了，她也没有使用克林顿的姓氏。一个连自己妻子都说服不了的人，怎么做州长？”

一时间，整个州都是这种议论声，有些支持者建议希拉里改姓，不要因为自己的固执影响了克林顿的政治前途。

希拉里毫不理会这些声音，依然我行我素，她心里很清楚，克林顿有赢得选举的实力，不会因为这点事情就失去选民。

然而很快，希拉里又受到了第二轮的谴责。

一个叫弗兰克·雷迪的选民突然出现，指控希拉里利用职务之便，为与克林顿关系亲密的政府客户服务，场面混乱不已。

希拉里冷眼旁观，与克林顿一起沉着应对。在冷静的等待中，终于等到了选举结果。不出所料，克林顿以63%的选票赢得了州长职位。

希拉里很高兴，久久地注视着克林顿。此时，克林顿非常激动，眼神中满是胜利的喜悦。他深情地看着一旁的希拉里，说：“谢谢你，亲爱的，谢谢你一直在我身边，与你一起奋战我感觉很高兴。”

希拉里知道，克林顿虽然放弃了竞选联邦参议员，但当选州长的他以后还是有机会到华盛顿工作的，只不过需要推迟几年而已。

希拉里不会想到，她这一等，就从1978年等到了1992年。在那一年的

11月3日，克林顿当选美国总统。

这个阶段的希拉里，又有了更急迫的问题要考虑，那就是金钱的问题。

尽管克林顿已经当选了阿肯色州的州长，但他的工资仍然不高，这使得希拉里在工作的同时，还想着多获得一些额外的收入。

希拉里原以为，阿肯色州是美国最穷的州之一，那小石城的经济状况也好不到哪儿去。可是了解后她才发现，尽管阿肯色州的人均收入排名非常靠后，小石城的经济也并不发达，但这里却聚集着大量不为人知的财富。

在富人区，保时捷跑车、凯迪拉克敞篷轿车和奔驰轿车等豪车随处可见。即使是超市的收银员或者加油站的员工，也有可能是隐藏的百万富翁。

这些人的财富来源并不复杂，大多来自于投资金融市场，也有一部分来自于自身提供的服务——为阿肯色州的纳税大户提供服务。

在这个城市，希拉里和克林顿可以算是彻彻底底的穷人。想要改变这种状况，希拉里也需要选择其中的一条途径去努力。

在搬到小石城之前，希拉里和克林顿一样，对金钱并不在意。她所关心的只是如何实现自己的人生价值。

在玛丽安·埃德尔曼建立的儿童保护基金会，由于是非盈利机构，她的工资几乎没有多少；在华盛顿负责弹劾调查时，收入也很微薄；在阿肯色州立大学教书时，也只是领一份助理教授的薪水。

可以说，希拉里存下的积蓄寥寥可数。然而就是这样一点积蓄，也因为在小石城买房而用掉了。

为了存一笔育儿资金，希拉里开始了工作。可是工作之后，希拉里才渐渐认识到，不仅要存一笔育儿资金，还要为她和克林顿的政治道路储蓄金钱。

因为政治是不可预测的，要想将来在政治道路上获得更好的发展，就需要积累更多的财富，以备不时之需。

可是，要积累财富，光靠工资是不够的，还要进行投资。

希拉里的父亲休·罗德姆是一个很善于投资的人，尤其喜欢研究各种生财之道，利用已有的资产进行投资，获得更多的钱。

而在希拉里小的时候，休·罗德姆就教她看股票走势图、看财务报表，还教她如何挑选房地产、如何避税，让她在十几岁时就积累了很多理财的基础知识。

后来，希拉里又在耶鲁大学法学院就读，学会了很多关于房地产法、税法等各种与投资有关的法律，具备了一个出色的投资家应该掌握的理财知识。

希拉里虽然没有直接进行过投资，但是这些理财知识、法律知识也能让她的理财之路比一般人走得更顺利。

为了投资，希拉里雇用了小石城的一位经纪人威廉·史密斯，作为她和克林顿的财务顾问。尽管希拉里和克林顿可用于投资的钱很少，但是威廉·史密斯却丝毫不懈怠。

在威廉·史密斯的推荐下，希拉里建立了两个账户，一个是夫妻的联合投资账户，一个是自己的独立账户。

希拉里将两个账户交给威廉·史密斯管理，并和他一起查看账户运作情况。希拉里对期货市场几乎一无所知，却愿意研究各种投资策略，可惜她并没有获得多少回报。

后来，在希拉里的客户詹姆斯·麦克道格和好友吉姆·布莱尔的鼓励下，希拉里决定进行两笔投资。

1978年春，希拉里和克林顿在一家餐厅见到了麦克道格，他告诉他们："我正在进行一桩投资，稳赚不赔，你们要不要参加？"

当时的希拉里正为家里的财政问题而发愁，听到这个提议，立刻感兴趣地问道："是什么投资呢？"

麦克道格回答说："我和苏珊打算投资一块土地，就在北部的白水河两岸。那里草木丛生，土地税也很低。如果可以购买230英亩，然后分割成小块出售，一定可以大赚一笔。"

希拉里虽然很心动，但没有立刻回答，而是告诉麦克道格要考虑考虑。因为父亲休·罗德姆从小就教育她，投资要谨慎。

回到家，希拉里和克林顿进行了一番讨论。最后，决定由希拉里打电话告诉麦克道格，她和克林顿打算进行投资。

他们4人很快成立了白水开发公司，然后从银行贷款20.3万美元，用于购买之前谈到的那块土地。

出于对麦克道格的信任，希拉里和克林顿都没有去看过那块土地，而是将公司所有的事情都交给麦克道格处理。

每个月，希拉里都会开一张支票给麦克道格，以支付当初贷款的利息。虽然这块土地无人问津，但作为一种长期资产还是很不错的。

还有一个更为重要的原因是，在好友吉姆·布莱尔的帮助下，希拉里进行的另一项投资取得了很大的收益，这让希拉里高兴不已。

事情还要从9个月前说起。吉姆·布莱尔虽是一个律师，但同时也是一个成功的商人。自21岁从法学院毕业那年起，他就开始进行股票投资，收益远远大于做律师时的收入。

开始进行期货投资后，吉姆·布莱尔为自己设立了目标，要利用期货投资赚到400万美元。他的经纪人罗伯特·博恩有期货市场的内幕消息，两人联手，很快布莱尔就赚了200万美元。

为了更快地赚到400万美元，布莱尔开始联系他的朋友、亲人，让他们到博恩所负责的瑞富公司开户，希拉里也在其中。

1978年10月，利用布莱尔的关系，希拉里花了1000美元在瑞富开了一个账户。在此后的9个月中，希拉里的心便一直忐忑不安，在高潮和低谷中来回跳动。

3个月后的一天，希拉里查看账户金额时，发现自己的账户里多了26000美元。

“天啊！太不可思议了！居然赚了这么多钱！”希拉里高兴地对布莱尔说，同时也对他为自己带来的财富表示感谢。

就在希拉里得到这一大笔意外收入后不久，她又进行了一次交易，这次交易却让她赔了16000美元，给她带来了不小的打击。

我要不要放弃呢？希拉里开始犹豫了。16000美元对她来说可不是个小数目，当时，她的年薪也只不过25000美元。

希拉里是幸运的，因为她是布莱尔介绍给博恩的，所以在瑞富公司也享受到了与布莱尔一样的待遇，那就是不用支付巨额的保证金就赚到了大笔的钱。

然后，又过了一段时间，在一次骤跌前，由于得到了布莱尔提前传来的消息，希拉里及时清仓，一个下午就赚了4万美元。

就这样，经历过一次次大涨大跌之后，希拉里在投资方面变得越来越保守。由于害怕再次遭受损失，希拉里取消了自己在瑞富的账户。不过，通过这个账户赚了99000美元的事情，她一直守口如瓶。

1979年10月，希拉里又委托威廉·史密斯替她交易，她在投资上的保守让她的这次投资变得很稳妥，最初投入的5000美元也获得了不小的收益。

在女儿切尔西出生后，希拉里用投资赚来的钱买了美国政府公债，投资也变得更安全。希拉里这才放下心来，悉心照顾自己的女儿。

然而，希拉里做梦都不会想到，白水开发公司的投资会一直纠缠她多年，让自己的丈夫差点儿被弹劾，让自己的好朋友饮弹自杀。

在这一时刻，希拉里的一颗心都扑在了女儿切尔西身上。这是怎么得来的一个孩子呀！其中的辛苦与幸福，只有希拉里自己知道。

从结婚那一刻起，希拉里和克林顿就想要个孩子，但是却一直没有成功。等到了1979年夏天，希拉里终于决定在百慕大群岛度假后看生育专家。

希拉里患有子宫内膜异位，根据相关资料，在患有子宫内膜异位的女性中，大约有30%～40%的患者无法生育，这也一度使希拉里焦虑和不安。

但从百慕大度假回来，希拉里发现自己居然怀孕了，这一消息让她非常高兴，克林顿也异常激动，开始为成为一个好爸爸作各种准备。

有一天，朋友弗雷德里卡得知了希拉里怀孕的消息，专程前来看望她。她知道，希拉里是一个事业型的女性，害怕她因为孩子耽误自己未来的事业。

“希拉里，你真的决定要这个孩子了吗？”弗雷德里卡问道。

希拉里大为诧异：“你也知道我为了这个孩子，已经等了很长时间了，为什么会问这么愚蠢的问题？”这话毫不客气。

弗雷德里卡苦笑道：“等你做了母亲，你就知道了。有孩子的生活和没有孩子的生活是完全不一样的。有孩子没自由，不仅无法帮助你的丈夫，就连自己的事业也很难取得大的成就。说实话，我真是为你感到惋惜。”

听到这话，希拉里才明白，弗雷德里卡只是在担心自己，便毫不犹豫地说道：“不用担心，我既然想要孩子，就有信心在不牺牲自己事业的前提下给孩子最好的爱。”

对希拉里来说，孩子绝不是负担，她有自信让孩子过得幸福。而那些幸福，是她在童年时代曾被剥夺的。

为了更好地分娩，希拉里说服克林顿一起去参加助产课程，这引起了不小的轰动。有一次，希拉里把这件事告诉了一个法官，那个法官大吃一惊："生孩子是女人的事，一个大男人居然去学习助产！"

其实，克林顿还和希拉里一起看了《父母手册》，向有孩子的朋友提问，对于医生、护士和助产师的问题也做了相关了解。

尽管怀孕了，希拉里仍然像没怀孕时那样，每天早上8点准时到事务所上班，晚上9点甚至10点才下班，努力做着自己的工作。

1980年1月，阿肯色州立儿童医院计划扩建，需要得到好的财务评估。希拉里义务为这家医院做法律顾问，便和医院的董事一起飞到纽约，处理相关事宜。

当时，希拉里挺着大肚子，坐飞机有一定的危险性。好在事情很快解决了，财务公司也同意了医院的提案。

在怀孕后期，希拉里的身体状况变得不太稳定，医生建议她多休息，减少外出。这使得希拉里去白宫同总统及夫人共进晚餐的计划泡汤了。

在离预产期还有3周的2月27日，克林顿回到小石城。然而，他到家还没多久，希拉里突然羊水破裂，克林顿慌忙指挥着州警帮忙。

到了医院，医生经过检查后发现，胎儿胎位不正，希拉里要接受剖腹产。

这完全出乎希拉里的意料，她吓坏了，一直抓住克林顿的手不放，用慌乱的声音不停地问道："怎么办？怎么办？"

克林顿努力安抚希拉里，想让她镇定下来："别紧张，有我在，我陪着你，不会有任何问题的。"

克林顿跑去恳求医院的主管，请求他同意自己和希拉里一起进入产房。通常这种情况是不被允许的，但是主管看在克林顿是州长的份儿上，最终同意了。

在手术时，克林顿紧紧握着希拉里的手，给她力量和鼓励。晚上23点

24分，他们的女儿终于出生了。

克林顿太激动了，第一次体验到做父亲的幸福。他轻轻晃了晃希拉里的手，用满是心疼的口吻说道："亲爱的，谢谢你，谢谢你让我做了爸爸。"

在经过清洗后，女儿被送到了希拉里的怀里。希拉里一边抱着女儿，一边轻轻地叫着："切尔西，切尔西。"

1978年，希拉里和克林顿一起在伦敦过圣诞。当他们踏入切尔西街头的那一刻，《切尔西的早晨》响起，旋律优美。

当时，克林顿对希拉里说："亲爱的，如果以后我们能有个女儿，就给她起名叫切尔西，怎么样？"

"嗯，很好。"沉浸在音乐中的希拉里回答道，同时将头轻轻地依靠在克林顿的肩头，轻轻地哼唱起来。

现在，终于有了个女儿，希拉里一下子想起了这件事。而克林顿呢，当希拉里将孩子递给他时，他也同样用激动的声音轻轻呼唤着："切尔西，切尔西。"

切尔西出生后，克林顿经常抱着她到处走动，向别人介绍自己的小宝贝。与克林顿的轻松不同，希拉里心里充满了焦虑。

希拉里不知道，自己能不能做一个好母亲，她甚至为此常常祈祷。但是，不会说话的切尔西经常会不安地哭泣，希拉里再怎么做都没有用。

最后，没有办法的希拉里只好一边用手抚摸着切尔西，一边轻轻安慰道："宝贝，哭累了歇一会儿好吗？你配合一下妈妈，妈妈也会努力做得更好。"

希拉里非常爱切尔西，对于她的事情更是亲力亲为。尽管很多时候希拉里有这样那样的事情要做，但她依旧挤出时间陪伴女儿。

而且，为了更好地照顾切尔西，希拉里请了4个月的产假。尽管希拉里的事业心很重，但她还是想尽可能地多陪在女儿身边一段时间。

之前，切尔西出生的时候难产，这真是吓坏了希拉里。现在，没有什么比女儿的健康成长更重要的了。

即便如此，希拉里还是想为女儿做出好的榜样。她想要兼顾事业和家庭，便在请假期间出差或者做些别的工作。

在切尔西出生6周后，希拉里就到孟菲斯市参加一个可参加可不参加的地区性会议。作为一个职业女性，这是她对自己严格要求的表现。

但是，即便她这么努力，公司的同事对她仍然议论纷纷，甚至连律师事务所的合伙人也认为她的工作并没有达到标准要求，尽管希拉里早已成为罗斯律师事务所的合伙人之一。

在希拉里休完产假，回到罗斯事务所上班那天，事务所的员工们还就她是否会继续上班的问题分成两方。

一方说："用不了几天，希拉里就会辞职的。在我们阿肯色州，在我们小石城，一个女人为了工作而不能好好照看孩子，这是不能被原谅的。"

另一方则反驳道："希拉里的个性那么强悍，即使再爱女儿，也不可能为了她放弃自己的事业。说到底，她是个事业型女性。"

双方争论不休。在他们的争论声中，希拉里每天按时上班，没有一点儿要辞职的迹象。很快，这种争论便自行消失了。

在切尔西出生后，希拉里确实没有把多少心思花在工作上，反而对其他公益性的工作更上心，为创立阿肯色州儿童家庭权利促进会东奔西走。

这些，都让她的同事和合伙人大为不满。

不过，希拉里此刻并没有心思理会这些同事和合伙人，她还有更重要的事情要做，那就是帮助克林顿争取州长连任。

第七章

做克林顿事业的助手

竞选州长连任失败后，克林顿受到了沉重的打击，希拉里的黑眼圈也变得更黑了，一副憔悴不堪的样子。

克林顿是在为自己的连任失败而伤心，希拉里则是在从这次失败中寻找经验教训，一晚上都没有入睡。

1978年，克林顿当选州长，希拉里感觉看到了更大的希望。克林顿是全美最年轻的州长，人气很高，拥有许多忠诚的粉丝。

而且，克林顿乐于学习，总能在处理政务时找到最合适的方法，在工作时也充满了创造力，热情又富有动力。

但是，随着克林顿工作的展开，希拉里却发现，克林顿的政务并没有多出色，与她的期望相差甚远。

在克林顿任州长期间，希拉里并没有给予他多少帮助，而是努力追求自己的事业，导致克林顿也为此付出了代价。

连任竞选在即，按道理说，支持克林顿的选民应该有很多，但实际并非如此。由于克林顿的政策并没有为普通民众赢得更多的利益，导致这一部分选民迅速流失。

面对这一恶劣的局势，希拉里暗自懊恼："如果我不是过多地把心思花在孩子和工作上，或许就能给克林顿更多的帮助，或许他今天就会获得更多的支持。"

这责任当然不全在希拉里，但与她过分信任克林顿也有很大关系。一直以来，她都相信克林顿能够利用自己的政治才能解决所有问题，这份信任蒙蔽了她的眼睛。

"他们为什么不能理解我一下呢？"克林顿心烦地向希拉里发牢骚。

"你当初竞选时，承诺会提高工人阶级的生活质量，提高教育水平，修路，降低公共事业费，改善医疗制度，争取更多的救济资金，可是这些，你并没有做得很好。"希拉里冷静地分析道。

"任期只有两年，时间这么短，我能做出多少政绩呢？"克林顿不满地反问道。

希拉里毫不客气地说："现在的问题是，我们要好好找找弱点，提前想好对策，防止其他人以此为由进行打击。"

在希拉里这话说完不久，竞选州长的对手就开始攻击克林顿的各种问题：汽车牌照费征收问题、马里尔偷渡事件，甚至是希拉里不改姓氏的问题，全都揪住不放。

希拉里开始着急了，就在离选举日只剩下8天时，她打电话给迪克·莫里斯："怎么办呢？我的预感很不好，感觉比尔这次要输了。"

迪克·莫里斯在克林顿当选州长后就被解雇了，原因是州长团队中的很多人都不喜欢他，而克林顿也没有挽留。

在征收汽车牌照费的问题上，迪克·莫里斯已经预测到了可能产生的问题，只是这个问题没有被重视。希拉里很英明地提出由他挽救选举，也是很合时宜的。

当时，迪克·莫里斯虽然在佛罗里达，但对克林顿面临的处境却很清楚，所以他直截了当地告诉希拉里："我觉得，想要力挽狂澜已经不可能了，但是，我愿意试一试。"

挂了电话后，迪克·莫里斯立刻结束手头的工作，赶到阿肯色州小石城。然后，立刻进行了民意调查。调查结果显示，克林顿可能获得的选票会低于预期的选票数量。

没有办法，希拉里只好想办法让克林顿的竞选小组买下广告时间，在广播和电视上给对手最后一次反击。

但是，用于反击的时间太短了，广告还没有发挥什么作用，选举日就到了。

选举当晚，希拉里和克林顿没有在选举总部等待，而是双双待在了州长官邸。他们相互对视，没有一句话，整个官邸的空气如凝滞了一般。

第一个结果传来，克林顿在特克萨卡纳获得了较多的选票。顿时，官邸里一片欢呼声，但是，克林顿的脸色却渐渐凝重起来。

"完了，一切都完了。"克林顿抬头望向希拉里，用充满怒气的声音说道，"为什么会这样？真是太可恶了！"克林顿自言自语，又像是在发泄。

不只是克林顿，希拉里的心情也很不平静。很快，他们一起前往竞选总部。等到了那里，克林顿的心情平复了不少，希拉里仍然感觉全身战栗。

结果果然不出所料，克林顿输掉了选举，在州长连任上失败了。

在听到选举结果的那一刻，希拉里的眼泪流了下来，而克林顿也是一副不知所措的样子。现场一片安静，听不到一点儿声音，如追悼会场一般。

希拉里感觉眼前一片茫然，不知道接下来该怎么办。她不知道克林顿的未来会怎么样，也不知道自己是不是永远走不出这个让她灰心丧气的阿肯色州。

竞选州长连任失败后，克林顿受到了沉重的打击，希拉里的黑眼圈也变得更黑了，一副憔悴不堪的样子。

克林顿是在为自己的连任失败而伤心，希拉里则是在从这次失败中寻找经验教训，一晚上都没有入睡。

第二天，希拉里就在自己的记录本上写下这样一句话：以后，我一定要相信自己的直觉，该反击时就立刻行动。

很显然，希拉里对这一次的选举失败也耿耿于怀。但是，当前最重要的问题是，如何让克林顿迅速站起来。

希拉里是一个坚强的女性，如果她不能成功挽救克林顿，那么他们共同的目标就永远没有实现的可能。

“比尔，你要相信，你的政治道路还很长，我们不能因为一次的失败就灰心丧气。我会和你一起振作起来，现在就开始为两年后的成功做准备。”

希拉里所说的两年后的成功，指的是两年后重新竞选州长，所以她才会在竞选结果出来后的短短几天内，就和迪克·莫里斯计划下一次的州长竞选运动。

希拉里努力压抑着自己的失落，尽可能在克林顿面前表现得更坚强、更果断。但是，她毕竟也是一个有着平凡情感的女性，此时也感觉有些抓狂。

“有太多的事情要考虑了。”希拉里对安·亨利说，“比尔没能连任州长，我们要尽快从官邸搬出来，搬家是件让人头疼的事情。不仅如此，照顾孩子也是个问题。以前有人帮忙，现在只能我自己照顾。克林顿的状态很不好，根本帮不上任何忙。”

安·亨利也不知道如何安慰希拉里，她想，希拉里并不需要她提供任何意见，只是想要把自己心中的苦闷说出来而已，便继续侧耳倾听。

“我现在真是感觉有点儿无助，没有管家、没有州警、没有佣人，我要照顾孩子和克林顿，还要出去工作养活一家人，真是……”希拉里说着说着，眼泪就流了下来。

安·亨利抱了抱希拉里，因为她知道，如果是以前，希拉里肯定不会在自己面前露出她柔弱的一面。可见，她现在心里有多难过。

安·亨利轻轻用手拍着希拉里的后背，说道：“会好起来的，会好起来的。”希拉里就这样把头靠在安·亨利的肩头，轻声啜泣。

过了许久，希拉里抬起头来，与安·亨利分开。希拉里擦干泪水，又恢复了自信：“谢谢你，安。我知道，我们还有机会，我们一定能获得最终的胜利。坚持一段时间，一切都会好起来的。”

没过几天，希拉里就督促克林顿，让他打电话给贝齐·赖特，请她从华盛顿来小石城帮忙，安排关闭竞选办公室事宜，同时对一些重要的文件进行整理。

在克林顿沉浸在沮丧、震惊、自怨自艾中时，希拉里担负起了照顾家庭的全部责任。她在两年前住的社区找了一栋小房子，然后将官邸里的私人物品收拾好搬了进去。房子很小，切尔西的婴儿房只能利用阁楼进行改造。

新的不一样的生活开始了，克林顿卸任州长，在一家律师事务所工作。可是，他的状态依然很不好，整天反省失败的原因，并不停地诘问自己。

希拉里看得出来，克林顿每天的情绪只能用两个词形容：懊悔和悲痛。

为了帮助克林顿接受现在的生活，希拉里请了假。可是，当她重返罗斯律师事务所时，却发现大多数人都变得不再欢迎她。

原因很简单，当初事务所的合伙人之所以同意录用希拉里，很显然是因为她有一个当司法部部长的丈夫，事务所希望能利用他们夫妻的政商关系提高经济效益。

后来，克林顿又做了州长，那些原本并不喜欢希拉里的人只能继续忍耐。毕竟，得罪州长夫人并不是明智之举。

但是现在，克林顿已经不是州长了，而希拉里在工作上并不百分百尽心，成了事务所里可有可无的人物，

透过这些人的态度，希拉里看得出来，越来越多的人希望她能离开。可是对于她来说，现在的罗斯律师事务所是她暂时的避难所，在被赶出去之前，她不想先行离开。

希拉里与福斯特变得很亲密。在福斯特面前，她可以说任何想说的话，福斯特在她面前也是一样，这给了困难时期的她很大的安慰，也给了她应对一切的勇气。

现在的每一天，对希拉里来说都是挑战。当其他女人在丈夫的庇护下生活时，她却要为家庭的生计忙碌奔波。

好在上天一直眷顾着希拉里，很快就给了她一个大的惊喜，让她逐渐开始参与政治改革活动，为以后走上政治道路打下基础。

1981年10月，贝齐·赖特和迪克·莫里斯又因为克林顿竞选州长的事情在小石城见面了。私下里，两人也进行了一番交谈。

“我觉得，”迪克·莫里斯说，“希拉里状态很好，好像做好了充足的准备。这一次，由她担任首席顾问和战略制定者，我觉得放心多了。”

赖特也表示赞同：“是啊，希拉里有一种本能，知道自己应该做什么，也知道怎么进行竞选工作。她这么投入，这次我们一定能赢。”

很快，赖特就将自己和迪克·莫里斯谈话的内容告诉了希拉里。她诚恳地说：“我们都相信，这次竞选能否成功，就看你的参与度有多高。”

希拉里点点头，她知道，这一次她必须用尽全力帮助克林顿竞选，否则他们的政治前途真是充满了危机。

希拉里是这样想的，她也完全有能力这样做。正如赖特和迪克·莫里斯所认为的那样，当他们四个人见面商谈竞选事宜时，希拉里又一次展示了她的果断和魄力。

“比尔，你要想再次赢得阿肯色人民的选票，就必须先向他们道歉，为自己曾经犯下的错误道歉，并表示如何改正。”希拉里建议道。

克林顿面露难色，一副犹豫不决的样子。

希拉里摆摆手，很坚决地说：“比尔，你这样不行，你必须道歉。上次，你已经让他们失望了，这次不能因为以前的过失而丢掉选票。”

克林顿还是一副很为难的样子，让他在整个阿肯色州的民众面前承认自己以往的政策错误，克林顿实在很难做到。

希拉里没有去猜测克林顿的心思，她知道克林顿在担心什么，便继续说：“比尔，没有人喜欢承认自己的错误，但是你想得到支持，就必须让选民知道，你了解他们的感受，会站在他们那一边。只有先放下所谓的自尊心，才能获得更多的尊重和支持。”

克林顿点点头，他知道希拉里说得有道理。但难为情只是小问题，严重的是，作为一个政治人物，如果承认自己以往的错误，就等于是将自己的把柄送到竞争对手手中。

克林顿还没有把自己的担心说出来，希拉里就已经猜到了，她说：“比尔，没有人会把你怎么样，那些政敌也不能。如果他们攻击你，就是在帮你的忙，让你获得更多民众的同情。”

克林顿听了，勉强地点了点头。但他并没有说出自己要道歉的时间，而是说：“我会好好想想道歉的方法。”

希拉里并没有给他这个时间，而是让在场的赖特和迪克·莫里斯出主意。迪克·莫里斯想了想，建议道：“我认为，我们可以买下电视广播时段，专门为以前的错误道歉，特别是汽车牌照税的事情。”

赖特点点头：“我赞成。”

希拉里也说：“这个想法很好，你怎么看，比尔？”

克林顿看着希拉里望向自己的热切的眼睛，最后也只好同意了。

希拉里知道，让克林顿发自内心地主动道歉，并不是一件容易的事情。但是让她惊讶的是，没过多久，克林顿在道歉这件事情上就变得主动起来。

这天，希拉里突然接到克林顿打来的电话：“亲爱的，我觉得我们这次能赢。”他的声音里充满了兴奋。

“发生什么事情了吗？”希拉里一头雾水。

之前，克林顿说要去温泉城看望母亲弗吉妮亚，现在应该在半路上，怎么会突然打来这么一个电话呢？

接着，克林顿告诉了她这样一件事情。

克林顿在加油站时，遇到了一个上了年纪的老人。这个老人身穿一身工作服，拦住了克林顿的去路。

“你不是比尔·克林顿吗？”他问。

克林顿说：“是的。”然后伸出手来，主动与他握手。

这个老人说：“上次州长选举时，我给你投了反对票。不仅是我，我还让我的老婆、我的两个儿子、两个儿媳妇、五个朋友反对你。”

克林顿感到很惊讶，他不解地问：“你为什么这么做？”

老人回答说：“因为你涨了我的汽车牌照费，你都不能保证我的利益，我又凭什么支持你呢？”

“可阿肯色州的公路实在是太差了，必须修理。”克林顿解释说。

“这我可不关心，我可不想出钱修路。”老人固执地说。

后来，克林顿突然问道：“如果我再次竞选州长，你会投票给我吗？”老人笑了：“会的。”

听到老人这么说，克林顿感到很高兴，他热情地和老人挥手告别，然后立刻给希拉里打了电话。

听到这里，希拉里也大声对克林顿说：“是的，我们一定能赢的。”

2月初，克林顿的道歉出现在了电视和广播中。到了2月底，女儿切尔西两周岁生日那天，克林顿正式宣布参加加利福尼亚州州长竞选。

在克林顿进行选举时，“希拉里保留罗德姆姓氏”这个问题一直被竞争对手利用，对克林顿的竞选也造成了不小的阻碍。

希拉里一直认为，保留姓氏是自己的个人问题，没有必要为了迎合别人的想法委屈自己。所以在克林顿做州长的时候，每当州长府邸发出邀请函，希拉里都会要求在上面署上自己的名字“希拉里·罗德姆”。

而在切尔西的出生启事上，也公然写着“父亲：比尔·克林顿，母亲：希拉里·罗德姆”，这就等于将自己没有改姓氏的消息昭告天下。

希拉里曾就姓氏的问题和韦布·哈贝尔聊过天。

希拉里说：“我在很小的时候就想着将来结婚了也要保留自己的姓氏，到了阿肯色，和比尔结婚以后，我仍然秉持着这样的信念，我就是我自己，不是别人的附庸。”

哈贝尔点点头，表示自己能理解她的想法。

希拉里的神情突然黯淡下来：“但是最近，我却不知道自己这样做到底对不对，总有些人公然问我爱不爱比尔，切尔西要姓父姓还是母姓，我都觉得特别伤心。”

哈贝尔还是一言不发，做出一副同情的样子。

希拉里继续说：“在这里，他们都不愿意花点儿时间了解我，却要我适应他们的习俗。说实话，我感觉很伤心，也很不适应。可是，我发现，竞争对手又在利用我的姓氏攻击比尔，仿佛我不改姓，这就会永远成为比尔的一大弱点。”

哈贝尔叹了口气，他似乎已经猜到希拉里开始有改姓的想法了。他不知道这值得高兴，还是值得同情。

此刻，希拉里心中确实在为是否改姓的问题纠结着。和哈贝尔说这些，只是为了帮助自己整理思路。

尽管希拉里这样想，心里还是非常难过。她回到娘家，找母亲说了这件事。看到女儿憔悴的样子，多萝西心疼极了。

但是她也非常清楚，希拉里拒绝改姓克林顿，已经惹了很多麻烦。阿肯色州人都很保守，甚至因此怀疑希拉里是个不尊重传统的女权主义者。

想到这里，多萝西抱紧了女儿，轻轻安慰她说：“希拉里，我知道你很委屈。但是现在，是你为比尔和切尔西做出牺牲的时候了。”

希拉里哭了，把头埋在母亲怀中，大声哭了出来。

等到离开时，希拉里的心里已经有了答案。

希拉里找到克林顿，直接说道：“比尔，我要改姓氏，以后，我要叫希拉里·克林顿。虽然我之前发誓永远不改姓氏，可是现在我发现，这样可能会导致你的竞选失败，这不是我愿意看到的。如果我改了姓氏，就能消除一部分选民对你我的恶劣印象，我希望你支持我。”

克林顿听完，热泪盈眶。

希拉里改变自己的姓氏，也暗示着她要改变自己以往的态度，变成克林顿有力的贤内助。这件事情对克林顿来说，意义不亚于在电视广播上的道歉。

就这样，在一次采访中，希拉里宣布自己要跟随克林顿的姓氏。没有经过任何手续，希拉里·罗德姆成了希拉里·克林顿。

改姓后，希拉里在阿肯色人民心中的地位也发生了转变。以往，大家总是批评希拉里，认为她不爱克林顿，行为举止也与当地人格格不入，而现在，大家开始努力谅解希拉里，并且夸奖她为此做出的努力。

舆论的力量非常强大，越来越多的人通过希拉里改姓的事情对她有了新的认识，也开始支持她，并进而支持克林顿。

不仅希拉里的姓氏是一个问题，她的外表也常常受到别人的攻击。由于从小在节俭教育中长大，希拉里并不关注细节和穿衣打扮。

当意识到这一点可能会影响自己在别人心中的形象后，希拉里开始了全面而彻底的改变。她摘下戴了很多年的眼镜，换上隐形眼镜，一双大眼睛显得炯炯有神；她剪了不容易打理的长发，换成简单干练的短发，整个人显得更有气质；她脱下自己喜欢的衣服，换上比较保守的套装，这一切让她不再给别人留下女权主义者的印象。

在宣布竞选后，希拉里变得更加积极起来。比起克林顿的第一次竞选来，这一次，希拉里不再躲在幕后，而是走上前台，更直接地进行指导。

希拉里凡事亲力亲为，成为竞选的实际领导者。不论竞选工作进行到哪一步，都能看到希拉里的身影。

制定竞选政策时，有希拉里；决定竞选战略时，有希拉里；安排竞选时间表时，有希拉里；进行人事任命时，仍有希拉里。

在整个选举活动中，希拉里批评别人的声音随处都能听到。即使是面对迪克·莫里斯，希拉里也毫不留情。“你做错了”“你本可以做得更好”几乎成了希拉里的口头禅。

与希拉里相反，克林顿的行为反而显得非常温顺，没有一点儿候选人的强硬姿态。所有做“坏人”的机会，全都被希拉里揽去了。

有一次，赖特问她：“希拉里，你不觉得自己的牺牲太大了吗？所有人都认为你过于强势，而克林顿又似乎对选举并没有表现出十足的关心。”

“这是我和比尔的分工。你也知道的，比尔有系统的思想理念，有聪明的大脑，对局势也能分析得很正确。”希拉里这样夸奖道。

很快，她就话锋一转：“但是，他太善良了，不懂得如何应对竞争对手的卑鄙手段。所以，我必须强硬起来，才能让他有机会发挥他的那些能力。”

赖特听了，表示赞同：“所以，你总是扮演黑脸的角色，这样比尔就不用得罪人了。你真是了不起！”

希拉里笑了：“不管做什么事情，我们都需要严格的纪律，而我现在就负责维持选举的纪律。实际上，我不只是为比尔工作，我还把他的事情当作自己的事情来做。”

很快，希拉里的话就得到了验证。

在会议上，迪克·莫里斯提出了一个攻击竞争对手的策略，但克林顿却摇摇头说：“我认为这样做不对，我不赞同。”

如果策略早几年提出，希拉里一定也会表示反对，但是现在，她变得更加注重结果，而且这一次，他们只能胜不能败。

所以，希拉里很平静地劝说道：“比尔，我们必须主动出击。如果我们用沉默应对竞争对手发布的负面广告，那只会让他们变本加厉。你必须按照莫里斯说的这么做。”

赖特对希拉里和迪克·莫里斯的建议自然表示赞同，而克林顿看到希拉里坚定的目光，也只能表示赞同。不过，后来，克林顿越来越能跟上希拉里的节奏了。

在参选过程中，希拉里可以说是功不可没。

有一次，现任州长怀特公开发表演说，指责克林顿的错误。就在这个时候，希拉里突然出现了，她严厉地说："得了吧，怀特。你说的那些话，连三岁孩子都知道是假的。"

当时，不仅怀特感觉非常惊讶，现场的听众也觉得很意外。这种事情，在阿肯色州从来没有发生过。

希拉里之所以能如此强硬，是因为她心里有一个强烈的信念：一定要赢得这次选举，这样自己和克林顿的政治生涯才能继续下去。

在希拉里和克林顿的共同努力下，选举终于赢得了最终的胜利。这不仅让希拉里感到很兴奋，也让阿肯色州的人民看到了奇迹，一个曾经落选的州长居然能再次成功当选。

1983年1月，克林顿终于顺利地再次当上州长。然而在宣誓就职之前，克林顿却突然变得犹豫起来，自言自语："我真的能做到吗？"

希拉里不解地问："比尔，你在担心什么呢？"

"我刚刚得知，我们州政府的财政资金上有3000万美元的缺口，想要在这种情况下增加对教育改革的投资，简直太难了。"克林顿显得很为难。

"我明白你的忧虑，放心吧，这件事我会尽全力做的。"希拉里这样回答。在不久之前，她就和克林顿商定，任期内最重要的工作是教育体制改革，并且交由她来负责。

希拉里明白，这项工作特别艰巨，但是却又势在必行。要想改善阿肯色的经济，就必须发展高新技术产业，而这些产业的发展依赖于教育。

所以，只有解决了教育问题，才能从根本上提高竞争力。然而，现实状况是阿肯色的教育非常落后，孩子接受学习的机会也少，教育情况令人担忧。

这千疮百孔的局面，毫无疑问是一个巨大的挑战，然而更大的挑战是，州政府没有更多的资金对教育进行投入。

想要增加对教育的投入，就要增加税收。在克林顿的上个任期中，提高汽车牌照税的举措显示了增加税收的危险性。除此以外，还可以减少一些学区，把富裕学区的资源赠予贫穷学区，但却又极容易引发种族冲突和阶级矛盾。

从另一个方面讲，这也是一个可遇不可求的机遇。一旦能够抓住并做好，克林顿就能取得自己最想要的政绩。

希拉里是聪明的，她避重就轻，把改革教育问题提升到了理想主义事业的高度，从而避免公众过分在意提高税收的举措。

希拉里继续请假，专职领导教育改革小组的活动。希拉里是女性，大多数教育从业者也是女性，所以她很容易就被大家接受了。

希拉里从不打无准备之仗，对于阿肯色教育现状的认识，希拉里比当地的老教师更加清楚。她用心研究各个学区的课程，参加各种关于教育的听证会，收集了大量有用的信息。

在向阿肯色州立法机构宣布教育改革计划之前，希拉里和克林顿一边喝着咖啡，一边闲聊。希拉里说："我知道，有个老师在上课时，把第二次世界大战误读为第11次世界大战，连最基本的常识都不具备。我觉得，要对教师的水平进行测试，以确保学生能够接受到合格教师的教育。"

克林顿对此表示赞同，但他也说出了自己的忧虑："我们要做好迎接风雨的准备。这个计划一旦提出，教师们会联合起来反对我们，阿肯色教育协会也会发起攻击。"

"我明白这一点。"希拉里喝了一口咖啡，不急不缓地说，"一直以来，教师都是值得尊重的人，从来不会有人去质疑他们的权威性。我的计划一旦提出，必然会激起反抗。"

“你说的没错。有一点倒是让我感觉很欣慰，不管是共和党人还是民主党人，都会同意对教育进行这样的改革。”克林顿安慰希拉里。

希拉里笑了笑，露出坚定的目光：“不管教师有什么样的地位，他们的责任都是教书育人。为了达到教育的真正目的，就有必要制定纪律来要求他们。”

克林顿点点头：“是的，我们需要制定纪律，更需要让教师接受这些纪律。如果教师不能接受，不能按照纪律做事，那么又怎么能教育好孩子呢？”

后来，为了使整体的教学保持一定的水平，希拉里还要求由她领导的教育标准委员会里的专家顾问制定合理的课程标准和班级规模标准。

和希拉里、克林顿预料的一样，教师对希拉里怨气冲天，工会也将希拉里领导的教育改革小组和州政府告上了法庭，这让希拉里有些难过，但她却表现得很不在意。

不论是谁，都应当承认，希拉里为阿肯色做出了巨大的贡献。尽管那里的教师对她怀有敌意，教师协会也多次尝试推翻她的这一测试制度。

希拉里曾和克林顿交谈过自己的想法，她说：“比起具体措施的实践来，我更重视我们进行教育改革带来的影响。如果能让阿肯色人重视教育事业，相信教育是阿肯色未来的希望，我就非常满足了。”

她的话完全出自真心。在希拉里看来，所有孩子都应当接受好的教育，她所做的，只是激起阿肯色人原来就非常向上的心，让他们为孩子争取更多更好的教育机会，也为阿肯色赢得更好的未来。

希拉里的策略完全有效，也取得了非常好的成绩。在阿肯色，一提起希拉里和克林顿，人们就会想起教育改革这一标志性成就，也让他们在全国获得了很好的赞誉。

从1983年开始，克林顿就一直担任着州长。在他竞选州长连任时，总是会受到竞争对手的诋毁。

这天，切尔西瞪大眼睛，看着电视上的画面，有人正在诋毁她的父亲克林顿。她不解地问希拉里："妈妈，他们说爸爸不能成为一个好州长，这是真的吗？"

希拉里解释说："宝贝，他们说的不是真的，你不用相信。"

切尔西仍然显得很疑惑："可是妈妈，他们为什么要说谎呢？"

希拉里笑着说："他们说你爸爸的坏话，好让其他人不把选票投给你爸爸。这样一来，他们就能获得更多的选票了。"

切尔西若有所思地点点头，希拉里的脸色却变得凝重起来，"这场战役，一定要尽快结束才行，不能因为他们让切尔西思维混乱。"希拉里暗暗告诉自己。

由于丈夫一直连任州长的关系，希拉里也变得忙碌起来。即便如此，她仍然挤出时间陪伴女儿切尔西，比如早上开车送她上学，陪她谈心，保存她送给自己的小礼物等。

尽管希拉里和女儿的关系很亲密，但是和丈夫的关系却并不像表面上那么和谐。在女儿面前，希拉里总是和克林顿表现得很恩爱，但是克林顿的频繁出轨，却让希拉里很痛苦。即便如此，她也从来没有想过要离婚。

希拉里没有预料到，很快，克林顿就因为自己的出轨错过了一个重要的机会。

1987年4月的一天，克林顿在官邸里走来走去。希拉里没有去打扰，她知道，克林顿是在犹豫，要不要参加总统大选。

作为克林顿的妻子，希拉里当然希望他能够参选。"爸爸妈妈已经在这里买了房子，在我和克林顿为竞选活动时照顾切尔西，看来也是对他寄予了很大希望呢。"希拉里在心里说道。

想到这里，希拉里立刻给自己的好朋友打了电话，一个是她在韦尔斯利学院时的男友杰夫·希尔兹，一个是她在尼克松弹劾调查小组工作时的上司伯尼·努斯鲍姆。

曼哈顿市中心的一家餐厅，人很少，正适合聊天。

“希拉里，我们这是有多少年没见了啊，你还是那么充满活力。”一见面，杰夫·希尔兹就和希拉里热情地打招呼。

“是啊。”希拉里也感慨地说道。

随后，伯尼·努斯鲍姆也赶了过来，开始用餐。在席间，希拉里不停地问两个朋友的近况，也不断地诉说自己的近况。

希拉里一副很温和的样子，比起十几年前来，她确实成熟了许多。“我很感谢切尔西，她让我的人生变得更加丰富多彩，也改变了我的人生重心。”她缓缓说道。

从开始用餐起，希拉里就在不断地谈论自己的女儿。如果此时有不了解内情的人在场，一定以为这是一场老朋友之间的闲谈。

在与希拉里见面之前，杰夫·希尔兹和伯尼·努斯鲍姆就已经听说了关于克林顿的消息。但是两人都没有说破，而是等待着希拉里开口。

终于，快要吃完饭时，希拉里说道：“总统大选快要开始了，比尔在犹豫是不是要竞选总统。”

杰夫·希尔兹沉默不语，伯尼·努斯鲍姆则直言不讳地说道：“希拉里，我记得你以前说过，早晚有一天克林顿会成为美国总统。我承认，我当时不相信你的话，是我不对。但是，克林顿才40岁，现在竞选总统是不是太早了点儿？”

希拉里有些失望，因为这两个朋友并没有说出她想听到的话。回到小石城后，希拉里继续联络自己和克林顿的人脉资源，希望为将来的大选作更多的准备。

就在这时，希拉里听到一个消息，参议员加里·哈特由于婚外情问题，被迫退出了民主党总统提名竞选。

“怎么办？怎么办？”希拉里突然变得慌张起来。

希拉里很清楚，表面看来，克林顿少了一个竞争对手，使得他离总统大选更近了一步。但实际上，克林顿也存在婚外情的问题，极有可能被挖掘出来。

以前，媒体会尊重政界人士的隐私，不会报道他们的私生活和风流韵事。但是现在，大众却开始关注政界人士的私生活，尤其是性生活，也使得媒体更有动力深入挖掘。

“要是他们公开我们的婚姻问题可怎么办？切尔西能接受吗？”希拉里有些歇斯底里了。

以前，希拉里总是忍受着克林顿的出轨，因为她了解，那些女人威胁不了她的地位，也永远无法取代她。而且，她也有责任给切尔西一个幸福的家庭。

但是现在，如果克林顿参加总统竞选，就会有无数的敌人跳出来，把希拉里极力伪装出来的幸福假象打碎，切尔西也会因此受到伤害。

希拉里有气无力地坐在沙发上，虽然克林顿还在犹豫，但她已经能够想到最终的结果了：“这次，比尔恐怕要放弃了。”

突然，她站了起来：“可恶的媒体，为什么要追着候选人的私生活不放？”希拉里攥紧了拳头，又继续自言自语，“都怪比尔，如果他不做出那些事情，又怎么会怕遭到攻击？”

希拉里很气恼，却又无可奈何。

果然，到了7月15日这一天，大厅内满是电视台的工作人员、克林顿的支持者。克林顿看着这些人，眼含泪水，正式宣布他不会参加明年的总统竞选。

当时，招待会上一片哗然，站在一旁的希拉里流下眼泪，一副非常难过的样子。真的不知道，以后比尔还有没有机会入主白宫。这是希拉里心里最大的担忧。

克林顿继续着自己的讲话，希拉里则早已浮想联翩。此时，在她的心里，有两个小人正在热烈地讨论着。

“完了完了！比尔和我都完了！”

“不会的，即使比尔这次参加了总统竞选，获胜的概率也不高。别人从两年前就开始准备了，他还什么都没有做。”

“可是，这次放弃了，又要等4年。”

“4年很快就过去了，而且，比尔可以利用这4年的时间扩大自己的影响力，争取更多的选票。”

“可是，如果4年后又失败了怎么办？”

“那也没关系，可以等待下次竞选，那时，他才49岁，依然很年轻。而且，在这段时间，你们还可以修补夫妻关系。”

……

招待会结束后，希拉里又恢复了往日的神采。但是，让她没有想到的是，接下来的一段时间，克林顿又陷入了低潮，他们的关系也更加恶劣。

作为一州之长，克林顿在工作时还能保持一定的水平，他与希拉里相互配合，帮助小石城的困难家庭，让阿肯色的经济得到了进一步发展。

但是在工作以外的时间，克林顿却变得越来越放纵，甚至是为所欲为。这期间，他甚至因为一个女人向希拉里提出离婚。

希拉里一边忍耐着，一边思考着更好的解决方法。终于等到了1989年夏天，克林顿决定改变自己放纵的生活，挽救他和希拉里的婚姻。

两人和好之后，克林顿决定不再参加加利福尼亚州州长的竞选，这样他就可以把注意力放在改善家庭关系上，同时也有更多的时间为以后参加总统大选做准备。

得知了克林顿的这个想法后，希拉里试图参加加利福尼亚州州长竞选。为此，迪克·莫里斯特意做了两次民意调查，以判断希拉里当选阿肯色州州长的可能性有多高。

然而，结果让希拉里备受打击。民意调查的结果显示，人们提起希拉里，还会认为她是克林顿夫人，而不是独立的政治人物。

希拉里听到这个结果后，第一反应就是大声说了一句：“怎么会这样？真让人难以置信！”

然而，这是事实。在调查问卷中，有些人直言不讳地说：“如果由希拉里竞选州长，那一定是克林顿的授意，以便使他在竞选总统失败后也能有退路。”

希拉里很气愤，克林顿也感觉很荒唐：“难道他们不知道，希拉里是罗斯律师事务所的合伙人之一吗？他们不知道希拉里为阿肯色州的教育改革做了多少事情吗？还是说，你没有告诉他们？”

面对克林顿的诘问，迪克·莫里斯没说什么。希拉里则感觉有些心寒，她从来没有想过，自己是一个那么独立的人，却没有在阿肯色州的民众心中建立独立的形象。

因为这个调查结果，克林顿决定争取州长连任，以便1992年能够参加总统大选。而希拉里也暂时放下心里的失望，帮助克林顿竞选。

当时，克林顿的主要竞争对手是汤姆·麦克雷和谢菲尔德·纳尔逊。他们都努力攻击克林顿，一点儿也不放松。

有一次，汤姆·麦克雷在记者招待会上公然指责克林顿是骗子，总是做一些自欺欺人的事情。汤姆·麦克雷不仅这样说，还给记者们看了一幅漫画，上面画着赤裸着身子、用手挡住隐私部位的克林顿。

一时间，招待会上的气氛非常尴尬。

这时，大家突然听到高跟鞋踩在大理石台阶上的声音，“登登”“登登”，随后，希拉里出现在了众人面前。

“得了吧，汤姆，收起你那唬人的一套吧。”希拉里大声说道，“之前比尔就任州长时，你还对他赞不绝口，现在却这样诋毁他，到底谁是骗子啊？”

汤姆·麦克雷被希拉里的出场吓了一大跳，他完全没有预料到会有这样一幕。在希拉里发问后，所有记者都把目光投向了他。

汤姆·麦克雷一时没有办法反驳，只好任由希拉里这样公然地指责自己。最后，希拉里说道：“汤姆，我只能说，你太令人失望了！”说完，扬长而去。

而在谢菲尔德·纳尔逊攻击克林顿为任期间的税收和预算政策有问题时，克林顿和希拉里都感觉很为难。但是很快，谢菲尔德·纳尔逊就在他们的反击中落败了。

1990年，克林顿成功连任。从1983年开始，克林顿就一直担任州长，希拉里不知道这会持续多久。

但是，这些年在小石城的政治生活不仅让克林顿，也让希拉里进步了很多。随着1992年总统大选的到来，希拉里似乎看到了入主白宫的希望。

希拉里早已料想到，这条路走得会很艰难，只是她不知道，那种艰难比她想象中的要难上好几百倍。

只有当她战胜那些困难，战胜那些拦在她和克林顿面前的政敌后，她才能进入她魂牵梦萦的地方——白宫。

第八章

帮助克林顿当选总统

克林顿坚定地否决了，而希拉里也很不高兴地强调："我不是塔米·温妮特那种站在男人一边的小女人，我来这里参加节目，是因为我爱克林顿，我认同他的一切。如果你们不相信，可以不投票给他。"

1991年夏天，一个月明星稀的晚上。

克林顿脸色凝重，希拉里则将两只胳膊撑在桌面上，两手托着下巴，专注地思考着。突然，她放下两只手，直起腰，缓缓却有力地开口了。

"比尔，你应该去参加明年的总统竞选。如果民主党有一位合适的候选人在1992年挑战布什，那是有机会获胜的。"希拉里知道，克林顿虽然聪明而又富有创意，却需要有人推动，才能发挥真正的水平。

"这太冒险了！"克林顿很不自信，就在不久前，他的那些竞争对手还给了他非常低的评价。

"这次的机会很难得，你才45岁，正是竞选总统的最佳年龄。"希拉里鼓励道，“相信我，你一定能成功。”

克林顿还是有些犹豫，他用略带迟疑的语气说：“你真的这么想吗？”

希拉里坚定地点点头：“当然。”

克林顿进一步证实道：“你怎么这么自信呢？乔治·布什刚刚经历了海湾战争，威望正高呢，我怎么可能赢得大选？”

希拉里明白，克林顿已经有意参加大选了，只是还需要自己给他更多的信心。希拉里非常高兴，她说：“你最合适，我们以前讨论的一些观点，由你提出来最为合适。”

就这样，在希拉里的支持下，克林顿在1991年10月3日这一天宣布自己将参加1992年民主党总统候选人竞选。当时，阳光明媚，新闻发布会上一片热闹。

希拉里很清楚，克林顿要想参加总统大选，就要在民主党总统候选人提名的竞争中获胜。也就是说，克林顿要先在民主党内的初选中获胜，才有机会进入第二轮竞选。

通常，候选人的妻子都会根据竞选顾问的建议调整自己的行为，回答记者一些刁钻的问题，但是希拉里并没有这样做。

希拉里认为，自己要做什么，要怎么回答记者的提问，自己比竞选顾问们更清楚。她有自己的参谋小团队，还会从和自己关系亲密的朋友那里寻求建议。

不仅如此，为了确保初选的胜利，希拉里又一次走到了台前。这一次，她比以往任何时候都要认真，她修改克林顿的演讲稿，为他设计新形象，指导他的电视辩论。

在第一次电视辩论后，克林顿怒气冲冲地对希拉里说：“韦尔德只不过做了两年的州长，居然就敢参加总统竞选，真是不自量力！可是，他竟敢说我不关心社会福利改革！”

希拉里没有发火，克林顿和韦尔德在辩论时的表现，她非常清楚。两个人抓着枝节问题争论不休，像两个脾气暴躁的傻瓜。

希拉里放弃了批评，转而安慰克林顿，并且和他商量新的演讲策略。第二天，克林顿被邀请在新罕布什尔州的民主党大会上发言。这次，他的演讲充满技巧，很快就吸引了听众的注意力。

这次，希拉里不仅关注着克林顿，还时刻注意着他的那些竞争对手。希拉里知道，一旦竞选打响，各种暗箭就会不断射来。

果然，希拉里担心的事情一件接一件发生了。

这天，克林顿脸上出现了不易察觉的窘色。这一次，他的软肋——对婚姻不忠，又一次成为竞争对手攻击他的话柄。要知道，在当时有39%的选民都对这个问题很关心。

随后，在一次新闻早餐会时，一位与会的记者当着希拉里的面，直言不讳地问克林顿：“目前关于你的不忠言论到处扩散，你能说说是怎么回事吗？”

一瞬间，会场上鸦雀无声，四周的气氛也变得沉重起来。希拉里并不显得慌张，这个问题她和克林顿早已预料到了。

克林顿坦诚又含蓄地说：“世界上并不存在完美的婚姻，但是我愿意为此努力，希拉里也和我一样，我很高兴，能够和她一起共度一生。”

克林顿话音刚落，记者们就把目光投向了希拉里。此时，希拉里正充满深情地看着克林顿，希望陪他一起让竞选活动更顺利。

和其他民主党候选人相比，克林顿根本不算有名。好在有希拉里的支持，克林顿筹集到的经费金额大于其他候选人。

就在这时，《明星》周刊披露克林顿曾有5桩“婚外情”，随后又称克林顿与夜总会歌星珍妮·弗劳尔斯保持过12年的婚外情，珍妮·弗劳尔斯手中还有录音为证。

消息一出，引起了舆论哗然。更让克林顿陷入困境的是，珍妮·弗劳尔斯召开了新闻发布会，将录音公之于众。

这一行为带来的后果是非常可怕的，原本领先的克林顿立刻遭到选民的唾弃，竞选团队也变得不知所措。

希拉里很难过，但是比起担心自己来，她更担心克林顿。此时，希拉里又一次变成了女战士，开始为守护克林顿而战。

希拉里很快开始行动，向新闻界宣布："这是阴谋。那个女人出于什么动机我不知道，但是，她一定获得了不菲的回报。"

希拉里不仅自己行动，还让自己的助手发表声明，指责珍妮·弗劳尔斯的录音带是伪造的，虽然当时并没有证据证明这一点。

希拉里陪同克林顿接受采访，那是哥伦比亚广播公司电视台的60分钟时事节目。在采访时，希拉里一直维护着克林顿。

她说："我和比尔生活得很幸福，我是当事人，我很清楚这一点。而且，我认为这是我们夫妻之间的私事，不需要公之于众。我相信他，这就足够了。"

正说着，演播室上方突然落下一盏吊灯，朝希拉里砸来。克林顿眼疾手快，本能地把希拉里搂在怀中，低声安慰她。

这一场景在节目中反复播出，为克林顿重新赢得了选民的信任。大家都在想：既然当事人希拉里都觉得没有问题，外人又有什么资格说三道四呢？

接下来，一切发生了戏剧性的变化。

新闻界开始研究珍妮·弗劳尔斯的话语，从中捕捉到很多漏洞。一时间，"珍妮·弗劳尔斯是个骗子"的言论满天飞。

希拉里非常高兴，把这次的事件说成是阿肯色州共和党人策划的阴谋。

绯闻在发生后两个月，终于渐渐平息，克林顿平安度过这次危机。

作为妻子，希拉里知道这样的绯闻事件绝不会只发生一次。但是，她相信，不管出现多少次，自己都能帮助克林顿渡过难关。

就在希拉里感觉松一口气时，一件陈年旧事又被提起，而她也开始紧张起来。1992年2月6日，《华尔街杂志》上称克林顿在1969年反对越战和逃避兵役。

“他们又开始兴风作浪了！”克林顿不满地说。

“没关系，我们可以应对，他们不会得逞的。”希拉里虽然也很不满，但仍然试图安慰克林顿。她知道，从克林顿决定竞选阿肯色州公职的那一刻起，反对越战和逃避兵役的问题就一直是他的软肋。

在希拉里的安慰下，克林顿的情绪也渐渐平复下来。

但是没过几天，克林顿又一次爆发了。

“那个泰德·科派尔，就是美国广播公司的新闻播音员，今天突然告诉我，他得到了我在1969年写给阿肯色大学军官预备团的一封信，还要在电台广播信的内容。真是太可恶了！”

年轻时，克林顿和许多同龄人一样，要面对兵役问题。这是一个两难的问题，服兵役代表着要去参加越南战争，那是当时美国民众最反对的一件事情。但是如果不服兵役，又会被指责不爱国。

在1969年7月，克林顿为了推迟服兵役时间，决定要到阿肯色大学军官预备团训练，可后来，他去了耶鲁大学法学院读书，训练的事便不了了之。

希拉里非常气愤：“我们不能给他这个机会！既然他想广播，我们就先发制人，由我们自己公布！”

说完这番话后，希拉里就和竞选团队一起商量着如何反击。讨论过后，他们在报纸的广告栏刊登了这封信，把判断权交给选民自己。

这样做后，希拉里还是有些担心，竞选团队又买下两段30分钟的电视广告时间，让克林顿通过电视，阐明自己的反战动机和未服兵役的原因。

尽管希拉里如此努力，让她担心的事情还是不可避免地发生了。克林顿的支持率大跌，在总统初选的首场战役中，选票数居第二位。

“我们不能输，一定不能输。”希拉里自言自语道。

后来，竞选小组得知，帮助克林顿延期入伍的是阿肯色州征兵处主任威拉德·霍金斯上校，而帮他取消入伍通知的是当时的副主任米德尔顿·雷少校。竞选小组很快找到了雷，让他不要将这方面的消息透露给媒体，他答应了。

但是，很快，克林顿逃避兵役的相关资料一一出现了，克林顿被指责找到当时训练队负责人霍姆斯上校要求免除兵役。

就在这非常混乱的时刻，又曝出副总统丹·奎尔在国民警卫队服役时曾被特殊照顾过，民众的视线暂时被转移了，竞选小组松了口气。

“现在还只是初选，我们只是在新罕布什尔州位居第二，在其他州，我们还有很多的机会。比尔太被动了，要主动起来才行。”

希拉里想到这一点后，就开始陪同克林顿深入南方各州拉选票，结果取得了不错的成绩。而后在伊利诺伊州与密歇根州，克林顿也获得了初选的胜利。

接着，克林顿独自前往纽约宣传，试图在全美第二大州拉到更多选票。而希拉里则有更重要的任务，到与克林顿竞争民主党总统竞选人提名的杰里·布朗的老家加利福尼亚州访问，为克林顿拉票。

而在加利福尼亚州初选前夕，希拉里又与克林顿共同前往。由于之前希拉里已经在加利福尼亚州做过宣传，那里的选民对于她的到来非常欢迎。

结果，在加利福尼亚州民主党总统候选人的初选中，克林顿的得票超过了杰里·布朗，最终赢得加利福尼亚州初选的胜利。综合其他州的得票情况，他的选票已超过民主党总统候选提名所需票数。

“太好了，比尔，这下你一定能获得民主党总统候选提名了！”希拉里激动地说。同时，她又流下了眼泪。

克林顿则紧紧抱着希拉里，只有他最清楚，希拉里在这个过程中到底遭遇了什么，又做出了多么大的牺牲与让步。

在兵役问题结束之后，竞争对手开始攻击希拉里。原本，那些质疑希拉里的声音并不算什么，希拉里的回击反而使问题扩大化了。

希拉里的母亲多萝西从小就是这样教育她的：“别人打你，你要打回去。”所以希拉里才会像一只斗鸡一般，给自己招引来更多的敌人。

当记者问道：“作为州长夫人，你是不是应该小心维护自己的形象呢？比如，尽可能避免留下利益缠身的印象。”

希拉里很不高兴，她认为自己的做法不存在任何错误：“我已经够小心的了。我可不想像其他家庭主妇那样，在家里烘焙、喝茶。我有我自己的追求，我也有权利追求自己的事业。”

希拉里语气强硬，态度也不是很友善。

这下，那些原本支持希拉里的家庭主妇愤怒了：“我们如此支持希拉里，没想到在她眼中我们如此不堪，她有什么了不起？”

媒体抓住了这一把柄，用各种言论攻击希拉里。希拉里虽然不在意别人的看法，可是面对这么多的抨击，她的情绪也不免会受到影响。

很快，大家就发现，克林顿的竞选论点都和希拉里曾做过的工作有关。在克林顿论述这些观点时，希拉里反而显得更权威。

“她太爱出风头了！”

“克林顿竞选，为什么做演讲的是希拉里？”

“到底是谁在竞选？”

“希拉里这么能干，干脆让她自己出来竞选总统好了！”

“希拉里是不是做得有点儿过头了？”

“希拉里真是厉害，居然能得罪这么多人，简直是给克林顿帮倒忙。”

……

一时间，各种嘲讽希拉里的话语不断。虽然希拉里所做的一切只是在为克林顿助选，但是她出现的次数越多，人们就对克林顿越不信任。

希拉里并没有过于在意这些评论，克林顿也是如此，他认为希拉里经验丰富，对于以后的竞选工作也能继续发挥很大的作用。

但是，尽管他们都不在意，竞选团队的成员却显得非常焦虑。由于希拉里的关系，克林顿的支持率又一次出现了下滑。

希拉里感觉很委屈，她说：“这不是真的。他们这么说我，是因为我的身份和地位，因为我是这一代女性的象征。就算我什么也不做，也会有人议论的。”

希拉里的辩白并没有起到丝毫帮助克林顿的作用，她只好做出了让步。

希拉里想起了上次在60分钟时事节目中发生的另一件事情。当时，主持人史蒂夫·克罗夫特说：“我听一些人谈起两位时，经常说两位的婚姻就像是一个协定，不知道两位对待这个问题是怎么看的？”

克林顿坚定地否决了，而希拉里也很不高兴地强调：“我不是塔米·温妮特那种站在男人一边的小女人，我来这里参加节目，是因为我爱克林顿，我认同他的一切。如果你们不相信，可以不投票给他。”

希拉里提到的塔米·温妮特是著名的西部乡村女歌手，她的这番话很快引发了歌迷的抗议，而塔米·温妮特对此表现得也非常愤怒。

第二天，希拉里要助手打电话给塔米·温妮特，但是她并不接电话。

考虑到塔米·温妮特的影响力，希拉里的助手又给影星伯特·雷诺兹打电话，请他在中间代为传话和斡旋。

最后，塔米·温妮特接受了希拉里的道歉。

希拉里现在回想起这件事，才意识到，如果自己当初谨言慎行，就不会出现这样的事件。反省过后，希拉里收敛了自己咄咄逼人和直白的个性，言辞也变得柔和起来。她不再谈国家大事，不再谈竞选事宜，开始谈论自己的家庭。

即便有人问起，她也常常避重就轻，将话题转向克林顿，把所有机会都变成宣传克林顿的时机，表现出了自己对克林顿的深情。

尽管希拉里变得低调，努力改变自己以往强硬的形象，共和党人还是没有放弃攻击她。一时间，希拉里支持的，共和党人都反对。

克林顿很生气，又很心疼希拉里。他说：“他们之所以攻击你，完全是因为想要诋毁我，以争取到更多的选民。看到你这么辛苦，我真是有些不忍心。”

希拉里却越发坚定：“你放心，我没有关系的，他们越是攻击我，你越能获得更多的选票，相信我。”

希拉里的忍耐、改变没有白费，那些原本认为希拉里的强势会影响克林顿执政的人开始转变了想法，支持克林顿。

所以，克林顿才能最终获得民主党总统候选人提名。

希拉里明白，为了把克林顿送上总统的位置，她还需要忍受更多，但与以后的收获相比，这点儿委屈就不算什么了。

希拉里是正确的，没过多久，她就会和克林顿一起入主白宫，开始为自己的政治理想努力奋斗。

只是现在，还有一场艰难的战争要打，那就是战胜共和党的总统候选人，也就是想要寻求连任的现总统乔治·布什和自掏腰包竞选的罗斯·佩罗。

为了战胜乔治·布什，在克林顿获得党内总统候选人提名后，竞选小组就开始投入更加激烈的竞选活动中。

“现在，比尔·克林顿在党内威望很高，但是民意调查显示，他的得票率仍然不及乔治·布什和罗斯·佩罗。”在克林顿被正式提名为总统候选人后，迪克·莫里斯在战略会议上这样说道，同时看了一眼希拉里的反应。

看到希拉里并没有任何表示，迪克·莫里斯继续说道：“乔治·布什赢得海湾战争不久，被视为英雄，威望正高。罗斯·佩罗虽然是自掏腰包参加竞选，却因为独立于两党之外，获得不少选民的支持。现在，我们必须想出新的对策才行。”

希拉里点点头，克林顿只有46岁，作为州长，他可以得到大家的认可。可是如果做总统，并没有因为年龄的关系占一点儿优势。相反，大家会说他太年轻，不堪重任。

经过讨论后，希拉里和克林顿决定把竞选总部搬到小石城，在那里有他们坚定的支持者。随后，希拉里和克林顿一起乘坐巴士到各州宣传自己的政治理念。

很快，这一竞选策略就取得了不错的效果。很多美国民众开始把希望寄托在倾听他们意见的克林顿身上，克林顿的形象成功转型。

乔治·布什的竞选小组看到攻击克林顿无效，又开始把炮火打向希拉里。他们指责希拉里支持女性堕胎、同情同性恋，甚至污蔑她是极左分子。

这样做，无非是为了通过抹黑希拉里达到破坏克林顿选举形象的目的。希拉里很气愤，不过她没有想到，共和党的这一做法反而帮了她和克林顿的大忙。

在共和党的攻击下，希拉里的形象一下子变得高尚起来，很多女性都同情和支持她，并且把她当作新一代美国女性的偶像。

希拉里和竞选小组研究出来的竞选策略效果越来越好，克林顿面临的形势逐渐朝好的方向发展。

在1992年11月的一个寒夜，克林顿与希拉里在州长官邸等待着。虽然现在各州的部分统计结果显示克林顿领先，但他们的表情仍然非常紧张。

午夜，终于传来了克林顿当选总统的消息，希拉里喜极而泣。他们立刻准备外出，带着女儿切尔西一起乘车前往老州政府大楼。

那里人山人海，灯火通明，欢呼声不断。

克林顿高兴地致辞，并对希拉里表示感谢。顿时，场上一片欢呼："希拉里！希拉里！希拉里！希拉里……"就差把希拉里抛起来了。

面对这样热烈的气氛，希拉里也异常高兴，恢复了自己洒脱的一面。她钻过警戒线，与老朋友们抱在一起，摆出各种姿势让人们拍照。

兴高采烈的希拉里很明白，一旦进入白宫，她就会面对比以往更多的注目，也会面临比以往更多的困难，但是此刻，她只想和朋友一起分享这份喜悦。

至于以后的生活，就等到入主白宫以后再考虑吧。

第九章

适应白宫的生活

这一次，希拉里终于满意了，在总统办公室周围，只保留少量特工，而楼上的生活区，则成了特工们再也无法踏入的禁地。

到了离开小石城的时候了，希拉里不是一个被过去牵绊的人，克林顿也一样。但是，当他们满怀憧憬地相互对望时，眼中却流露出了一丝丝的伤感。

毕竟，他们在这个小城共同生活了14年，也为这个小城的发展付出了很多心血。现在突然离开，还真是有些不舍。

1993年1月20日，上午，10时30分。

克林顿和希拉里抵达白宫，见到了前来迎接的前总统布什和前第一夫人芭芭拉。他们相互握手，布什还很有风度地向克林顿一家表示欢迎和祝贺。

随后，克林顿与布什一起驱车前往国会大厦。12点左右，在最高法院大法官威廉·伦奎斯特的主持下，克林顿通过宣誓正式成为美国第42任总统，入主白宫。

下午两点多钟，克林顿乘车离开国会大厦，驶向白宫。

为了庆祝克林顿成为总统，当晚有多场官方和非官方的舞会。克林顿和希拉里亲自造访，更多的时候，希拉里只是笑着，看着克林顿和支持者热情地打招呼，和朋友们拥抱问好，并表演自己拿手的萨克斯。

希拉里很高兴，她在心中欢呼："欧耶！我现在是第一夫人了！以后，我的影响会更大！"

舞会过后，克林顿和希拉里都感觉非常疲惫，快凌晨3点时，他们终于累得趴在床上，愉快地入睡。

可是，夫妻俩刚刚睡了两个多小时，突然听到一阵急促的敲门声。希拉里以为出了什么大事，立刻要克林顿开门。

打开门，门外站着的是一个身穿燕尾服的男子，手中端着一个装有早餐的托盘。希拉里和克林顿面面相觑，没想到入住白宫的第一天，就有人在5点多钟敲门给他们送早餐。

希拉里更没有想到，接下来，她的生活只需用两个字就可以形容，那就是——混乱。真是一片混乱。

"真是难以忍受！"入住白宫一周后，希拉里开始向克林顿抱怨。

"以前，我们住在州长官邸时，虽然也有保卫人员，但是他们从来不干涉我们的生活。早上，我可以自己开车去上班，你可以开车送切尔西上学。可现在算怎么回事呀？"

比起州长官邸，白宫大多了，服务人员也一大堆，女佣、男女管家、电话接线员、厨师、保卫人员等，让希拉里感到窒息。

"我又何尝不是如此呢？"克林顿说，"我也习惯自由自在的生活，喜欢独自去参加朋友的聚会。可是在这里，做什么都有特勤局人员贴身保护，真是一点儿自由都没有。”

希拉里觉得，特勤局的特工也不太友善，陪在身边时就像柱子一样，什么话也不说。虽然规定是如此，但未免也太不近人情了。

希拉里和克林顿抱怨着，他们忘记了，屋外就站着特工，而他们的谈话，也被这些特工全都听到耳中。

一个特工忍不住嘀咕：“说我们像柱子，还不是因为你们没有礼貌。每天都这么随意，也不告诉我们日程安排，还指望我们亲切对待你们吗？”

另一个特工听到了，低声呵斥了一句，走廊立刻恢复了平静，只能隐约听到克林顿和希拉里喋喋不休的声音。

其实，希拉里不知道，不只特勤人员，白宫的其他工作人员也觉得希拉里和克林顿让人很不适应，包括他们班子的那些成员，吵吵闹闹，一点儿没有风度。

希拉里所想的，是怎样对白宫进行大换血，让那群忠于自己和克林顿的人进入白宫，一起创造一个让美国民众认可、让世界人民认可的克林顿政府。

希拉里相信，一部分员工更忠诚于离任的布什总统，但是她一直没有挑明，也没有表现出自己的怀疑。

1993年年初，哈里·托马森告诉克林顿和希拉里：“我得到消息，你们的私生活被一些特工泄露给了媒体，可能的话，最好换掉白宫特勤局的人员。”

希拉里听到这话，倒吸了一口气。

与哈里·托马森结束交谈后，希拉里立刻联系了文斯·福斯特，要求立刻与他见面，商量这一重大问题。

一见面，希拉里就对着文斯·福斯特怒吼：“我无法再忍耐了！我要求你立刻帮我解决那些特工问题！”

虽然希拉里说得没头没尾，文斯·福斯特还是听明白了她的意思。在这之前，希拉里就曾经告诉过他，特工严重威胁到她和克林顿的隐私。

文斯·福斯特了解特工的情况，出于安全考虑，在工作区和生活区时刻都有特工待命。这些特工站在离希拉里和克林顿不远的地方，让希拉里感到了威胁。

所以，文斯·福斯特直截了当地问道："你想让我怎么做？"

希拉里的语气稍微缓和了一些，但仍然透露出一种坚定与威严："我要你换掉这些特工，给我找一些听话、态度友善的新特工来。可能的话，最好起用那些曾为我们工作过的人。"

文斯·福斯特感觉有些为难了。依照目前的形势，别说把整个特勤局的工作人员换掉了，就是只换掉其中几个特工，可能都会引起轩然大波。

媒体会对这件事情大肆渲染，特勤局必然会强烈反对。而公众呢，也会对希拉里和克林顿感到不满。

但是，看到希拉里坚定的态度，文斯·福斯特没有把自己的担心说出来，而是告诉希拉里："你放心，我会好好处理的。"

这不是一件文斯·福斯特自己可以决定的事情，他立刻找了总统的管家和政府助手戴维·沃特金斯以及马克·格兰商议。三人讨论后，决定只观察，不行动。

文斯·福斯特没有想到，自己的这一决定居然会给自己和希拉里的关系埋下很大的祸根！

这天，希拉里把文斯·福斯特和戴维·沃特金斯叫了过来，狠狠地训斥了一顿。

"你们两个真是太天真了，真是太让我失望了！"希拉里一边扬着手中的《芝加哥太阳时报》，一边大声说道。

“我已经说了，这些特工不可信，也已经告诉你们要怎么做了，你们为什么不采取行动？为什么对我的命令充耳不闻？”希拉里把报纸摔在桌上，双手叉腰问道。

文斯·福斯特和戴维·沃特金斯都没有说话。就在这天早上，他们得知《芝加哥太阳时报》上发表了一篇诽谤希拉里的文章，说她脾气很糟，与克林顿经常争吵，甚至发展到了动手的地步。

希拉里的脾气确实很火爆，与克林顿也经常争吵，但两人都觉得这没有什么，反而让他们的关系更加亲密。

对于这一情况，除了时刻在他们周围的特工外，希拉里和克林顿的朋友和助手也很清楚，但希拉里相信他们不会向外界透露。

所以，希拉里固执地认为，是特勤局的特工向媒体泄露了自己和克林顿的隐私生活。现在，整个华盛顿都盯着希拉里，想要压住这个传闻几乎是不可能的。

“你们说，到底怎么办？”

“沃特金斯不明白事情的严重性也就罢了，福斯特，你怎么也这么糊涂？过去我真是看错你了，我以为你够稳重，没想到你这么天真！”

文斯·福斯特一下子惊住了。

表面上看，文斯·福斯特听从于希拉里的命令，但是私下里，两个人是非常好的朋友，这段友谊从希拉里进入罗斯律师事务所时就开始了。

在过去，即使文斯·福斯特做了什么让希拉里不满意的事情，希拉里也会单独和他谈，从来不会让第三个人听到，包括和他们两人关系都非常亲密的韦布·哈贝尔。

可是现在，希拉里居然不顾文斯·福斯特的颜面，当着戴维·沃特金斯的面对他大肆指责，文斯·福斯特感觉自己受到了伤害。

结束谈话前，希拉里又一次要求两人尽快解决这个问题。

文斯·福斯特小声地回答说“是的，夫人”，而不再直呼“希拉里”。

从那一刻开始，文斯·福斯特终于明白了一件事情，希拉里不再是以前的希拉里了，而是他的上司，两人的关系也不可能回到从前。

为了安慰第一夫人，文斯·福斯特和戴维·沃特金斯立刻会见了负责总统保卫工作的特勤局官员约翰·麦高。

“约翰，总统和第一夫人对《芝加哥太阳时报》的报道非常不满，认为是特工在做了自己的工作之余，又做了其他不应该做的事情。”

约翰·麦高显然并不这么认为，他说：“是我要求特工不能随意和总统以及第一夫人交谈，在面对这次事件时，也要求他们保持沉默。但是，这并不意味着承认泄密，我相信特工们的职业素养。”

谈话明显进行不下去了。

不久之后，约翰·麦高就因为失职被撤职了。夹在中间的文斯·福斯特和戴维·沃特金斯努力斡旋，终于让约翰·麦高接受了联邦烟酒及武器局局长的职位。

这样做，并不能让希拉里满意。按照她的指示，许多特勤局特工都被调离白宫，新来的人员也没有服务往届总统的经验。

这一次，希拉里终于满意了，在总统办公室周围，只保留少量特工，而楼上的生活区，则成了特工们再也无法踏入的禁地。

事情发展到这一步，希拉里才终于松了口气。

事实上，在这个过程中，还发生了很多其他的事情。

第十章

第一夫人的医疗体制改革

后来，希拉里又借助一切机会，宣传医疗改革的必要性与紧迫性。不管是在密歇根大学、宾夕法尼亚大学，还是霍普金斯大学，只要一发表演讲，希拉里必然会提到这些。

1993年1月20日，克林顿宣誓就任美国总统后，希拉里也顺理成章地成为美国的“第一夫人”。

一时间，所有人都在关注着希拉里，看她如何履行美国第一夫人的职责。作为新时代的女性代表，希拉里也很认真地履行着第一夫人的传统责任。

但是，希拉里并不甘心只做这些工作，她期待着继续在幕后扮演重要角色。就算传统上第一夫人只能做与政治无关的慈善事业，希拉里也会打破这个传统。

从进入白宫的第一天起，希拉里就展示出了自己的这一态度。通常，第一夫人都是把白宫的东厅作为自己的活动地点，可是希拉里却把自己的办公室设在了西厅。

不仅如此，希拉里的办公室还设在西厅的重要位置，办公室门前的通道也是前往克林顿椭圆形办公室的必经之路。

这一行为立刻引起了不小的议论。

西厅是权力中心部门，有总统的椭圆形办公室、罗斯福室、内阁室、战情室以及高级幕僚的办公室，第一夫人理应尽量避免接近才对。可是希拉里呢，偏要反其道而行。

克林顿希望美国的民众喜欢希拉里这个第一夫人，但是这并不容易，民众并不欢迎强势的第一夫人，也不喜欢她对国家的政治指手划脚。

克林顿没有顾忌这一点，在就职仅仅5天后，就宣布任命希拉里为美国医疗改革特别小组组长，以解决医疗保健体制的改革问题。

这是克林顿在总统竞选中的承诺，也是他和希拉里共同的政治梦想。弊端丛生的医疗保险制度已经困扰了美国半个多世纪，如果希拉里能解决这一问题，就能得到民众的认可。

希拉里很高兴，虽然这一职务并不是正式的政府职务，但也能让她发挥自己的作用，在改善民生问题的同时，提高自己的影响力。

在此之前，希拉里和克林顿曾经讨论过这个问题。

希拉里说："最初，罗斯福总统就想解决医疗保险问题，后来杜鲁门总统、约翰逊总统以及尼克松总统也都在医疗改革方面做出过努力，一些国会议员也是如此，可惜全都失败了。这一次，我一定要成功。"

克林顿也表示同意："这样一来，大家就不会过分地把注意力放在你身上了。我相信，你有能力做好这件事情。"

但是，事实很快证明，只有克林顿的信任是不够的。希拉里的任命一宣布，就引发了一大片的质疑声。

希拉里明白，她只是一个律师，对于医疗保障方面的事情并不了解，不管是在谁看来，她都不适合这个职位。

但是，这并没有关系，从学生时代起，希拉里就很关心医疗方面的问题。即使有困难，她也要迎难而上，而且会顺利解决。这就是属于希拉里的自信。

还好反对的人不是很多，希拉里高高兴兴地领着她的改革小组开始了新的工作。

希拉里没有想到，以后的工作会那么艰难。在阿肯色州，希拉里和克林顿可以很容易按照自己的想法完成改革，但华盛顿不一样，

在华盛顿，不管是谁，不管他在政府中任什么职位，要想成功做好一件事，必须争取大家的支持。

希拉里和克林顿没注意到这一点，他们在医疗改革方面早已设计好了两个目标，一是对医疗保障行业的一些规定进行改写，二是在100天内完成医疗改革方案，并且提交国会。

希拉里是一个现实主义者，在咨询专家之前，她就已经先行对改革方向问题进行了研究，认为这是可行的。

很多人并不这样认为。医疗保险体制是个让政府头疼的问题。每年，政府都会在医疗保险上投入大笔资金，但仍有很多人被排除在医疗保险之外。

这其中的问题错综复杂，整个医疗体制效率低，而且存在很多浪费现象。虽然每届政府都希望改变这种分配不合理的状况，但一直没有成功。

希拉里并不这样认为。为了让自己的计划更加具体和有说服力，希拉里请来了500名各方面的学者、专家，以帮助自己领导的医疗改革小组制订改革计划。

在这500名专家、学者开会时，希拉里都会倾听他们的讨论。尽管这些讨论常常到深夜，也很少会得出结论，希拉里还是坚持在一旁仔细记笔

记，以了解更多的细节。

与此同时，希拉里几乎把所有的精力都投入到这上面了，无论是在白宫还是出行，她都毫不分心地研究、研究再研究，希望在“五一”之前能将自己的计划提交给国会。

毫无疑问，希拉里为此付出了很多。但这仅仅是一个开始而已，以后她会经历更多考验，而新的问题也很快来临了。

这天，希拉里进行医疗改革的大将艾拉·迈格辛纳突然闯进了希拉里的办公室。

一进门，他就神色慌张，上气不接下气地说：“我们被指控了！”

希拉里的心不禁“咯噔”了一下，但脸上的神色一点儿变化也没有。只见她缓缓地抬起头，沉着地问道：“出什么事情了？”

艾拉·迈格辛纳看到希拉里略带不满的眼神，才察觉到自己失去了一个政治人物应有的冷静。但他不愧是经验丰富的老将，立刻平复了心情。

他用尽可能平稳的语气说：“共和党成员小威廉·克林杰说我们改革小组秘密进行会议是违法的，并要求审计总署进行调查，看看我们有没有这样做的资质。”

希拉里说：“从计划改革的那一刻开始，我就知道这件事情不会那么顺利。你也知道，这其中涉及的事情太多了，以后，我们会遇到更多的困难和敌人。不过没有关系，”希拉里笑了笑，略一停顿继续说道，“医疗保障计划一定能顺利通过。”

希拉里说得不错，小威廉·克林杰此言一出，立刻得到了希拉里那些潜在敌人的响应。在他们心中，希拉里就是一个固执的偏执狂，企图全面控制这一改革项目。

由于希拉里一开始就把办公室设在白宫西厅，这让华盛顿的人很难接受。为了软化自己的形象，希拉里同意以第一夫人的身份接受采访。

在采访中，希拉里努力表现自己与其他第一夫人的相似之处，对于白宫举行的礼仪性活动都精心安排。

但是在工作上，希拉里态度依旧，在让一些年轻的助手时刻注意这项改革面临的攻击后，她就将所有与改革无关的事情抛之脑后。

迫于舆论的压力，白宫公开承认，希拉里所领导的医疗改革小组正在投入新的研究，以找出筹措医疗改革经费的方法。

希拉里开始走访国会大厦。尽管时间非常紧迫，她还是拜访了多位国会议员，并通过征求他们的意见，给他们留下深刻的印象，以换取更多的支持。

过了不久，希拉里又一次拜访了国会大厦，与共和党和民主党的30多名女议员一起讨论妇女保健的问题，而且一谈就是1个多小时。

这一点，在美国引起了不小的舆论，希拉里如此关心医疗改革问题，不惜连续三次走访国会大厦，这是以往任何一届的第一夫人都没有做过的。

2月25日，美国医生协会和一些新成立的组织向法庭提出诉讼，要求将医疗改革小组进行的会议判定为非法会议，并公开会议记录，公布500位专家的名单。

希拉里非常气恼，她立刻找到了文斯·福斯特：“你要替我解决这个问题。”

对于那些出于自身利益反对医疗改革计划的个人和团体，如小企业、医院、保险公司、制药公司甚至国会议员，他们的攻击都让希拉里感到气愤和心寒。

文斯·福斯特突然感觉压力很大，一直以来，希拉里都对医疗改革寄予很大期望，而且还将这种期望强加到他身上，这真的让他很吃不消。

面对希拉里突如其来的一句话，文斯·福斯特突然不知道要如何应对了。

希拉里看到文斯·福斯特没有表态，继续说道："我真是没有想到，他们会利用这样一条模糊的法律逼我就范。如果把我们改革的内容公开，那改革很可能不了了之。我，希拉里，绝对不会允许这种情况发生！"

希拉里的话铿锵有力。

"我不管你用什么方法，都要替我解决这个问题！这场官司，你知道关系到什么，只能胜不能败！"

说到这时，希拉里眼中露出凶狠而憎恶的目光。文斯·福斯特没有多说什么，领命后立刻找到了韦布·哈贝尔，请求司法部全力配合他的工作。

文斯·福斯特的压力越来越大了，在哈贝尔的帮助下，他尽可能快地召集到了一百多名司法部的律师，并对他们的工作进行分配和监督。

每次希拉里打来电话，文斯·福斯特都会感觉特别痛苦，这种痛苦一次比一次强烈。终于等到了宣判的时刻，文斯·福斯特在痛苦之余，也感觉到了一种解脱。

结果很容易预见，希拉里输了。

希拉里非常生气，她对文斯·福斯特寄予了很大的希望，没有想到，到最后，文斯·福斯特还是让她失望了。

此时，一个想法又一次浮现在希拉里的脑海中。

事实上，自从克林顿宣布由希拉里领导医疗改革小组开始，她就一直渴望着能在国会上通过医疗改革提案，并且将这个提案纳入《预算调节法案》中。

希拉里很清楚，如果单独提交医疗改革提案，在国会上将很难通过。纳入《预算调节法案》中后，就可以将其作为整体预算计划的一部分由克林顿提交国会，还有可能获得通过。

但是这一次，克林顿的政治顾问们却有自己的打算。

和往届政府预算方案相比，克林顿的预算方案比较偏激，试图在提高税收的同时减少政府投资项目，如果处理不好，很容易引起民怨。

所以，克林顿的经济顾问都告诉他，即使单独提交预算计划，在国会上也有被否决的危险。如果再加上医疗改革这一大负担，预算计划被通过的可能性就更小了，克林顿便一直没有明确表态。

希拉里很清楚这一点，但是她已经顾不得这些了。她固执地告诉克林顿，他们提出的医疗改革方案一旦实施，就能够减少医疗保险和医疗补助制度上的浪费，节省开支。

而且，节省下来的钱可以为那些没有加入保险的人付保险费，这样一来，政府就不用无休止地为没有保险的人提供补贴，也能缓和财政赤字的情况。

但克林顿的经济顾问们并不这样认为，他们觉得，希拉里只是想让她的计划得到通过，根本就没有考虑赤字问题。实施医疗改革方案需要的巨额经费，会让政府财务状况雪上加霜。

不仅是经济顾问们，其他很多人也对希拉里的想法持反对态度。参议院拨款委员会的主席罗伯特·伯德直接反对说："我们只有20个小时研究《预算调节法案》，时间紧张，无法对医疗改革提案进行辩论。"

对于这一点，希拉里觉得很失望。

现在，官司输掉了，公开会议记录、公布500位专家的名单会让改革陷入低谷。为了早点儿将医疗改革方案提交国会，希拉里让克林顿帮助自己向罗伯特·伯德求情。

于是，克林顿给罗伯特·伯德打了电话，希望他能够允许将希拉里的医疗改革提案纳入克林顿的整体预算法案，罗伯特·伯德又一次拒绝了。

希拉里很生气，罗伯特·伯德也是民主党人，同为民主党人，居然都不给她提供一点儿便利。“真是比共和党人还可恶！”希拉里在心里暗暗说道。

3月19日，希拉里正在参加午宴，这是为了庆祝国会通过了克林顿的经济促进计划而召开的。忙碌了许久的希拉里难得放松一次。

希拉里与助手们谈笑风生，突然，她的心里涌现出一种不安感。到底是为什么呢？希拉里略有些不解，但很快又一次投入到宴会中。

就在这时，希拉里的前同事兼州长府邸管家——卡罗琳·休柏匆匆走到她身边，示意有事要告诉她。两人走到了宴会厅的角落，卡罗琳·休柏压低声音说道：“夫人，您的父亲中风昏迷了！”

希拉里的大脑一下子混乱起来。

希拉里很快离开宴会厅，给母亲打了个电话。电话接通后，传来了母亲苍老而又颤栗的声音。

得知打来电话的是希拉里以后，母亲突然失声问道：“希拉里，希拉里，怎么办？”

希拉里有些慌张了，在工作时，无论遇到什么事情，她都会镇定地应对。但是一旦家人出现了问题，她的情绪就很容易紧张起来，这或许就是亲情的力量吧。

“怎么了？妈妈，你别紧张，慢慢说，爸爸的情况现在怎么样了？”希拉里用尽可能平和的语气问道。

“你爸爸……你爸爸中风以后跌倒了，一直昏迷不醒。医生说，是陷入深度昏迷了！怎么办？万一你爸爸醒不过来怎么办？”母亲说着说着，毫无顾忌地大声哭了起来。

原本那么坚强的母亲，现在却像个孩子那么软弱。但是希拉里此刻没有心情感慨这些，她立刻对母亲说："妈妈，你不要着急，爸爸会没事的，我和切尔西会立刻赶回去。有我们陪着，爸爸一定会很快醒来的。"

很快，希拉里就带着女儿回到小石城，来到父亲所在的那家医院，与母亲多萝西一起度过这难熬的时刻。

希拉里的心情非常沮丧，父亲一直非常好强，可是现在却只能戴着呼吸机，依靠营养管输入身体所需要的营养。

希拉里握着父亲的手，那双手原本非常有力，现在却软绵绵的，感受不到一点儿生命的活力。希拉里想着以往与父亲在一起的点点滴滴，眼泪又一次掉了下来。

为了安慰母亲，希拉里不轻易流泪，也交代女儿切尔西不要在母亲面前流露出伤心的情绪。就这样，时间一天天过去了，父亲好不容易又撑了一段时间。

在陪伴了父亲16天后，由于华盛顿有急事，希拉里暂时告别了母亲。而两天后，她在德州大学发表演讲时，将对父亲的爱意与不舍完全表现了出来。

在进行演讲时，希拉里讲到了自己正在进行的医疗改革问题，在做了简单的阐释后，希拉里突然说："我们今天面临了太多的问题，诸如生命何时开始、何时结束，谁掌握着生存的权力。我们的祖先是幸运的，他们不需要考虑这些问题。"

希拉里完全是有感而发，因为她想到了自己卧病在床的父亲。此刻，母亲一定又在哪个角落里默默抹着眼泪吧。

演讲到后来，希拉里的声音渐渐哽咽了，她说："我想起了布什总统的竞选经理艾华德，他在40岁时不幸因脑瘤去世。"

"去世前，他说：'如果能让我和家人多生活一段时间，我愿意交出一切权力去换；如果能让我和朋友多相处一段时间，我愿意付出一切代价。’”

讲到这时，希拉里的眼里不禁充满了泪水。

就在她演讲完的第二天晚上，她接到父亲去世的消息。

虽然，她早已预料到父亲在世的时间不会很长了。但是，当逝世的消息真的传来时，希拉里还是忍不住声嘶力竭地大哭起来。

克林顿没有说话，他抱着希拉里，任由她的眼泪流在自己的胸口。当希拉里哭得一点儿力气也没有了之后，克林顿胸口的衬衫已经沾满了泪水。

希拉里的痛苦没有人能够体会得到。自己深爱的父亲过世，自己投入全部精力的事业陷入困境，自己想要帮助的弱势群体孤立无援……

在希拉里离开白宫的日子里，白宫根据法庭的要求，公布了参加医疗改革小组工作的成员，多达511名，这给小组的成员带来了不小的冲击。

而在白宫，以往都是由希拉里督促克林顿的工作，她离开后，白宫显然变得无序，该做的工作也没有按照计划进行。

希拉里感到很绝望，当初，她曾经向国会承诺过，会在100天以内提交改革计划，可是以现在的形势看来，这一点很难实现了。

第一次，希拉里感觉这么筋疲力尽，她甚至开始怀疑，自己是不是能够有精力继续朝目标奔跑。

很快，希拉里一家奔赴小石城，在那里，见到了伤心欲绝的母亲和两个弟弟。希拉里忍住心中的悲伤，尽心尽力地安排父亲的葬礼。

在葬礼结束后，希拉里又一次投入到工作中，似乎想要借助工作让自己暂时忘记这件伤心事，也似乎是要用更好的结果帮助更多像父亲一样患病的人。

然而，筹措600亿美元保险经费不是一件容易的事情。希拉里不断研究着，并在国会大厦向参议院财经委员会做报告。

后来，希拉里又借助一切机会，宣传医疗改革的必要性与紧迫性。不管是在密歇根大学、宾夕法尼亚大学，还是霍普金斯大学，只要一发表演讲，希拉里必然会提到这些。

希拉里似乎真的化悲痛为力量，她在工作上变得越来越认真，也越来越挑剔。她没有注意到，自己在罗斯律师事务所的老朋友文斯·福斯特状态异常。

直到7月的一天，在娘家厨房里忙碌的希拉里，突然接到了白宫办公厅主任麦克·麦克拉蒂打来的电话。

“夫人，你要镇定些，我要告诉你一个不好的消息，文斯·福斯特开枪自杀了。”

希拉里非常震惊，比以往听到任何竞争对手的攻击都要震惊，她手持电话，一动不动，仿佛被人施了定身术一般。

突然，希拉里哭了出来，边哭边大叫：“这不是真的，这不是真的，我不相信，我绝不相信。”

电话另一端传来麦克拉蒂安慰的声音：“我也希望是警察搞错了，我也希望文斯·福斯特平安无事，可是从一些细节上看，这是事实。”

希拉里问道：“到底是怎么回事？”

麦克拉蒂说：“警察在一座公园的僻静角落发现了他，他的手里拿着一把枪，子弹是从嘴里射进去的。”

希拉里控制不住，挂了电话，放声大哭。

晚上，希拉里哭着给哈贝尔打了电话，她说：“我从来都没有想过，福斯特会自杀。他为什么要那么做？到底有什么事情想不开啊？为什么不告诉我们呢……”

希拉里在阿肯色州生活时，文斯·福斯特曾是她在罗斯法律事务所的上司、合伙人、好朋友。即使在希拉里来到华盛顿以后，他们也仍然保持着密切的联系。

以往，希拉里感到困难或者支撑不住的时候，都是文斯·福斯特在她身边帮助她，可是现在，他居然就这样离开了这个世界。

接下来的日子，希拉里渐渐听到了一些关于文斯·福斯特的消息。她逐渐明白，福斯特为什么会走上自杀这条路。

在希拉里邀请文斯·福斯特进入白宫工作时，他很高兴能够再次与她和哈贝尔一起工作。他认为，事情就像以前一样，只不过罗斯律师事务所的“罗斯三剑客”会变成“白宫三剑客”而已。

到了白宫以后，由于和希拉里有些长期而密切的关系，福斯特的地位非常特殊。表面上看，他是白宫的副法律顾问，是白宫总法律顾问伯纳德·努斯鲍姆的助手，但由于他和希拉里的关系，他反而知道白宫更多的事情。

文斯·福斯特原本是一个自信、睿智、文雅的律师，来到华盛顿以后，才发现这里是一个无比凶险的地方。在这里，政治斗争是永远不变的主题，想要开展正常的政府工作，简直比登天还难。

作为为总统和第一夫人服务的人，福斯特时刻都会受到别人的关注。这给了他很大的压力，也让他感到苦恼，甚至想要辞职。

而且，不知道从何时开始，希拉里与他说话时，不再是商量的语气，而是变成了直接的命令，有时为了达到目的，甚至不顾他的颜面。

但是，文斯·福斯特依然不忘自己的初衷，努力维护克林顿和希拉里，而他们所要求的，他也会尽全力去做。

这段时间，旅行办公室的问题一直困扰着福斯特。

在白宫，有一个旅行办公室专门负责安排总统出访期间随行人员的旅行。这是一项很烦琐的工作，为了节省更多的人力，白宫通常把一些业务交由商业性的服务公司代办。由于这些服务公司与政党无关，即使白宫换了主人，他们也会依旧在这里工作。

但是，在克林顿入主白宫后不久，因为办公室在财务方面违规操作，导致七名任期满后继续留任的雇员被解雇，包括办公室主任在内。

七名工作人员不服，四处喊冤，指责克林顿滥用权力。由于是福斯特提出需要调查旅行办公室的财务问题，所以他觉得，自己对这件事也负有责任。

事情发展到后来，《华尔街日报》先后公开发表了两篇讽刺福斯特的文章——《文斯·福斯特是谁》以及《文斯·福斯特的胜利》，将福斯特批评得一无是处。

虽然华盛顿很少有人注意到这些评论，但是福斯特知道，《华尔街日报》是阿肯色州法律界人士都会读的一份报纸，而且他们对上面所说的消息深信不疑。

福斯特感觉压力很大，他在阿肯色州有很好的声誉，大家都很尊重他。虽然很多人都劝他不要太把报道当回事，可他还是很不安。

此后没多久，多尔向司法部部长珍妮特·雷诺提出，要对总统夫妇及其工作人员进行刑事调查，这还是克林顿上台以来的第一次，一下子让福斯特的压力变得更大了。

福斯特更加抑郁了，开始寻求心理医生的帮助，而他的家庭医生也帮他开了一些抗抑郁的药。

然而，媒体并没有因此放过福斯特，7月19日，《华尔街日报》又发表了一篇社论，指责韦布·哈贝尔、威廉·肯尼迪、文斯·福斯特以及希拉里都参与了旅行办公室事件。

福斯特终于崩溃了，那么重的压力，他已经完全承受不了了。政治理想、人生价值，一切都没有任何希望了。

于是，7月20日，福斯特来到公园的偏僻一角，没有犹豫，直接将手枪伸入张开的口中。枪声响起，福斯特离开了这个世界，他的世界终于变得安静了。

希拉里回想起以往和福斯特在一起工作的时光，她不知道福斯特的抑郁症这么严重，也不知道自己给福斯特带来了那么大的压力。

这段时间以来，父亲去世，医疗改革计划受挫，使得希拉里也无心顾及福斯特，更没有时间与福斯特谈心，帮他解除心中的苦恼。

记得最后一次与福斯特对话，是在一个月前。当时，希拉里和哈贝尔、福斯特约好一起去吃晚餐。晚餐前，他们决定去哈贝尔家坐坐，喝喝下午茶。

但是到了傍晚，希拉里得知《华盛顿邮报》打算曝光克林顿有一个同父异母的弟弟的消息。为了防止舆论的炒作，她决定去找克林顿和他的母亲商量这件事。

于是，希拉里告诉福斯特，要推迟他们的约会。从那以后，两个人就再也没有进行过什么交谈。

“早知道会这样，我当时就应该和他好好吃顿饭，好好开导开导他。现在想来，他当时是那么失望，只是我没有察觉到而已。”

希拉里喃喃自语，直到夜很深了，才渐渐睡去。

当哈贝尔赶到小石城后，希拉里立刻懊悔地对他说：“当时，我本应该劝劝他的，如果我多和他说说话，或许他就不会走上这条不归路。”

私下里，福斯特和哈贝尔讨论过他与希拉里的关系，但此刻除了与希拉里一起哀悼福斯特外，哈贝尔没有再说什么。

参加完福斯特的葬礼后，希拉里回到了华盛顿。得知福斯特死前曾留下遗书，为自己和克林顿以及身边的工作人员辩解时，她的眼泪再次流了下来。

得知福斯特的死讯后，希拉里的心情就一直非常低落。在别人看来，这似乎与希拉里的坚强个性不符。但是只有她自己知道，自己多么深受打击。

希拉里明白，自己必须将医疗改革进行下去，这样才是对福斯特最大的安慰，也是对他做出的最后致敬。

自从希拉里当上第一夫人，就很少接受媒体的采访。即使有采访，她也不会谈到任何涉及医疗改革方案的实质性问题。

而且，随着医疗改革工作的不断深入，希拉里几乎拒绝了所有采访。因为她觉得，没有必要让媒体了解自己的工作进度。

1993年9月，希拉里在短短3天的时间里，就医疗改革小组的方案问题，向国会进行了5次说明。这让媒体对她大加赞扬，认为由政府督促企业为员工提供医疗保险，会降低医保费用。

希拉里一直等待着，直到9月22日，克林顿终于在国会联席会议上正式提出医疗改革计划，并且提出了改革的六项原则。

在克林顿大声疾呼时，希拉里一直在台下认真地听着，在她的脸上，一直浮现着满意的微笑，高兴的心情溢于言表。

在过去8个月，只有她自己知道，她和她领导的医疗改革小组到底经历了什么。后来，希拉里走上讲台，接受全体听众的鼓掌致敬，眼眶立刻湿润了。

然而，希拉里还不能放松，离战争胜利还远着呢。克林顿提出的医改草案还需要经历漫长的辩论程序。

希拉里决定亲自到国会的5个下属委员会做证，使媒体将注意力放在医疗改革计划上，而不是在其他方向造成不良影响。

这一次，希拉里的态度非常诚恳，在她身上，很难察觉到原本的那种屈尊降贵的神态。她的报告一字一句都非常有力，回答也非常有条理，赢得了全体与会人员的掌声。

希拉里是聪明的，她知道，如果一项改革会引起很多人的反对，那么这项改革将很难获得成功。所以在听证会后，希拉里又一次对报告进行了细致的修改，以使各方面的利益达到平衡，促进改革方案的实现。

此时，国际形势突然发生了剧变，这引起了克林顿的注意，也让美国大众把注意力放在了国际事务上。

终于到了提交议案的时候，但偏偏在这时，医疗改革小组犯了一个严重的错误。他们没有制定大纲，而是直接将一本厚厚的《健康保障法》提交审议。

结果可想而和，国会中的反对者认为，这份法案过于冗长，在最后这一天中根本不可能讨论出结果，使得法案被搁置了。

希拉里非常气愤，但除了继续宣传游说外，她也没有别的办法。时间过得很快，1994年的夏天就这样来临了。

这期间，国会对医疗改革法案的审议工作终于进入了关键期。如果再多加努力，或许能让国会通过这一法案。毕竟在国会中，民主党人一直占多数。

但是，很快事情就发生了变化。1994年11月，中期选举的结果出来了。在那一刻，希拉里心中有了一种不好的预感，自己的医疗改革计划恐怕要失败了。

之所以有这种感觉，是因为一直以来，民主党都是国会参议院和众议院的多数党，但是这次，共和党却完成了华丽的逆袭，由少数党变为了多数党。

在之前，希拉里和克林顿合力，还有可能说服国会通过医疗改革方案。可现在看来，这几乎是不可能实现的了。

雪上加霜的是，希拉里和克林顿之前进行的白水岸边的土地投资，因为文斯·福斯特之死被挖掘出来，全面传开了。

不论是报纸、电台还是电视，白水案都不可避免地被登上头条，让希拉里和克林顿陷入更加尴尬的境地。

正如希拉里所预料的那样，医疗改革失败了，所有媒体都把矛头瞄准了希拉里，舆论也丝毫不同情她，指责她的医疗改革方案太过理想主义，很难实现。

一时间，希拉里好不容易建立起来的声誉与影响力一落千丈，同时，她在政府中的地位也不断下降，在政治决策上的权威性也不复存在。

医疗改革失败后，希拉里变得很沮丧，她打算不再参与政策的制定工作，也不再公开参与决策。

在希拉里的阵营里，一直有一批对她非常支持、能帮助她共渡难关的朋友。在这个时候，希拉里告诉她们："我决定不再与比尔共同执政了，我不想拖他的后腿。"

在希拉里说这些话时，她的脸上布满了痛苦的神情。

对于她的话，大家都非常吃惊。一直以来，她们都陪伴在希拉里身边，对于希拉里经历的痛苦，她们比其他人都要清楚。

但是，即便是在那些痛苦的时刻，希拉里也没有像现在这样表现得这样气馁。就连即将在乔治华盛顿大学举行的第一夫人论坛，她都不想参加了。

实际上，就算希拉里不参与政事，她的责任也非常重。希拉里不仅代表她个人，她还是美国许多人的榜样。

利萨·马斯卡廷，平时负责撰写希拉里的演讲稿，她说：“你是许多年轻人的榜样，如果你面对困难选择放弃，那么他们会多失望呢。”

在大家的劝说下，希拉里终于强迫自己稍微振作，出席了第一夫人论坛。在那里，她受到了热烈的欢迎，让她低落的情绪得以缓解。

希拉里又开始了长时间的反省，毕竟，她花费了那么多心血的医疗改革方案最终没能变成现实，这给了她很大的打击。

希拉里经常会沮丧，每当有不好的事情发生时，这种情绪就会伴随而来。但是在这一次，希拉里发现，即使自己的情况这么糟糕，生活中还是有很多值得感恩的美好事物。

希拉里注视着自己办公桌上埃莉诺·罗斯福的照片，耳边突然想起了她的一句名言：“女人如同茶叶，不到困难时刻，别人都不知道她有多坚强。”

很快，希拉里就发现，她没有时间为她的这一失败哀悼，还有一件更头疼的事情等着她去处理。这件事会严重影响她的生活，并引出另一件让她难堪的事情。

第十一章

白水事件，令人难堪的错误

希拉里看到这篇报道后，尽管非常生气，却表现得很平静。倒是克林顿，一副气愤异常的样子："他居然敢这么说，这是公然无视你的人权，这是对你进行人身攻击。"

福斯特突然自杀后，政敌、媒体和大众再一次把目光集中在希拉里和克林顿身上。而随着调查的深入，与克林顿夫妇白水开发公司有关的事件再一次被提了出来，随后曝出的性丑闻更是让克林顿面临被弹劾的危险。

"他们到底想要干什么？这只是20年前的一桩地产交易而已，与福斯特的死能有什么关系？他们太过分了！这是在拿福斯特的死因开玩笑！"

在福斯特死后，希拉里心灰意冷了一段时间。现在，她终于开始集中全力做自己必须做的事情，她的敌人们却不甘心，又跳出来阻止。

不仅是希拉里，克林顿也窝了一肚子火。

白水开发公司位于小石城，是一家房地产公司，由希拉里和克林顿与詹姆斯·麦克道格及其夫人苏珊共同创办，克林顿拥有50%的产权。

希拉里和克林顿虽然创办了公司，但是进行的交易很简单，就是利用从银行借来的20.3万美元投资了白水河边230英亩的地产。

后来，出于对麦克道格的信任，希拉里和克林顿将公司事务交给他全权负责。但是，麦克道格却利用白水公司替自己的其他房地产公司还债，这是明显的欺诈行为。

不过，希拉里和克林顿并没有发现这一问题，直到1986年，麦克道格的麦迪逊投资担保公司经营状况出现问题，被联邦监管机构强行要求关闭，无力经营白水公司时，希拉里才开始过问。

希拉里通过查看账本发现，白水公司亏损严重。希拉里认为这与她和克林顿无关，可是后来才知道，公司的抵押证明中写着她和克林顿的名字。

希拉里开始为这些债务担心，同时也担心这件事会被政敌发现，用来攻击她和克林顿，这种担忧并非杞人忧天。

1992年年初，希拉里和克林顿投资白水公司的事情第一次被报纸报道出来，差点儿影响到克林顿的总统大选。

报道声称，希拉里曾从麦迪逊公司得到一笔非法红利，洗白后，把这笔钱当作克林顿1984年竞选连任州长的经费。

希拉里感觉很委屈。当初，克林顿一心扑在政治上，对于家庭的财务状况一点儿也不关心，一切都靠希拉里来维持。

在女儿切尔西出生以后，希拉里对家庭的经济状况更加担忧，这才在詹姆斯·麦克道格的提议下投资白水开发公司。

希拉里在财务问题上一直很保密，即使因为期货投资获得了大笔的收入，也没有进行纳税申报。虽然后来有记者揪住这个问题不放，希拉里仍说是父母的赠予和工资积累。

1992年12月，麦克道格用1000美元买下了克林顿名下的股票。当时，麦克道格交给了福斯特一些白水公司的文件，福斯特将它们放在了自家的小阁楼里。

希拉里以为一切都结束了，没想到7月20日，福斯特自杀后，这些资料引起了轩然大波，白水事件再次走进人们的视野。

希拉里和克林顿强调，白水公司一直让他们负债，但后来调查发现，白水公司在1982年曾经进账5.4万美元，可他们并没有为这笔进账的分成缴税。

经过一些不实报道的渲染，民众逐渐开始怀疑，克林顿当年曾利用职务之便为麦克道格的工作提供便利，而且偷税漏税。

国会中的共和党议员更是抓住时机向国会施压，要求立案调查。

1994年1月5日，迫于压力，克林顿向司法部交出了白水开发公司的相关材料。随后，克林顿又批准前纽约州的联邦法官罗伯特·菲斯克担任特别检察官，对此展开调查。

各方的指责让希拉里有些心灰意冷，但她很快调整好状态，成立“白水应对小组”，与助手们一起讨论有关问题。

4月的一天，希拉里向克林顿抱怨：“比尔，你已经做了这么多的努力，还同意任命检察官专门调查此事，可他们的叫嚣一点儿也没有减少。”

克林顿叹了口气接道：“真是没有想到，这样一件小事会让我们的名誉扫地。”话一出口，他察觉到自己的语气有问题，立刻补上一句，“不过我们会解决好的。”

希拉里没有再多说一句，经历了这么多，自己才慢慢建立起第一夫人的形象，没有想到这么快就被打破了。现在，大家都认为她是一个热衷于金钱和权力的贪婪女人。

希拉里很清楚，现在解释事情的真相并不是最重要的，最重要的是她要努力防止舆论朝更坏的方向发展，并尽可能挽回她和克林顿在民众心中的形象。

4月22日，一直沉默着的希拉里终于决定开口了。她在白宫的国宴厅举行了一次新闻发布会，回答记者关于白水案的各种提问。

希拉里不仅公开了她和克林顿的财务状况，还对此进行了详细的说明。对于白水事件中大家关注的种种传闻，也做了澄清。

但是，共和党人没有放过他们，又向国会要求对白水案举行听证会，参众两院最后表决通过。结果对希拉里和克林顿很不利。

6月，特别检察官罗伯特·菲斯克终于公布了初步的调查结果，证实福斯特自杀身亡与白水案并无关系。

在这一天，克林顿签字同意了国会的提案，重新启用独立检察官制度。独立检察官拥有很大的权力，可以利用一切人力和物力进行调查，而且在人事权、诉讼权、调查权和传讯权等方面保持独立。

但是，由于罗伯特·菲斯克由司法部部长珍妮特·雷诺任命，联邦上诉法院的一个三人专门小组不同意由他担任独立检察官，经过上诉后于8月4日决定由前司法部副部长坎恩·斯塔尔接任。

希拉里很不满：“怎么可以任用斯塔尔？他是一名共和党成员，一定还记恨比尔将他免职，由他调查我们就真的没有好日子过了！”

希拉里的话没错，在之前，斯塔尔就和葆拉·琼斯的律师认识，并且检举过克林顿性骚扰葆拉·琼斯一事。

果然，斯塔尔上台后，立即改组了调查班子，并派遣近100名探员赶赴小石城进行调查，还要求白宫交出白水案所有档案，包括希拉里工作时的法律账务记录。

但是，希拉里不同意，她认为财务记录是自己的私人资料，别人没有权力查看或使用。很快，白宫就答复斯塔尔，财务记录不知去向。

斯塔尔对此很郁闷，因为如果没有希拉里当年的财务记录，很多调查是无法进行下去的，斯塔尔再着急也没有用。

1995年3月，希拉里决定走出白宫，到世界各国考察。她希望通过访问找到新的人生目标，并借以了解其他国家女性的权利状况。

希拉里访问了巴基斯坦，和当时即将就任的贝·布托总统共进午餐，陪同的还有其他很多优秀的女性代表。

希拉里发现，在这里，女性的地位要比其他地区高，女性可以当选总统、首相，也可以担任其他重要的职务。

离开巴基斯坦后，希拉里到达印度，就女性的权利问题发表演讲。

没过多久，希拉里又去了中国，到北京参加第四届联合国妇女大会，进行了长达21分钟的演讲。演讲结束后，希拉里发现，自己的自信心得到了前所未有的提高。

回到美国后，希拉里又重新阅读了关于埃莉诺·罗斯福的书，从中寻找鼓励和指导。她相信，她能从中找到自己以后要走的路。

一直以来，美国历史上最成功的第一夫人埃莉诺·罗斯福是希拉里的偶像，她决定向埃莉诺·罗斯福学习，把精力重新放在工作上。

希拉里在书中看到，埃莉诺·罗斯福在出任美国民防部部长后，受到了很多批评和攻击。大约坚持了一年，埃莉诺·罗斯福被迫辞去了职务。

当时，埃莉诺·罗斯福的状态和希拉里此刻的情况非常相似。

不同的是，埃莉诺·罗斯福很快振作起来，接受媒体采访，做撰稿人，开始用平和的方式对待民主、女性、移民等问题，没用多久，她又一次获得了美国民众的喜爱。

希拉里也开始这样做了。她为刊物撰稿，用比较柔和的言论表达自己的看法。她不再谈论克林顿，也不谈论女儿，而是更多地谈论自己，增加大家对她的了解。同时，希拉里开始撰写新书《集全村之力》，希望可以吸引更多人的视线。

希拉里重新变得自信了，她相信，只要他们坚持下去，就能及早从白水事件中解脱出来，继续完成他们的政治理想。

1995年7月18日，由共和党控制的参议院宣布成立特别调查委员会，对福斯特自杀案和白水案进行听证。

8月，麦克道格和苏珊被查出使一些纳税人遭受6000万美元的损失，被控告为犯“银行诈骗”罪入狱。

10月26日，特别委员会发出传票，要求涉案人员前往国会接受质询，包括克林顿和希拉里。紧接着，听证会不断召开，白水事件也越炒越热。

从那时开始，希拉里就不断被约谈，解释白水案的一些问题，这些事情浪费了她大量的精力，也让她反省了很多。

很快，到了1996年1月4日这天，白宫宣布发现了希拉里在罗斯法律事务所工作时的法律账务记录。

这让斯塔尔感觉很气愤，因为之前他要求白宫交出这份记录，白宫说找不到了，现在突然出现，说明之前白宫在故意隐藏。

对此，《纽约时报》的专栏作家塞费尔公开发表评论，批评希拉里是一个天生的谎话精，总是满口谎言，让人无法相信。

希拉里看到这篇报道后，尽管非常生气，却表现得很平静。倒是克林顿，一副气愤异常的样子：“他居然敢这么说，这是公然无视你的人权，这是对你进行人身攻击。”

很快，白宫就召开了新闻发布会，克林顿公开维护希拉里，并指责那些对希拉里进行人身攻击的行为。

希拉里对此很感动，身为总统，克林顿可以这样不惜得罪媒体也要维护自己，让她在这心烦不已的情况下稍微有了点儿安慰。

但是，新的困难很快又来了。

1月22日，在共和党人的压力下，经过一系列动作的斯塔尔正式向希拉里发出传票，要她前往陪审团做证。

克林顿担忧地看着希拉里瘦削的脸颊，因为这件事，希拉里承受了太大的心理压力。于心不忍的克林顿安慰道："希拉里，你不要担心，只是向陪审团做证而已，他们不能把你怎么样。"

话虽如此，希拉里却觉得很苦恼，从美国独立以来，还没有哪一个在位的第一夫人经历过这种事情。一时间，舆论更加激烈，这不能不让希拉里感到吃力。

希拉里如约而至，参加了历时4小时的听证。这段经历让她感觉很痛苦，她甚至开始祈祷，让这件事情尽早结束。

6月18日，特别调查委员会宣布了针对白水事件的调查结果，认为希拉里和克林顿对此不需负责，他们没有任何不法行为。

希拉里听到这个结果，丝毫没有感觉到轻松。3年来，她为了这个调查忍受了很多的非议，也多次被人公开指责。而现在，只是特别调查委员会的工作结束了，斯塔尔对白水案的调查仍未终止。

1996年11月，克林顿竞选总统连任成功。这一消息多少缓解了一点儿希拉里心中的苦闷，但她知道，事情还远远没有结束。

实际上，调查白水事件，耗资巨大，又没有实质性的进展，很少有人再去关注对白水案的调查了。

1997年2月，斯塔尔打算辞去独立检察官一职，希拉里以为事情终于要结束了。可是后来，斯塔尔又改变了主意，决定将白水事件追查到底。

直到2003年，斯塔尔终于宣布完成了对白水事件的调查，调查结果与委员会的结果一致，希拉里和克林顿在白水事件中没有做出任何不法行为，最终不予起诉。

为了这一结果，希拉里备受折磨。而调查到后来，白水事件又和克林顿的性丑闻案交织在了一起，让她承受了更大的压力。

第十二章

面对克林顿的“性丑闻”

那段等待的时间，希拉里真的非常痛苦。克林顿不但偷偷和玛丽莲·詹金斯幽会，还公然告诉别人，他爱希拉里，也爱玛丽莲·詹金斯，这让希拉里气愤不已。

关于克林顿这次爆发的性丑闻，还要从1994年5月6日说起。这一天，政府部门的女职员葆拉·琼斯指控克林顿，称他在做阿肯色州州长时，曾对她进行性骚扰，要求克林顿给予她70万美元的赔偿。

鉴于琼斯只是一个小职员，所以她的控告并没有多少人相信。无论是气质还是外貌，她都比不上希拉里。

克林顿自然坚决否认，指责她为了钱甘愿做“政治工具”。面对这一情况，希拉里坚决表示相信克林顿，并对琼斯的行为进行指责。

为了避免不必要的麻烦，克林顿决定行使豁免权，要求高等法院不必受理此案。但是，最高法院的7位法官却一致要求克林顿出庭接受调查。

这一判决让克林顿很意外。在当时，很多民众都相信克林顿是无辜的。

有人甚至公开表示，即使克林顿真的做过了什么，和他对国家的贡献相比，也不算什么。

为了让案件早点儿结束，他和希拉里商量后，重金聘请了著名的律师罗伯特·本尼特。他们虽然在面对媒体的质问时一直对指控的内容持否定态度，但为了避免不必要的麻烦，他们还是愿意通过律师与琼斯达成庭外和解。

但是，希拉里告诉罗伯特·本尼特，和解有一个前提，那就是克林顿不承认性骚扰，也不会道歉。这一提议遭到了琼斯的拒绝。

克林顿和希拉里到维尔京群岛秀恩爱，彻底惹怒了琼斯。为了取胜，琼斯找了克林顿以往的老情人，希望她们做证。

1998年1月，莫妮卡·莱温斯基就琼斯案宣誓做证，否认自己和克林顿有过性关系。同样的，克林顿也对这一说法做出了肯定的回答。

可是，斯塔尔经过调查却发现，莱温斯基在做证前，曾与克林顿私下见面。“或许，他们早就已经达成了协议？”斯塔尔喃喃自语，把调查的重点放在了莱温斯基身上。

就在这时，斯塔尔接到了国防部公共事务办公室的一名助手琳达·特里普的电话。“我有证据表明，克林顿和莱温斯基曾经发生过性关系。”她说。

琳达·特里普是莱温斯基在白宫实习时的同事，后来两人又都在国防部工作并成为密友。在引诱莱温斯基说出与克林顿的关系时，琳达·特里普进行了录音。

抓到克林顿这一把柄的斯塔尔很激动，他认为，如果能将莱温斯基单独立案，会给克林顿带去更沉重的打击。

斯塔尔很快提出申请，请求撤去与莱温斯基有关的证据，这使得琼斯的证据更加不足，终于败诉。

白宫对这一结果很高兴，立刻开始了庭外和解事宜。最终，琼斯同意以85万美元的赔偿金达成和解，也不再要求克林顿道歉。

希拉里和克林顿以及整个白宫的工作人员都松了一口气，但是，让他们没有想到的是，这是斯塔尔的故意安排。他打算将莱温斯基案单独立案，然后给克林顿带来更大的打击。

1998年1月21日早上7点左右，克林顿就让希拉里快点儿起床。希拉里有些不解，睡眼惺忪地问："怎么了？"

克林顿表情严肃地说："今天报纸上刊登了一些报道，我觉得，我有必要先对你作一下澄清。"克林顿的声音很低沉。

这让希拉里有所警觉，她立刻问道："报纸上又说什么了？"

克林顿面有窘色地说："报纸上说，我和白宫实习生莫妮卡·莱温斯基曾经发生过关系，还说我命令她在琼斯案里做伪证。现在，斯塔尔要深入调查，希望对我提起刑事诉讼。"

"这到底是怎么回事？"希拉里显然被弄糊涂了。

克林顿说："报纸上怎么说，是他们的言论自由。重点是，你要相信我，只要有你的支持，我就足够了。"

"那你和那个实习生是怎么回事？"希拉里知道，克林顿在性方面的抵抗力比较弱，所以才会这么问。

克林顿摊开两手，无奈地说："我也觉得很冤枉，我和她之间并没有发生过什么事，只是因为工作的问题谈过几次而已。我给过她工作建议，可能让她有所误解吧。"

克林顿口中的莫妮卡·莱温斯基在1995年6月到白宫实习，负责分发邮件。由于工作态度存在问题，常炫耀自己有后台，被调离白宫。

希拉里再次确认："真的吗？"

克林顿肯定地点点头：“真的，我们之间没有发生过任何不好的事情。”

希拉里选择相信克林顿的话，她说：“这真是一个可恶的丑闻，这次你又要遭到无端指责了。”希拉里的话里充满了愤怒和同情。

很快，希拉里就知道，几乎所有的传媒都报道了这一丑闻。从琼斯案中发现的这则丑闻，看上去似乎比“白水案”“琼斯案”更严重。

希拉里并不慌张，她有自己的应对策略。

很快，希拉里出现在美国全国广播公司的电视节目《今日》中。她身着职业装，干练的短发、坚定的眼神让她即使带着黑眼圈，也显得很有精神。

马特·劳尔做了开场白后，直接向希拉里提问：“克林顿夫人，我们都知道，最近您丈夫和莫妮卡·莱温斯基之间有些传闻，不知道您是怎么看待的？您的丈夫有向您说过他和莱温斯基之间的关系吗？”

出于对克林顿的信任，希拉里在节目中首先替克林顿做了澄清。她说：“这次的丑闻让我很震惊，我没有想到，比尔会又一次成为党派斗争的牺牲品。我要告诉大家，克林顿总统是无辜的，他从来没有做过这样的事情……”

在做了这番解释之后，希拉里又谈论了克林顿在位的几个计划，包括提高国家的整体教育水平、关于儿童的权益保护以及降低税率等。

希拉里心里很清楚，既然媒体让克林顿的性丑闻闹得如此尽人皆知，那么她就能通过媒体帮助克林顿辩白，通过秀恩爱、谈政绩让民众相信克林顿。

希拉里的战略很成功。作为妻子，她给了克林顿最好的信任，也让更多的人开始理性地看待这则丑闻。

尽管如此，希拉里还是非常担心女儿切尔西。切尔西正在斯坦福大学读大一，这是她第一年离开父母独自生活，这本身就让她的生活很不容易。

如今美国到处都在谈论克林顿的丑闻，切尔西一定会更辛苦。

出于对女儿的疼爱，希拉里偷偷去了斯坦福大学，陪在女儿身边。在安抚女儿的过程中，希拉里更加坚定了要维护自己家庭的信念。

让希拉里高兴的是，她的努力让更多的人选择相信克林顿。但是这一次，克林顿又让她失望了。她的付出，使得她显得很傻，很没有尊严。

1998年1月29日，斯塔尔请求法院将莱温斯基案专门立案，展开调查。之后，联邦调查局在要与莱温斯基见面的琳达·特里普身上安装了窃听器。

在莱温斯基与琳达·特里普喝酒聊天时，联邦调查局的特工们冲了进来，把她带进酒吧的房间中进行审问，并要求她上庭做证。

在之前，莱温斯基为琼斯案出庭做证时，曾否认与克林顿发生过性关系。如果现在又出庭说出与克林顿的关系，她担心会被追究伪证罪。

希拉里和克林顿完全不知道这一切,3月，他们到非洲旅行了11天。在这期间，克林顿对希拉里百般温柔体贴，他们坐着小船在水中荡漾，在草原上看动物，非常甜蜜。

旅行让希拉里远离了那些流言蜚语，心情也逐渐变好。希拉里以为，当她回到华盛顿后，两个人的关系也能如现在这般。但是很快，希拉里的这一愿望就泡汤了。

7月27日，莱温斯基获得了豁免权，不会因为之前做伪证的行为而被起诉。在消除了这个担心后，莱温斯基于8月6日向大陪审团做案情陈述。

很快，斯塔尔向克林顿发出传票，要求他于当月17日做证。而且斯塔尔得到了莱温斯基的一条裙子，据说上面留有克林顿的精液。

克林顿知道，他的谎话再也编不下去了。

在这种情况下，哪怕欺骗全世界，他也应该对希拉里讲实话。他本来有很多时间做这件事情，可是由于害怕希拉里生气，再加上这种事情难以启齿，克林顿迟迟没有坦白。

8月14日，罗伯特·贝内特因为一件并不重要的事情来到白宫，和希拉里进行商谈。贝内特一向言行慎重，是一位著名的律师，也是希拉里和克林顿友好的私人顾问。

在谈话结束前，罗伯特·贝内特突然转变了话题："总统要在大陪审团面前做证，对于这件事情，你怎么看？"

罗伯特·贝内特之所以这么问，是因为他看到了《纽约时报》，那上面说克林顿可能会改变之前所做出的辩解。

希拉里并不明白罗伯特·贝内特的用意，便问道："你这么说，是什么意思？"

罗伯特·贝内特回答说："我想问，如果总统在大陪审团面前推翻自己以前的说法，你要怎么办？"

"你放心，比尔把所有事情都告诉我了，你担心的事情完全不会发生。"希拉里笑着说，脸上的表情十分坦然。

罗伯特·贝内特沉默了，过了一会儿，他还是把自己的担心说了出来："你有没有想过，总统欺骗了你？或许，莱温斯基说的才是真的。"

希拉里知道，罗伯特·贝内特一向很谨慎，不会像其他人那样捕风捉影。但是听到他这么说，希拉里还是忍不住生气了。

"我告诉你，比尔虽然有一些方面做得不好，但是，他有一点做得很好，那就是从来都不会向我说谎。"

看到希拉里自信的样子，罗伯特·贝内特没有再说什么。

希拉里虽然表面上很镇定，但还是有一些担心。她不动声色，静观事态的发展。然而，仅仅过了一个晚上，她所担心的事情就变成了现实。

第二天早上，克林顿又一大早轻轻叫醒希拉里。希拉里醒后，他并没有开口说什么，而是不停地来回踱步。突然，他停下脚步，用沉痛的声音说道："亲爱的，我必须向你坦白一件事情。在向大陪审团做证时，我必须承认曾经与莱温斯基有过亲昵行为。"

"你说什么？"希拉里大叫一声。

克林顿继续说："我和她不是真的，我爱的是你，和她只不过是因为一时冲动。你要相信我，我们没有接触过几次。"

听到这话，希拉里目瞪口呆。突然，她大哭起来，边哭边捶打克林顿的胸膛，同时大吼道："你说丑闻是真的？那你之前为什么对我说谎？"

克林顿愣愣地站在那里，用慌张的声音一遍遍地说："对不起，对不起，我只是不想伤害你和切尔西。"

"我怎么这么傻？我为什么要相信你？"希拉里泣不成声。

希拉里感觉很茫然，克林顿这次犯的错误，不仅给他们的婚姻生活带来巨大伤害，危及到他目前的总统地位，也让希拉里的政治前途受到了影响。

希拉里只是一直哭着，她的大脑实在是太乱了。她不知道，这一次，自己能不能原谅克林顿，还是说，两人的婚姻要到此结束。

这已经不是克林顿第一次背叛希拉里了。希拉里想起了玛丽莲·詹金斯，那个事业有成、富有、魅力十足的女人，那个破坏自己家庭的第三者。

那时，克林顿在阿肯色州任州长，为了与玛丽莲·詹金斯在一起，他向希拉里提出了离婚的要求，但遭到拒绝。

希拉里拒绝，是因为她担心离婚会给切尔西带来不好的影响，也担心自己没有财力养活她。希拉里认为克林顿不是孩子了，他会清醒过来。

那段等待的时间，希拉里真的非常痛苦。克林顿不但偷偷和玛丽莲·詹金斯幽会，还公然告诉别人，他爱希拉里，也爱玛丽莲·詹金斯，这让希拉里气愤不已。

最后，希拉里的忍耐终于有了结果，克林顿又回到了她的身边，并且保证以后会忠诚于她。为了切尔西，希拉里原谅了他。

可是希拉里没有想到，当上了总统的克林顿居然这么不知检点，这次又闹出了这样一个丑闻，让她颜面尽失。而且，更可恶的是，他居然欺骗了她。

哭着哭着，希拉里想到了女儿切尔西。现在，她还对自己的父母充满信任。如今，克林顿做出这样的事情，应该告诉女儿才行。

希拉里认真地看着克林顿，以毫无商量余地的声音说："你必须亲自把这些情况告诉切尔西，我不希望她从别人的口中知道这件事。"

当时，切尔西正在斯坦福大学读书，克林顿不知道，如果她知道了这件事，会受到多大的伤害。可是，希拉里的态度又是如此坚定。

克林顿用忧郁而惶恐的眼神看着希拉里，然后无奈地点点头，哭了。

得知真相的切尔西很不开心，平时很喜欢在白宫吵吵闹闹的她突然变得很安静，让希拉里一时间都适应不了。

为了转换心情，希拉里去阿尔卑斯山滑雪，这也确实让她释放了不少压力。可是一回到华盛顿，她又想起了克林顿对自己所做的一切。

希拉里不愿意和克林顿在一起，哪怕是在一个房间里远距离地坐着，也让她感觉很不舒服。

在克林顿坦白之前，希拉里一直为他感到不平，认为他只不过是出于热心照顾了莱温斯基一下而已，居然惹来这么多非议。

在接下来的日子里，希拉里对待克林顿一直很冷淡。当克林顿做证时，希拉里却坐在"日光浴室"里，没有陪在他身边。

听证会结束后，克林顿怒气冲冲地回到白宫，吃了点儿东西后，就和律师、撰稿人交谈，讨论晚上向全国做出声明的草稿。

晚上，草稿撰写完成，希拉里并没有像往常一样查看。但事后，她还是加入进来，和助手们讨论如何更好地起草声明。

但是，当助手们将一份有供认、有反省、有道歉的声明放到克林顿面前时，他却拒绝了。

克林顿愤怒地说："我不需要这样的声明！我会承认错误，但也决不会放过斯塔尔！"

说完，克林顿拿起纸笔，亲自起草了一份声明。写完后，他的助手们发现，里面有很大一部分内容是对斯塔尔的攻击和指责。

"这样不行，会激怒斯塔尔，也会让民众感觉悔意不够。"助手们纷纷提出了反对意见，这让克林顿很恼火。

他转过头来，望向希拉里，语气变得柔和了些："希拉里，你怎么看？"

希拉里耸耸肩，说道："你是总统，你的声明可以自己做主。"就是这样一句话，让克林顿决定在声明中说出自己想说的话。

所以，发表声明时，克林顿在检讨了自己的不当言行后，又开始对斯塔尔进行声讨，这大大出乎民众的意料。甚至连克林顿的助手们都认为，他有些过火了。

很快，记者、政治家、评论家就发表了评论，认为克林顿没有真正道歉，也缺少悔改的诚意。就连那些支持者——一部分民主党人，也公开批评克林顿。

这些民主党人不断批评克林顿，指责他的说谎行为。同时，看到克林顿在关键时刻不能诚恳道歉，反而把时间浪费在抨击斯塔尔上，他们也感到很心寒。

结果，越来越多的人开始呼吁弹劾克林顿，或者要求克林顿主动辞职。

还有些共和党人表示，克林顿应该由参议院定罪。

这一切发展得太迅速了，让希拉里和克林顿都没有想到。现在，克林顿后悔不迭。

在这危急时刻，希拉里又一次向民众展现了她坚忍不拔的毅力。她决定“忍辱负重”，继续支持克林顿，帮助他渡过这个难关。

希拉里知道，克林顿不仅是她的丈夫，更是美国人民的总统。她的选择不仅能让他们的家庭团结或者分离，也能让克林顿继续做总统或者被赶下台。

希拉里又一次站了起来。她开始和克林顿交谈，并又一次给了他挽救婚姻的机会。虽然私生活被公开让她有些不安，但她知道，自己爱着克林顿。

与此同时，希拉里也决定从克林顿的影子中脱离出来，在维护婚姻的同时，也为自己的政治前途寻找新的出路。

1998年9月9日下午，斯塔尔领导的独立检察官办公室正式向众议院司法委员会提交了弹劾报告，也被称为《斯塔尔报告》。

报告的内容很长，足足有445页，计11万字。然而，和辅助说明文件比起来，这实在不算什么，因为那些资料多达36箱，由斯塔尔的副手们开了两部面包车送到国会大厦。

《斯塔尔报告》上称，有11项理由使他对总统提出弹劾，包括大众已经知晓的做伪证、妨碍司法公正、渎职等。

很明显，共和党人想利用莱温斯基案让克林顿下台，所以很快，众议院便投票同意公开斯塔尔的报告，这是公开对克林顿进行羞辱。

共和党人认为，即使国会没有通过弹劾或者证明克林顿有罪，也没有关系，因为斯塔尔收集的资料一旦公开，也会引起民众对克林顿的反感，或许还会逼迫克林顿辞职。

果然不出共和党人所料，报告内容一公开，立刻引起了民众和舆论的强烈关注。报告用很色情的语言，描述了克林顿与莱温斯基的关系，还附有照片为证，让克林顿羞得抬不起头来。

《斯塔尔报告》就像一本廉价的色情小说，描述的内容让克林顿很痛苦。他没有想到，这些人居然会这样对待他，完全无视他的人权。

然而，让克林顿感到意外的是，尽管他的丑行被揭发，民众却似乎并没有因此责备他，反而指责斯塔尔。那些最开始支持斯塔尔的人，也开始同情克林顿。

希拉里决定与克林顿共渡难关。她对克林顿说："如果你想要得到公众的原谅，就要不断地道歉，表达你的悔意。"

后来，经过与希拉里的一番商议，克林顿终于决定在媒体面前道歉，并且开始"忏悔之旅"。这个过程中，克林顿不断地忏悔，寻求人们的谅解。

让希拉里感到有些安慰的是，克林顿变得更关心她，在做一些事情时，也会顾及她的感受。

以往，希拉里走进克林顿的办公室时，克林顿只是简单地和她打声招呼，然后继续忙自己的工作。现在，他会热情地起身迎接，放下手中的工作和希拉里交谈。

最终，克林顿在坚持中取得了胜利。1999年2月，参议院否决了克林顿的总统弹劾案，对斯塔尔指控克林顿的罪行也不予通过。

听到这个消息，克林顿和希拉里喜极而泣。或许以后，他们不会再经历这样痛苦的事情了。希拉里默默地想着。

在对克林顿的弹劾结束前，希拉里的心中就升起了一个念头，那就是，她也要开始创造属于自己的政坛奇迹。

第十三章

竞选纽约州联邦参议员

为此，希拉里提出由她来竞选州长，但莫里斯的两次民意调查显示，希拉里还没有自己的影响力，即使参加竞选，也不会获得成功。

根据美国宪法的规定，每两年要举行一次国会选举。在克林顿总统任期的第二年，进行了一次国会选举，也称中期选举，实际上是民主党和共和党争夺对国会的控制权。

当时由于莱温斯基丑闻，克林顿正在接受国会的弹劾调查，所以民主党并没有对这次选举抱太大的希望。然而，民主党却在众议院另外取得了5个席位，这让克林顿和希拉里大感意外和高兴。

就在选举结果出炉那一周的周五，希拉里突然接到了查尔斯·兰赫尔的电话。查尔斯·兰赫尔是纽约哈莱姆区众议院议员，也是克林顿和希拉里的好友。

简单的问候过后，电话里传来查尔斯·兰赫尔兴高采烈的声音：“希拉里，丹尼尔·莫伊尼汉已经宣布，今后两年不会竞选第五任期。”

说到这里，查尔斯·兰赫尔故意顿了一顿，等待着希拉里的反应。

希拉里“哦”了一声，装作没有在意，等待着查尔斯·兰赫尔继续讲下去。

查尔斯·兰赫尔以为希拉里没有理解自己的用意，便放弃暗示，开门见山地说：“我觉得，你应该考虑一下竞选参议员，我相信，你一定能赢。”

事实上，这不是希拉里第一次听到这种话，在1997年白宫圣诞节宴会上，纽约州民主党女主席朱蒂斯·霍普就曾向她耳语，要她考虑竞选纽约州联邦参议员之事。

当时，希拉里认为，纽约州的联邦参议员丹尼尔·莫伊尼汉威望很高，应该不会轻易退休。除此以外，她要想竞选纽约州联邦参议员，还会遇到其他很多的障碍。

如果在以前，希拉里一定不会害怕任何阻碍，但是此时的希拉里真的是筋疲力尽。自从入主白宫后，她就一直经受着各种打击，先是美国医疗制度改革的失败，接着是白水门案件，然后又有莱温斯基丑闻，而克林顿又面临被弹劾的危险。

希拉里谨慎地说：“兰赫尔，你这么信任我，我真的很感谢。你了解我目前的状况，我还有很多事情要处理，实在没有精力参选参议员。”

查尔斯·兰赫尔认真地想了想，回答说：“希拉里，我知道你很累，但这真是一次难得的好机会。作为朋友，我希望你能认真考虑一下。”

希拉里有些不耐烦，但是她知道查尔斯·兰赫尔也是出于一片好意，只好敷衍着说了几句，匆匆挂了电话。

接下来的日子里，每当独自一人时，希拉里就思考着查尔斯·兰赫尔的话。

“比尔已经做了两届总统了，没有办法再连任。这次任期结束后，我就必须离开白宫了。离开后，我要做什么呢？要怎么生活呢？要参加联邦参议员竞选吗？如果离开白宫后能作为参议员在国会活动，以后还有机会实现我的政治理想。”

想到这里，希拉里有些兴奋了，刚要站起身来，又颓然低下头，摇摇头自语：“可我现在仍然是第一夫人，需要帮助比尔做很多事情，我有精力去为自己竞选的事情筹划吗？”

面对自己的理想时，希拉里一向充满了力量。但是这时，却是神色凝重，仿佛肩上有一副重担，好像理想成了痛苦的代名词。

希拉里又想：“我不是纽约州人，纽约州的共和党人也不会支持我。而且，想要纽约州的民众接受一位女参议员恐怕很困难，更何况这个女参议员还曾是第一夫人。”

想着想着，希拉里突然使劲摇了摇头，然后把手按在了太阳穴上，轻轻揉了几下，接着突然放下手，用略带赌气的声音说：“不想了！真是让人头疼！”

事情就这样暂时被放下了，两周后的一天，希拉里在《纽约时报》上看到一次民意测验结果，民众对她的支持率高达70%，这是她想都不敢想的。

希拉里依然关注着克林顿的弹劾案，但她减少了投入的时间，同时也开始考虑自己的政治前途。

希拉里再也不愿意生活在克林顿的光环下，也不愿意为他的耻辱所累。此刻的她，迫切地想要拥有一份属于自己的事业。

虽说作为第一夫人，确实让她受到了更多的关注，得到了更多人的赏识，也让她靠近了权力中心，但这些毕竟是依赖于克林顿才得到的。

现在，希拉里想要找回年轻时的那个自己，在抱有志向的同时，利用自己这些年培养的领导能力、参悟能力，让自己真正走上仕途。

1999年2月12日这天，参议院将针对两项弹劾内容进行最后的投票，以确定克林顿是否有罪。而在这一时刻，希拉里则和自己的助手哈罗德·伊基斯进行会谈，讨论关于竞选的问题。

伊基斯将一张纽约州地图放在希拉里面前，作为一个了解纽约政治的人，伊基斯并不支持希拉里参加参议员竞选。

“那样做，你简直是自己往火坑里跳！”伊基斯指着地图，直言不讳。

希拉里没有反驳。

伊基斯大声说：“你知道纽约州的城市居民有多少吗？2000万！面积有54000平方英里。要想赢得竞选，你要到各个小城镇、中等城市宣传，这要花费多大的精力！”

伊基斯在地图上点了五下：“这、这、这、这、这！这五个行政区政治问题错综复杂，相互之间也存在着大量的竞争，一个问题处理不好，就可能引起很大的冲突。”

希拉里点点头，她承认伊基斯说的都是事实。以前，希拉里虽然参加过很多次助选活动，但并没有参加过联邦参议员的竞选。她知道，自己缺乏经验，这是一个很大的问题。

尽管如此，希拉里仍然决定不再退缩，她向更多的人征求意见，希望听到自己满意的说法，但是，周围全都是一片反对之声。

“你为什么非要参加竞选呢？你还有很多选择，做校长、做主持人，当一些公司的法律顾问……”

“你还没有受够他们的折磨吗？为什么还要这么难为自己？”

“现在，大家好不容易对你有所改观，难道你又要做出这么惊世骇俗的事情，让大家再次讨厌你吗？”

“我已经预感到，一旦你宣布参加竞选，你会再次受到舆论的攻击。”

……

希拉里很清楚竞选路上的艰难，可是，她心里更清楚，在别人眼中，她只是第一夫人，是总统的附属品。即使克林顿的总统任期结束，希拉里也不能成为希拉里，而只能是前第一夫人。

这不是希拉里想要的。

几年前，希拉里还不曾想要竞选公职，只做过一次最简单的尝试。当时，克林顿想要放弃连任州长竞选，好留有更多的时间挽救家庭关系和为竞选总统做准备。

为此，希拉里提出由她来竞选州长，但莫里斯的两次民意调查显示，希拉里还没有自己的影响力，即使参加竞选，也不会获得成功。

这次的事情，又唤醒了希拉里的回忆。在克林顿屡次犯下错误后，希拉里的思想也发生了变化。此刻，她的心似乎越来越偏向参加联邦参议员的竞选了。

在是否参加参议员竞选的问题上，希拉里和克林顿也进行过讨论。她发现，随着交流的深入，她和克林顿之间的隔阂也渐渐消失，这也是促使她决意参加竞选的理由之一。

3月4日，希拉里前往纽约市实验学校访问，与该校师生以及网球明星、奥运会体操名将以及女子NBA球星一起看纪录片《女运动员的奋斗》。

在主持人介绍完后，希拉里走上讲台，这时该校的女子篮球队队长——十几岁的菲亚·托蒂轻轻对她耳语："夫人，您要勇于竞争啊。"

从一个十几岁的女孩口中听到这话，希拉里显然很意外，也很震惊，这也让她那颗摇摆不定的心终于定了下来。

7月7日这天，在即将退休的纽约州联邦参议员莫伊尼汉的陪同下，希拉里从容不迫地走到200名记者面前，宣布她将参加纽约州联邦参议员的竞选。

和希拉里之前预料的一样，这一消息一经报道，就引起了民众的广泛关注。一时间，各种恶意言论四起。

这些言论，除了针对希拉里目前的婚姻状况外，还针对她的性别。女性竞选纽约州联邦参议员，这还是历史上的第一次。

希拉里不怕别人的非议，但是她怕纽约州的民众不接受她。作为政治外来客，希拉里必须先赢得纽约州民众的心。

通常，希拉里都是以强硬的姿态出现在选民面前，然后强势地宣传自己的主张和政治理念。但是这次，为了消除其“政治外来客”所带来的不利影响，为了争得选民，希拉里开始与选民们谈心。

为了拉近和选民的距离，希拉里犯了一个不小的错误。

在纽约，有一支著名的棒球队——扬基队，已有100多年历史，是整个纽约乃至全美国的骄傲，被认为是世界最著名的体育俱乐部。

在希拉里竞选之初，克林顿在白宫迎接招待扬基队，当时的队长乔·尔托送给希拉里一顶扬基队的棒球帽，以示友好。

希拉里表现得很高兴，立刻将棒球帽戴在了自己的头上，笑着说：“谢谢，我很喜欢，我一直是扬基队的忠实球迷。”

听到这话，在场的人都笑了，但没有一个人说破。因为大家都知道，希拉里是芝加哥小熊队的铁杆球迷。

在以后的竞选中，希拉里一直戴着扬基队的帽子。她本想借此拉近与纽约人的距离，但是这一举动却让很多选民感到反感。

希拉里对纽约州根本没有感情，更不可能喜欢纽约州的球队，她只是为了争取更多的选民才这样做。纽约州的民众觉得，希拉里简直把他们当成三岁小孩子来骗。

希拉里的用意很快就被选民看穿，她戴着扬基队的帽子，所到之处总能听到喝倒彩的声音。希拉里想要投机取巧，结果引发了相反的效果，很多选民都认为她是个谎话精，为了达到目的不择手段。

希拉里有点儿懊恼，她的对手纽约市市长朱利亚尼是出了名的扬基队的铁杆球迷，本来就比她多了一些优势，现在更因为她的作秀得到了更多的支持。

但是，让选民把目光转向竞争对手，只是个开始。没过多久，希拉里又犯了一个更大的、性质更恶劣的错误。

在访问以色列时，希拉里作为演讲嘉宾出席了一个活动。在她演讲之前，巴勒斯坦的第一夫人苏哈做了演讲，她公然宣称，以色列曾使用毒气迫害巴勒斯坦人。

由于苏哈使用的是阿拉伯语，希拉里并不清楚她说的什么。出于礼节，她上前拥抱了苏哈，还亲吻了她的脸颊。

后来，希拉里才知道，自己的这一举动得罪了纽约州的犹太人。但是，在希拉里的词典里，没有"放弃"两个字，她依然硬着头皮坚持着。

在这期间，克林顿一直支持着希拉里。不能不说，在与选民交流上，克林顿的技巧略胜一筹。后来，他将自己在这方面的经验倾囊相授。

"希拉里，你是我见过的最有才华的人，我相信你用自己的方式在竞选中也一定可以获得胜利。"克林顿笑着说。

顿了一顿后，克林顿话锋一转："但是，我认为，在面对选民时，如果你能多和他们握手，多听他们说，多询问他们的需求，多微笑，你会获得更多的认可。"

希拉里笑着点点头。

她知道，这是克林顿在与选民交流时的一贯技巧，通常也都非常有效。

所以，她决定效仿克林顿，让自己和选民的距离更近些。

希拉里开始试着放下防备心理，让脸上露出轻松的笑容。这让选民们很诧异，他们发现，希拉里本人一点儿不像报纸上描述的那样高傲，相反，她亲切而低调。

很多人发现，在希拉里的竞选标语中，并没有死板地写上她的全名：希拉里·罗德姆·克林顿，而是简化为希拉里。

希拉里·罗德姆·克林顿这个名字，对希拉里有些特殊的意义。结婚前，希拉里和克林顿说好婚后不改姓，依然要叫希拉里·罗德姆。但后来，为了帮助克林顿赢得更多的选民，希拉里还是把名字改为了希拉里·克林顿。再后来，她又在里面加上了自己原本的姓。

现在，希拉里让别人直呼她的名字，实际是一种竞选策略，除了能给人一种亲切的感觉外，她也希望能让自己从第一夫人的背景中暂时脱离出来。

希拉里的心血没有白费，她的支持率本来就很高，再加上这样一番努力，很快她便获得了民主党候选人的提名。

当时，纽约市市长鲁迪·朱利亚尼作为共和党候选人也参与了纽约州联邦参议员的竞选。面对这样一个强劲的对手，希拉里并不胆怯，从容地为自己拉着选票。

很快，朱利亚尼便败下阵来。就在这时，他突然被诊断患有前列腺癌。希拉里在感到震惊的同时，听到了共和党候选人换为长岛众议员瑞克·拉齐奥的消息。

拉齐奥虽然比较年轻，知名度也不高，但却从共和党机构和希拉里的政敌那里得到了大量的资金支持，对希拉里来说也是个不小的威胁。

果然不出希拉里所料，拉齐奥一加入竞选，就采取强硬的方式试图将希拉里逼入绝境。在第一次辩论过程中，更是让希拉里下不了台。

在辩论一开始，拉齐奥就用强硬的态度批评民主党全国委员会收取竞选献金，并咄咄逼人地对希拉里说："你必须立刻停止接受民主党提供的竞选资金！立刻停止！"

希拉里并没有被他这一咄咄逼人的态度吓倒，她想要做出解释，但拉齐奥根本不给她解释的机会。

拉齐奥继续发表自己的高见，同时手中挥动着一份所谓的《纽约不受献金污染公约》。看到希拉里不为所动，他走下讲台，径直走向希拉里。

"你要签字！"他试图将手上的《纽约不受献金污染公约》塞给希拉里，但希拉里拒绝了。见状，拉齐奥恶狠狠地将文件摔在希拉里面前，毫无教养地吼叫着："我要求你现在立刻签字！"

希拉里看着这个神情紧张的竞争对手，脸上流露出无奈的神情。拉齐奥还太年轻，她这样想着，同时伸出手，试图通过握手安抚他激动的情绪。

拉齐奥抗拒着："我不需要握手，我只需要你的签字。之前，你那么义正辞严地呼吁拒绝竞选献金，现在你应该签署这份公约，为大家做一个榜样！"

看到拉齐奥如此攻击、否定，希拉里却毫无招架之力，很多在场的人都认为希拉里输了。但是，拉齐奥挑衅希拉里的行为，却引起了很多观众的反感。

希拉里不会任人宰割，她很快成功地解救了自己。

很快，人们便看到了这样一则广告，在广告中，前纽约市市长艾德·科克训斥拉齐奥说："瑞克，不要再妖言惑众了！"

这是希拉里有力的回击。

终于到了2000年11月7日这一天，竞选结果出来了，希拉里以55%对

43%赢得了胜利。

希拉里似乎并没有像克林顿预想的那么高兴。事实上，对于这一结果希拉里早就料想到了，在别人向她表示祝贺时，她已经开始在想上任以后的事情了。

希拉里笑了，经过了8年有头衔没职位的政治生活后，她终于可以挺直腰板向别人介绍，她是联邦参议员希拉里。她希望，这个身份能让她开始一段新的历程。

希拉里的当选开创了参议院历史上的先例。

从那一刻起，希拉里不仅是一名联邦参议员，还是一位深受选民拥护的公众人物。她的出现，让参议院其他99名参议员黯然失色。

只要希拉里一出现，她的身边必然围满了人。在连接众议院和参议院的国会地下通道里，大家争着冲过来与她握手，请她签名。在其他参议员看来，这简直不成体统。

希拉里并不在意。做了这么多年时时需要注意他人反应的第一夫人，希拉里想在自己的工作岗位上做真实的自己。

进入参议院以后，希拉里思考和反省的习惯仍然没有改变。每当闲暇时刻，希拉里总会陷入沉思。

希拉里曾对克林顿说："从我进入国会大厦工作时起，在国会大厦工作的女职员就非常信任我，并且以我为榜样，我不知道自己要多努力，才不会让她们失望。"

克林顿看出了希拉里的担忧，这种担忧不无道理，自从离开华盛顿奔赴阿肯色州以后，希拉里从来没有像现在这样独立。在这个过程中，她必然会遇到各种挑战。

但是他相信，无论出现什么样的挑战，希拉里都能应付得了。她有这个能力，而她身上的其他优秀品质也会帮助她实现这一点。

在进入参议院之前，希拉里就知道这样一个说法，“办公室的大小意味着一切”。所以她进入参议院后，就开始关注这一问题。

希拉里看上了前任纽约州联邦参议员丹尼尔·莫伊尼汉的邮件室，可不巧的是，参议员特伦特·洛特也看上了这间办公室，而且还想把希拉里办公室附近的办公室也据为己有。

这可不行，希拉里着急了，如果办公室全被特伦特·洛特要去了，以后为自己工作的人增加了，都没有地方办公。

可希拉里明白，单打独斗，她或许能赢过资深参议员而且还是参议院规则委员会主席洛特，但是，进入参议院不久就做出这样大胆的行为，肯定会引起其他同事的反感。

想到这里，希拉里找到了委员会参议员克里斯托弗·多德，恳求他从中斡旋，帮助自己得到那间邮件室。

特伦特·洛特一开始就很讨厌希拉里，在希拉里竞选参议员时，也一直认为她不可能成功。这次，看在克里斯托弗·多德的分儿上，他同意了，希拉里如愿以偿。

希拉里之所以如此小心翼翼，避免冲突，是因为她不想成为焦点。尽管从她的身份上来说，她即使什么也不做，也是民众关注的焦点。

一开始，参议院的很多工作人员都认为，希拉里是一个难以相处的人，严厉的工作态度也会使人很难与她合作。

但是，事实却并不是这样。希拉里总是认真倾听其他参议员的心声，有时会给他们泡咖啡，甚至连讲话时都很有分寸。

希拉里是个聪明人，她知道，自己虽曾是第一夫人，但这并不能帮助她增加一点儿实际的从政经验，她必须尽可能低调，才能获得更多的帮助。

希拉里努力着，比以前任何时候都要勤奋。她知道，在这个关系复杂的群体里，她一切都要从头学起。除了睡觉，希拉里几乎无时无刻不在学习中。

每天早上，希拉里会阅读助理帮她整理的新闻摘要，里面有涉及她的报道，还涉及其他一些她关心的问题。

而到了晚上，结束了参议院的工作后，希拉里仍然会回家加班，阅读大量的材料，直到弄清楚那些让自己疑惑的问题。

希拉里的精力并不是非常充沛，但是，学习不仅没有让她感觉疲惫，反而让她觉得很放松，也让她获得了大量有用的知识和信息。

希拉里的认真有目共睹，而通过这份努力，希拉里也终于给参议院的同事们留下了勤奋、谦虚的印象。

“希拉里真是厉害，才来到参议院短短100天，就有6项个人提案被参议院采纳，而被采纳的联名提案更不得了，居然有66项！”一位参议员议论着。

另一位参议员表示赞同：“是啊，她不仅没有一点儿前第一夫人的架子，还比一般参议员都要低调，真是很不错。”

“这个我承认。”又一名参议员加入了他们的讨论，“我原本以为希拉里就是个花瓶，而且是个有些年头的花瓶。现在看来，她还是有能力的。”

希拉里就这样步步为营，让那些原本反对她、蔑视她的人渐渐为她的努力折服，反过来愿意支持她、相信她。

事实上，在希拉里的第一任期内，她并没有做多少特立独行或者惊世骇俗的事情，在很多国家大事上，她都保持着低调的态度，这都是为了避免引起争议。

除了一件事情，那就是支持伊拉克战争，这件事为她以后的政治道路带来了极大的影响。但是在当时，希拉里并没有清醒地看到这一点。

第十四章

伊美战争，战不战？

希拉里摇摇头，露出无奈的微笑。这是个让她特别苦恼的问题，为了处理这重要的一票，希拉里需要好好想一想。

2001年9月11日，阳光灿烂。希拉里抬头看看天空，情不自禁地说道："真是美好的一天！"然后乘车前往国会大厦。

这天并不美好，而且非常糟糕，很快，希拉里就会意识到这一点。

希拉里坐上车，突然听到收音机里传来一个令人震惊的消息，有一架飞机撞上了纽约世界贸易中心的北楼。

"太可怕了！"希拉里失声说道，"真是一个可怕的意外！"

然而，没过多久，收音机里又传来一个让希拉里更加震惊的消息，又有一架飞机撞上了世界贸易中心的南楼。

"天啊！"希拉里用双手捂住嘴，喃喃自语道，"这不可能是意外事故！"

突然，希拉里想到了自己的女儿切尔西。

“啊，切尔西！怎么办？怎么办？”希拉里一下子慌张起来。

司机有些慌张，问希拉里：“需要我靠边停车吗？”

希拉里太紧张了，完全没有注意到司机在征询自己的意见。她用那双颤抖的手从文件包里取出手机，拨打了女儿的电话。

“快接！快接！一定要平安，一定要平安！”希拉里刚按下拨号键，就用祈求的声音自言自语道。

然而，手机里只是传来“嘟嘟嘟”的声音，根本无法联络到切尔西。

希拉里深深吸了一口气，强迫自己镇定下来：“切尔西不会有事的，我要先赶到国会大厦，才能了解这到底是怎么回事。”

心情平稳一些后，希拉里给克林顿打了电话。当时，克林顿一接到电话，就着急地问道：“亲爱的，切尔西怎么样？”

为了让远在澳大利亚的克林顿放心，希拉里只好忍住心中的不安，用尽可能平静的语气说：“她很好，你放心。”

挂了电话以后，希拉里立刻催促司机：“快点，我们要快点赶到国会大厦。”司机听后，加快了驾驶速度，很快带着希拉里到达了目的地。

希拉里走进国会大厦，发现所有人都面色焦急而凝重，大声说着什么。肃穆的国会大厦此刻就像一个乡下的菜市场一样，喧嚣、无序、人来人往。

希拉里走进办公室，电视机前已经围满了人。她立刻挤了进去，电视屏幕上可怕的撞击画面让她目瞪口呆。

突然，全副武装的特工出现在众人面前：“现在实行紧急转送，所有人员将被送到国会警备司令部。请大家配合我们的工作，按顺序离开国会大厦。”

很快，希拉里和其他参议员就被护送到了一个七层高、看上去很有历史的大楼里。大家议论纷纷，猜测着这个可怕事故的始作俑者到底是谁。

四周一片混乱。每个人脸上都露出焦急的神色，还有人在不断地拨打着电话，似乎是想和家人联系，报告自己的平安。

突然，希拉里听到自己的手机响了，她接通电话，那头传来切尔西熟悉的声音。希拉里的眼泪一下子流了出来，现在，她终于可以放下心了。

希拉里找到一个安静的角落，再次给克林顿打了电话：“比尔，切尔西刚才给我来过电话了，她现在很安全。”

听到这话，克林顿才了解到，希拉里之前骗了自己，为了不让自己过于担心。他说：“希拉里，不要担心，我会很快赶回去，陪在你身边。”

希拉里没有回应，而是不无感慨地说：“以前，我总是以为，我们应该首先考虑国家的经济、教育、预算、减税、医疗改革等，可是我现在才发现，外交和反恐也同样重要。”

就在不久前，希拉里还为自己能够加入教育委员会和医疗保障委员会而高兴，可现在，她要用自己的力量守护纽约。

克林顿安慰她说：“事情已经发生了，我们只能祈祷有更多的人能够获救，并且尽快查明其中的真相，这样才能采取措施保护我们的国家和亲人。”

希拉里点头称是：“可是，我们的力量太小了，在天灾人祸面前，我们能做的事情太少了！我真是不甘心让他们这样猖狂。”

克林顿提醒她说：“希拉里，我知道你很难过，我也非常痛心。可以说，现在是我们的民众最脆弱的时候，你要强硬地表明自己对这件事的态度。”

希拉里表示同意。

在通话结束后，希拉里得知，恐怖分子劫持的4架民航机中的另外两架，一架坠毁，一架撞上了华盛顿五角大楼的一角。

这个消息，更加重了希拉里坚决给予恐怖分子严厉打击的决心。

第二天，希拉里在参议院发表了一篇语气强硬的演讲。她表情严肃，语言铿锵有力，在演讲的过程中还时不时地振臂呼吁。

下午，希拉里对陪在身边的高级助理们说：“我们要尽快赶往纽约，早点了解世贸中心现在是什么状况。如果仅从新闻里看，我们就会永远离真相差一步。”

很快，希拉里和高级助理就坐上了前往纽约拉瓜迪亚机场的飞机，同行的还有联邦应急管理中心主任约瑟夫·奥尔鲍以及纽约州的另一位参议员查尔斯·舒默。大家全都面色凝重，一言不发。

“天啊，怎么会变成这样？”当希拉里到达世贸中心时，失声说道。眼前的景象比报道里的画面更加触目惊心，原本富丽堂皇的大厦，现在只剩下一片废墟，到处浓烟滚滚。

望着废墟，望着忙碌中的数百位救援者，望着亲自指挥的纽约市市长朱利亚尼，希拉里的眼睛模糊了。直到朱利亚尼叫了她一声，她才回过神来。

就在这样一片废墟面前，希拉里与朱利亚尼热烈地交谈。交谈中，希拉里第一次发现，在重大问题面前，即使立场不同，大家也可以这么和谐地讨论。

希拉里和舒默很快返回了华盛顿，对于他们来说，在现场督战固然重要，但他们还有更重要的事情，那就是为纽约争取更多的救济款。

在此之前，希拉里和舒默曾经就这个问题展开讨论。

希拉里说：“这次救济款只有200亿美元，却要由纽约、华盛顿以及宾夕法尼亚州共同支配，这显然不够。”

舒默问：“那你认为多少合适呢？”

希拉里想了想说：“纽约受到的经济损失最重，没有200亿美元根本不可能完成重建工作。我们可以说服布什总统多拿出200亿美元来。”

舒默也表示赞同，并决定和希拉里一起说服小布什总统。

在总统办公室，希拉里负责表明自己对小布什总统的支持，而舒默则开门见山地问：“总统，能不能将救济款增加到400亿美元，拿出200亿帮助纽约完成重建。”

小布什想都没想，立刻答应：“没问题。”这让希拉里和舒默都略感惊讶。

因为紧急筹款，因为希拉里在“9·11”事件后的表现，纽约人对她有了新的看法，对她的好感也直线上升。第一次，他们真诚地相信，希拉里为纽约所做的一切不是表演，而是出自真心。

“9·11”事件中的遇难者，除了本来在大厦内的受害者外，还有三百多名消防员。在大楼倒塌的一瞬间，他们也不幸遇难。

希拉里既关注纽约世贸中心的重建工作，也积极呼吁民众为这些消防员的家属捐款。尽管发行邮票募集捐款的方法规模不大，希拉里却尽心尽力。

除此以外，希拉里还对此发表演讲，阐释自己对恐怖主义的态度。而在小布什政府规划出《爱国者法案》后，希拉里也坚定地投下了自己的赞成票。

“9·11”事件发生后，希拉里多次奔赴世贸中心，为在废墟中工作的工人和当地居民打气，了解他们的需求。

有一次，一件小事引起了希拉里的注意。

这天，希拉里像往常一样来到世贸中心，查看重建工作的进度。当她向三三两两坐在一起休息的工人走去时，却意外地听到了一个严峻的事实。

“自从来到这边工作以后，我的身体状况就一天比一天糟。不知道为什么，我总是感觉身体不舒服。”一位穿蓝衣服的工人说。

另一位留着胡须的工人则说：“我也明显感觉到了。我去医院检查，医生说是患了呼吸道疾病，我打算辞职呢。”

听到这话，胡须男身边留着卷发的工人问道："你的意思是说，是这里的空气导致我们生病的？杰克前天检查出得了肺病，难道也是空气污染造成的？"

"很难说呢。"蓝衣服回答说。

希拉里意识到，这是个严峻的问题。她向他们以及更多的人询问，发现这几名工人所说的不是偶然事件，还存在着更多的事实证据。

希拉里最后对工人们说："你们放心，我一定会解决这个问题。"

从重建现场回到华盛顿后，希拉里就开始游说，试图让国会拨出一笔款项，用于测定世贸中心废墟的空气污染程度。与此同时，希拉里还雇用了专门的研究员，发现废墟的污染是工人得病的罪魁祸首。

但是对于这一点，白宫和环保局并不承认。但希拉里并不在意，她通过自己的方式最终让环保局重视起这个问题。

也就是从这件事情上，希拉里发现，虽然医疗改革失败了，但是，她对于民众的身体健康问题依然十分关心，也非常敏感，这或许能够成为她的另一项优势。

希拉里为自己能够做出一点儿贡献而高兴，她想自己可以做更多的事情，向美国的民众展示自己坚定的立场。很快，这个机会就来了。

但是，这到底是一个机会还是一个陷阱，恐怕只有过了很多年后，当事人，也就是希拉里才会得出自己的答案。

时间过得很快，到了2002年的初秋时节，华盛顿对于伊拉克领导人萨达姆·侯赛因的批评声越来越多，有越来越多的人支持出兵伊拉克。

这天，希拉里又和克林顿一起讨论是否出兵伊拉克的问题。

希拉里喝口咖啡，缓缓地说："布什总统和副总统切尼一直强调，萨达姆·侯赛因是全美国的敌人，因为他与基地组织关系密切，还偷偷藏有大量大规模的杀伤性武器，这实在是一件让人担忧的事情。”

克林顿点点头，说：“萨达姆·侯赛因绝对不是一个简单的问题，由他来支持基地的恐怖活动，美国还会受到恐怖主义的袭击。”

紧接着，他又说道：“我知道，参议院将对是否对伊拉克动武进行表决，你想好要投赞成票还是反对票了吗？”

希拉里摇摇头，露出无奈的微笑。这是个让她特别苦恼的问题，为了处理这重要的一票，希拉里需要好好想一想。

“到底要怎么做呢？”独自一人时，希拉里喃喃自问。

“9·11”虽然过去了，她依然能强烈地感受到它的存在，直到现在想起来还愤怒、心痛不已，怎么能放过那些给美国带来伤害的危险分子呢？

而且，她在之前演讲时一直呼吁要强硬地对待恐怖势力，要想与之前保持一致的论调，也必须投赞成票。

可是一旦投赞成票，让布什拥有了以武力对待伊拉克的权力，就相当于支持战争。那么，这次战争会不会像之前的越南战争那样，历经艰难最后失败呢？那样一来，民众不免又要再一次饱受战争之苦。

但是，也不能投反对票呀，投反对票，她依然会陷入两难的境地。

当初比尔做总统时，就知道萨达姆·侯赛因会使用大规模杀伤性武器。为了有所防备，他还通过了一部法律，以便在恰当时刻可以更换伊拉克的领导人。

可以说，投反对票，就是否定比尔的政策，这也是对他本人的背叛，这种事绝不能发生在她身上。

并且，一旦投反对票，她之前那么义正辞严地演讲，岂不真的成了表演？大家会说，她的立场不坚定，甚至可能会认为她胆怯，不像男议员那么强硬。

这一定会使支持她的民众失望，而以后她有机会竞选总统时，竞争对手也会拿这件事情做文章，指责她没有勇气对抗恐怖袭击。

想到这里，希拉里已经基本确定了自己的想法。但是为了慎重起见，希拉里还是做了一些调查和研究，以保证自己的决定是正确的。

2002年10月11日，参议员以77∶23通过了表决，同意布什政府对伊拉克实施武力。希拉里长长地舒了口气，她很清楚，接下来会有更大的困难等着自己。

时间过得很快，转眼间希拉里开始了自己参议员任期的第三年。在一个春暖花开的早上，参议院罗素大楼外，一群粉装妇女不时高喊口号或大声歌唱。

她们之所以来到这里，是想要通过自己的努力阻止伊拉克战争。这种用意是好的，但从一开始她们就注定会失败。

在2001年10月份，小布什政府就已经获得了战争授权。此时，军队早已集结完毕，战争蓄势待发。

后来这群妇女跑到希拉里的办公室门外，要求见希拉里。面对这样一群吵吵嚷嚷的妇女，希拉里的高级助理们立刻拒绝了。可是这些人并没有离开，一再声明必须见到希拉里。

终于，一位高级助理开口说道："好吧，参议员同意见你们了，但是，不能有记者在场。现在，你们要保持安静。"

随后，这些人被安排在一间房间里，等待着希拉里的到来。很快，希拉里如约而至。

希拉里始终面带微笑，听她们介绍自己的组织、宗旨，以及这次来的目的。她含笑说道："我们看问题的角度确实有些不同。"

很快，一位高个子妇女站起来说："你一直说要保护妇女和儿童，现在正好有这样一个机会，你应当想想伊拉克那些可怜的妇女和儿童，反对伊拉克战争，将用于战争的钱用在儿童身上。”

希拉里能理解她的心情，但是也觉得她看问题很简单。她想了想，最终还是决定对自己的赞成票进行一些辩解。

“我明白你们的立场，但是，萨达姆严重威胁到了我们的安全，为了对民众负责，我们必须支持布什总统的决定。”

后来，这个高个子妇女又对希拉里进行了一系列攻击，甚至塞给希拉里一件粉色衬衫，以讽刺她没有支持她们的观点。

希拉里拒绝了。她没有想到，自己在这间小房子里的一举一动，都被她们拍了下来，以后会给她带来致命的打击。

第十五章

用环保争取选民，获得连任

在之前，希拉里告诉听众，她和克林顿的节能观点的重点在节油汽车。按照这个观点推断，希拉里应该支持国会，要求汽车制造商提高汽车的节油标准才对。

经过了一系列的沉重打击后，希拉里变得更加成熟。她的坚毅、宽容和镇定，让美国民众重新认识了她。

与以往咄咄逼人的个性相比，经历过各种困境的希拉里变得和蔼可亲，同时也赢得了美国民众的好感。

作为一个参议员，希拉里学到了很多。她懂得了参议院的行事之道，明白谁是敌人，谁是朋友，也知道怎么争取他们的支持或者让他们保持中立。

而在与民众的接触中，希拉里发现，不管到什么时候，都要尊重和理解民众，不让他们失望，这样才能得到他们的支持，同时也帮助自己实现更大的目标。

希拉里很高兴，参议员的生活让她终于获得了独立的人生。虽然与克林顿的婚姻对她很重要，虽然她曾一度将自己的未来托付给克林顿，但作为参议员而不是第一夫人更让她感到满足，更有成就感。

不仅如此，希拉里相信，自己总有一天会当上总统。不过，现在对她而言，更重要的是做好参议员的工作，在第一任期结束后，可以连任。

所以，希拉里把自己的重点放在了竞选连任的活动上。然而，活动刚刚开始，就受到了纽约共和党主席斯蒂芬·米纳里克的强烈攻击。

这天，希拉里的一个助手匆匆跑进了希拉里的办公室，扬着手里的文件问道：“参议员，斯蒂芬·米纳里克的倡议信，你看过了吗？”

希拉里刚到办公室，还没来得及看新闻摘要，她脸上现出略带惊讶的表情，但很快便恢复了惯有的微笑。

她不紧不慢地开口了：“我还没有看，说的什么？”

助手迅速把文件递了过去，同时说道：“我想，您还是亲自看一看比较好，我们都很气愤，正在思考怎么应对。”

希拉里接过文件，看到在正文标题处有这样几个字：开始阻击希拉里。她脸上露出不悦的神情，然后迅速看完了这封信。

这是米纳里克给国内反对希拉里的各界人士写的一封倡议信，企图通过全国性筹款活动让希拉里无法获得连任。

在信中，米纳里克写道：“我们必须阻止希拉里·罗德姆·克林顿，这是我们身为共和党人在接下来两年内必须做的事情，是每一个共和党人不可推卸的责任。”

不仅如此，米纳里克还指责希拉里是一个激进、极端的自由主义者，并承诺自己会组织一个团队，拆穿希拉里的真实面目。

看完后，希拉里放下文件，从容地说了句：“现在，为了阻挠我连任参议员，他们开始攻击我个人了，真是没有水准。”然后，她示意助手离开。

在希拉里的阵营里，几乎所有的助手都见惯了政敌使出的各种手段，所以这个助手也显得很从容，安静地离开了办公室。

希拉里现在已经不会那么轻易就感到生气或者委屈了。她认为，与其把自己有限的精力用于应对政敌的攻击上，不如多做一些对社会有意义的事情。

对于米纳里克的反应，希拉里完全可以理解。她知道，他们不会管她为纽约州付出了多少，也不会在乎她在参议院取得了哪些成绩，他们只是想阻止她继续做参议员而已。

在希拉里作为一名参议员忙碌时，克林顿也有自己的事业，为自己的“克林顿基金会”忙碌着。与此同时，他也开始协助希拉里，帮助她完成自己的政治理想。

2005年9月，作为“克林顿基金”的一部分，克林顿全球倡议大会终于召开了第一次会议。克林顿希望通过这次会议吸引各国的领导人、商界大腕、名人等，以获得更多的基金。

之前，“克林顿基金”就曾经讨论过许多重要问题，这一年，克林顿的基金会成员开始讨论全球变暖的问题，并为此专门成立了全球变暖小组。

希拉里很快表现出了对这一问题的兴趣。

“一直以来，我都非常关心环境问题。我希望向公众表明，我对全球变暖的问题也非常关心和重视。”希拉里向克林顿说出了自己的想法。

对于希拉里的想法，克林顿自然要给予积极而有力的支持。这样不仅对全球变暖小组有好处，对希拉里的形象提升也有很大的作用。

很快，克林顿就把希拉里的这一想法告诉了小组的组织者戴维·桑达洛夫，戴维很高兴，“我们非常欢迎希拉里加入我们的小组”，他直接表达了自己求之不得的心情。

之后，希拉里在这次会议上做了发言，在讲到如何解决气候变化问题时，希拉里说："我认为，开发其他能源很重要，政府应当给予重视和支持。"

在环保的问题上，克林顿任总统时的副总统阿尔·戈尔已经研究了近30年，说是他在政治道路上的主打问题也不为过。现在希拉里想后来居上，她与戈尔的关系也变得紧张起来。

事实上，阿尔·戈尔与希拉里的关系一直就不好。在克林顿做总统时，阿尔·戈尔是他强有力的助手，喜欢制定政策，这让同样喜欢制定政策的希拉里很不满。

希拉里虽然是第一夫人，表面上看参与政事是很不符合传统的。但是从克林顿担任州长以来，希拉里都是他最信任的顾问。即使克林顿当选总统，这一点也不会有什么变化。

但是，克林顿做了总统以后，身边就时时有副总统阿尔·戈尔的帮助，这让希拉里无法再像以前那样光明正大地提出自己的设想。

而且，希拉里认为，阿尔·戈尔对克林顿的影响越来越大，这一点让她很不满意。但是，阿尔·戈尔却认为希拉里总是越权，参与总统的政策制定，让他很不服气。

后来，阿尔·戈尔决定在克林顿之后竞选总统，希拉里觉得他很有野心，对他的防备心理就更强了。

对于希拉里来说，阿尔·戈尔高不高兴不重要，重要的是，她要通过自己的环保活动争取到更多的选民支持。

一个月后，希拉里就清洁能源计划发表演讲，希望得到更多人的关注。让她意外的是，这份计划并没有引起别人的重视。

希拉里感觉很失望，克林顿却称赞她说："我觉得，你这次的演讲很精彩，你的努力，民众是可以看到的。"

克林顿说得没错，因为希拉里能将自己的目光停留在民众所关注的问题上，所以她才能获得那么多的支持。

尽管人们对希拉里的能源计划并不关心，她却一点儿没有失望。希拉里调整好心情，低调地在这个领域继续努力着。

2006年5月23日这一天，时隔五年，希拉里又一次出现在媒体俱乐部赞助的新闻人物节目中。

通常，这个节目的参与者要在午饭的时候做演讲，但是那一天，工作人员从凌晨就开始忙碌。原来，节目的时间做了调整，改在早上进行。

“我一晚上没睡，真是辛苦啊。”

“我也一样，真是不适应。”

工作人员一边积极地做着准备工作，一边小声地抱怨。

这时，另一个工作人员小声说道：“那也很好啊，早晚都要做这些工作，不过，时间提前这么久，却还座无虚席，真不错。”

“是啊是啊。”最初挑起这个话题的男子翘起大拇指说，“这次来演讲的是希拉里，当然吸引人了，要不是因为工作，我真想坐在观众席上一睹她的风采。”

第二个男子说道：“现在还说这个干吗，不是说要现场直播吗？我们还是把心思放在工作上吧，万一有什么地方疏忽了，可就糟了。”

“有道理。”另外两个男子表示赞同，立刻全身心地开始工作。

节目开始前，希拉里才匆匆赶到。正如那三个工作人员所说的那样，台下坐满了观众。显然，大家对于希拉里非常关心。

事实上，大家想要见到的只是希拉里，对于她的能源策略真正关心的人并不多。即使这样，希拉里也打算尽全力演讲，宣传自己的观点。

之前，希拉里曾经做过这样的宣传，但是结果都不尽如人意。蛰伏了半年多后，政界逐渐改变了以往对能源的看法，希拉里这才终于鼓起勇气“旧事重提”。

很少有人知道，在做这次演讲前，希拉里付出了多少努力。希拉里是一个认真的学生，她相信，只有自己先成为能源方面的专家，才能更有力地说服别人。

然而，希拉里已经不是学生时代的希拉里了，除了学习，她还要将学习的内容与自己的政治道路联系在一起。

虽然她有自己的观点，也从一些专家那里听取了一些非常好的建议，原本这些观点融合在一起，可以构成引领潮流的环保理念。但是为了让自己的观点更符合民主党人的立场，希拉里放弃了原本一直坚持的观点，放弃了一些专家的意见，只为不让自己的观点引起争议。

由于当时民众最关心的问题是如何减少美国对进口石油的依赖，希拉里便提出了自给自足的能源观念。虽然这有点儿近乎空想，但美国民众对此却非常喜爱。

在演讲中，发生了这样一件事情，能充分看出希拉里的变化。

在现场，有记者问道：“你会不会建议国会采取策略，强制要求汽车制造商制造出更加节油的汽车？”

这不是一个普通的问题。

在之前，希拉里告诉听众，她和克林顿的节能观点的重点在节油汽车。按照这个观点推断，希拉里应该支持国会，要求汽车制造商提高汽车的节油标准才对。

但是，希拉里之所以重视能源问题，很大程度上是为参议员连任、为总统竞选做准备。如果因为固守自己的观点得罪了汽车制造商，对自己的总统初选将会很不利。

所以，希拉里慎重地回答：“这是个难题。我相信，民主党和共和党共同合作的话，一定能找到解决办法。”

之后，希拉里和克林顿决定在一向支持新政策的加利福尼亚州进行公投，要求石油公司多缴纳一些额外税金，以便更好地开发其他能源。

这项公投成了第87号提议，阿尔·戈尔拍摄广告表示支持。为了不让希拉里输给阿尔·戈尔，为了希拉里也能从环保问题上分一杯羹，克林顿也在加州大学亮相，宣传自己和希拉里的能源政策。

很快，这次亮相被拍成了一个政治广告播出，公投的正反两方也激烈地辩论着。在共和党的据点，民主党可以做出这么大的动静，自然会引起加州人的关注。

这个过程，看似是一位前总统和一位前副总统的鼎力合作，其实两人都在暗暗进行着心理战，和谐的表面背后，有一股暗流在涌动着。

就在公投前几周，好不容易吸引来的支持者突然改变了态度，坚决反对这项提议。结果，这项提议最终破灭了。

克林顿有些失望，他原想利用自己的力量帮助希拉里赢得更多的支持。如果这次提议成功了，那么了解和支持希拉里的人会更多。

希拉里并不难过，在进行这项提议之前，她就已经设想过这种结果了。即便如此，她也希望通过自己的行动，为改变世界做点什么。

即使带给社会的贡献有限，也能让民众看到自己对环保感兴趣。这样一来，就能为以后竞选总统加分。

希拉里深藏多年的政治欲望渐渐展现出来，也将使她的生活发生翻天覆地的变化。从此以后，她的名字会比克林顿还要响亮。

与第一次竞选参议员相比，希拉里为了连任参议员，付出了很多心血。为了筹集竞选资金，希拉里奔赴全国各个地方，不断地宴请宾客、送花和与人合照，十分疲劳。

最终，希拉里筹得了约3800万美元的竞选资金。用这笔钱，希拉里做了电视广告，为自己的连任积极战斗，花掉了近3000万美金，一时间也成为各方话题。

希拉里并不是非这样做不可。其他候选人花的竞选资金并不多，简直可以说是廉价消费，一样取得了不错的反响。

希拉里这样做的目的很明显。虽然目前她是在为连任参议员做准备，但是她也很希望通过这次选举让更多的人支持自己，为2008年参加总统大选提前作宣传。

这样的事情不是没有先例。

1998年，小布什在竞选德克萨斯州连任州长时，以接近69%选票的压倒性胜利得以连任，这为他在2000年的总统大选打下了很好的基础。

如果历史可以重演，希拉里现在所做的一切都不为过。

希拉里知道，这一切并非没有可能。民主党参议员约翰·克里虽然声望很高，曾经作为民主党候选人参加2004年的总统大选，但最终却败给小布什，再次得到总统候选人提名的机会并不大。

对于2008年的总统大选，希拉里成为民主党总统候选人的可能性很高。虽然外界很怀疑她是否会因为竞选参议员而浪费时间，希拉里却认为自己完全可以兼顾。

终于到了投票那一天，希拉里与克林顿一起在纽约等候投票结果。希拉里和克林顿一路低声耳语，笑声不断。

对于希拉里来说，毫无疑问，这是一场必胜的战役。早在之前的民意测试中，希拉里的支持率就远远超过竞争对手约翰·斯潘塞。

这是一场没有任何悬念的竞选，结果果然如此，希拉里以67％的选票赢得了最终的胜利，比对手约翰·斯潘塞高出37个百分点，得以连任纽约州联邦参议员。

希拉里很高兴，虽然这次只是连任参议员的胜利，但她似乎看到了自己重返白宫的一幕。她与克林顿热情相拥，庆祝这场胜利。

接下来，希拉里会继续做参议员的工作，同时寻找合适的机会，将自己推向前台，竞选总统一职。她相信，用不了多久，自己就能重返白宫。

第十六章

希拉里的总统竞选之路

在希拉里正式宣布参加2008年的总统竞选两天后，国内各个主要新闻节目都出现了她的身影。希拉里友好地接受电视台的采访，并借此宣传自己。

竞选连任参议员成功后，希拉里花在参议院工作上的时间越来越少了，她开始为2008年的总统大选做准备。

2007年1月17日，希拉里坐在日光浴室的沙发上，面带微笑地看着前方。与以往不同，此时的希拉里看似轻松的外表下，隐藏着一丝紧张。

“准备好了吗？”对面一个声音传来。

希拉里点了点头，用沉默冷静的语气说出了自己想说的话。

希拉里说：“我宣布，正式参加2008年的总统大选，而且我相信我会赢。我会在近期内成立竞选考察委员会，让我们美国的民众多一个选择……”

“伊拉克战争已经进行得够久了，我们有必要讨论一下如何尽快结束这场战争，让美国恢复受全世界尊敬的领导地位……”

希拉里在录制竞选视频。3天后，这段仅仅2分钟的视频被传到了希拉里的个人网站上，引起了很大的震动。

2007年1月20日这一天，注定成为希拉里人生中的重要一天。

希拉里在将竞选视频发布到网上后，还给记者和朋友发送了数千封电子邮件，解释自己为何要参选，并希望得到更多的支持。

正如古罗马恺撒大帝横扫法国时那样，希拉里也豪情万丈地宣布“我来了，我要赢”，这让很多人都感到激动。

希拉里参加总统大选，似乎是民众早已预料到的事情。但希拉里没有举行新闻发布会，而是在网上宣布这一消息，确实出乎一些人的意料。

希拉里呼吁美国民众支持她，并在互联网上与民众交流，谈论各种问题，而她也会认真回答民众的提问。

在做出这项宣布前，希拉里就非常紧张，虽然她已经面对民众发表过很多次演讲，但是，宣布参加总统大选还是第一次。

后来，希拉里得知，就在她录制视频的这天，伊利诺伊州联邦参议员贝拉克·奥巴马就在个人网站上发布了一个3分钟左右的视频，宣布自己有意参加2008年总统大选。

按理说，奥巴马的资历很浅。从1996年到2005年，奥巴马一直只是伊利诺伊州的州参议员，直到2005年才首次当选联邦参议员。

但是，奥巴马从一开始就坚决反对伊拉克战争，这一点与希拉里有很大的不同，使他在论述伊拉克问题时似乎更具有发言权。

尽管战争还没有打响，但在希拉里心中，战争一直都在进行着。在即将开始的民主党总统候选人竞争中，两人不可避免地要展开一场大战。

奥巴马的参选，可以说让民主党人和共和党人都大吃一惊，也促使更多的民主党人变得勇敢起来，加入到竞选党内总统候选人提名的行列。

但是希拉里并不在意，她不认为奥巴马有能力赢过自己。她知道这一仗将会很艰难，但是她相信，最终的胜利必然是属于她的。

希拉里认为，自出任纽约州联邦参议员那一刻起，她就彻底脱离了克林顿的影响，不需要再为了他而勉强自己做什么。现在，她要成为自己命运的主人。

在希拉里宣布参选后，网上各种好评恶评不断，喜欢希拉里的人很多，厌恶希拉里的人也不在少数。

在几个参加民主党总统候选人提名争夺战的人当中，希拉里的优势非常明显。她是民主党的政治明星，是前第一夫人，还是纽约州联邦参议员。

希拉里拥有克林顿的支持、本身的明星效应、经验丰富的竞选团队，这些优势让她一开始就遥遥领先。

克林顿对于希拉里的参选很高兴。自从结束总统任期后，克林顿做了很多事情，这些事情虽然重要，但都没有做希拉里的竞选顾问更让他高兴。

实际上，从几年前开始，克林顿就不忘向美国民众、向世界人民宣传希拉里，称赞她的能力与经验。

有一次，在接受以色列的一家电视台采访时，记者问道："如果由您的夫人希拉里·克林顿做总统，会怎么样呢？"

克林顿直言不讳地说："如果希拉里当选总统，会比我更优秀。她有参议员的经历，有8年在白宫生活的经历，而且性格、经验、能力各方面都很成熟。"

克林顿不只是这样说说而已。虽然他已经不再是美国总统，但是影响力依然存在。在出席一些活动时，克林顿也极力要求带着希拉里一起参加。

2006年2月7日，希拉里和克林顿一起参加了马丁·路德·金的遗孀克雷塔·斯科特·金的追悼仪式。在举行仪式时，除了几位前总统外，还有

1万多名亲友和崇拜者在场。

克林顿见状，感觉这是扩大希拉里影响力的好机会。所以在金家族的人要求他发言时，克林顿说：“我希望希拉里能够和我一起发言。”

金家族的人感到很为难，他们已经安排好了整个仪式，在小布什发言结束后，再由老布什、卡特、克林顿三位前总统发言。

克林顿继续说：“希拉里一直很崇拜马丁·路德·金博士，对于金女士也非常钦佩。我相信，她会做出比我还要好的发言。”

看到克林顿这么坚持，金家族的人终于同意了：“好吧，那我们就安排您和希拉里参议员一起发言。”

在小布什、老布什、卡特发言结束后，艾迪·朗主教用有力的声音说道：“下面让我们有请克林顿先生和希拉里参议员。”

一时间掌声雷动，克林顿在众人面前的魅力显然要超过前面三位发言人。当克林顿牵着希拉里的手走上台时，欢呼声不断，追悼仪式似乎变成了巨星见面会。

克林顿向人们挥手示意，站在他左边的希拉里则微笑着不断点头，以示谢意。希拉里很清楚，这些人是在欢迎克林顿，但她仍感到很高兴。

在简单的开场白以后，克林顿开始了发言，他的演讲优美、柔和，而且充满了激情，让在场的听众一再欢呼。

10分钟后，克林顿结束了演说，由希拉里开始发言。希拉里对于这次发言很重视，提前准备好了演讲稿。她握着丈夫的手，开始了自己的演说。

虽然希拉里的演讲没有克林顿那么富有感染力，但是能在这样盛大的追悼仪式上发言还是让她受到了广泛的关注，毕竟，还没有一位第一夫人或者前第一夫人做过这样的事情。

而在希拉里宣布参加总统竞选后，克林顿便开始为她东奔西走，参加电视节目、进行募捐活动等。

有人攻击希拉里，他就帮希拉里辩解，辩解不成就打圆场；有人怀疑希拉里，他就努力强调希拉里的优点，掩饰她的缺点。

克林顿的作用是巨大的。在小布什政府的统治之下，人们往往会想起克林顿执政时期的和平环境，让他们把更多的目光投向希拉里。

希拉里获胜的机会似乎很大。除了需要竞选团队外，参加总统竞选，更需要大量的竞选资金，而希拉里则是筹款高手。

希拉里小心翼翼地走着，决心好好应对即将面临的一切指责与非难，为自己重新回到白宫作最大的努力。

克林顿竞选总统时，曾专门组建了一个战情室，以应对对手的攻击，并发起反击。希拉里决定参加2008年的总统竞选后，决定让战情室继续为她工作。

原来，战情室的组成人员是希拉里和克林顿的幕僚，而这一次，战情室的核心人员变成了克林顿。战情室的人一起努力，为希拉里竞选出谋划策。

由于高新科学技术越来越发达，在选举中，候选人们都利用网络自我宣传，争取选民。希拉里的战情室也希望通过网络，让选民看到希拉里优秀而亲民的一面。

很快，战情室的第一个方案便出炉了——利用网络，让网友为希拉里的总统竞选主题曲投票，以达到吸引年轻人的目的。

2007年5月，希拉里在YouTube网站上上传了一个视频。在视频刚开始，希拉里用严肃而又不失幽默的语调，说出了上传视频的目的。

“我想知道，大家怎么看待竞选中的重要问题，也就是竞选主题曲的选择问题。最近几个月，我们一直在纠结、争论不休。现在，我想征求大家的意见。”

后来，希拉里介绍说，在她的竞选网站上，有提前精选出来的歌曲。至于选择其中的哪一首作为主题曲，最终由网民的投票结果来决定。

她幽默地说：“你们不仅可以选出自己认为最棒的主题曲，还可以推荐一些你们认为好的歌曲。”

这个视频很快吸引了民众的注意，在短短几天内，就有60多万的点击量！这是非常了不起的。

很多看到视频的网民登上希拉里的竞选网站，超过了13万的人对歌曲进行了投票。很快，希拉里的第二个视频又被上传到网站上。希拉里笑容满面，再度请求网民对第一轮投票选出的5首歌曲以及网友另外提议的5首歌曲进行投票。

视频上传后，引起了第二轮热潮。这次，视频的点击量高过百万，而投票人数则达到了20多万。

结果出来了，是加拿大巨星席琳·迪翁演唱的《你和我》。然而，希拉里的战情室并没有简单地公布这一结果，而是又拍摄了一段宣传片。

6月，这段宣传片在总统竞选网站和希拉里的个人网站上同时发布。这段视频有一个简单的名字——女高音。

视频仅仅上传两天，点击量就过百万，刷新了以往的点击记录。

当时，热门连续剧《黑道家族》刚刚结束放映，希拉里的这段视频就是效仿最后一集的情节，而克林顿也在其中扮演了重要角色。

在视频中，希拉里走进餐厅，在一个餐桌前坐下，翻看了菜单，然后开始研究餐桌上放着的迷你唱片点唱机。

接着，克林顿也走了进来，走向希拉里。他身穿短袖开领衬衣，显得很有精神。克林顿坐了下来，与妻子进行了对话。

克林顿问希拉里："总统竞选的活动最近进行得怎么样？"

希拉里脸上的表情没有一点儿变化，语气很平淡地说："一切顺利。就像你常说的，我们把握住了时机，结果还不错。"

紧接着，克林顿又问道："我知道竞选主题曲的投票结果出来了，是哪一首呢？我想，应该是破嘴合唱团翻唱的《我是一个信徒》。现在，可以公布结果了吗？"

希拉里没有回答，而是向迷你唱片点唱机的投币口放入一个硬币。正当观众准备竖耳倾听时，画面突然变成一片黑色，紧接着《你和我》中的一段女高音流出。

希拉里曾在公众面前唱国歌走调，但是这个视频却显示出她幽默诙谐的一面。视频不仅如预料的那样，赢得了许多年轻选民的注意，也让她给民众留下了亲和的印象。

在希拉里个人网站的首页上，实际上隐藏着希拉里的战情室，也就是她的竞选班底。他们取名"俱乐部44"，暗示着希拉里将来会成为美国第44任总统。

此后，战情室继续发挥着新的作用，帮助希拉里获得美国第一位女总统的称号，并为她的人生创造新的奇迹。

在希拉里竞选总统的过程中，伊拉克问题是被提到的最多的一个问题。实际上，希拉里在这个问题上也做过很多的努力。

2007年1月17日，在宣布参加2008年总统大选之前，希拉里召开了新闻发布会，宣布了一些关于伊拉克的消息。

希拉里立场尴尬，这是每个记者都知道的事情。所以在发布会一开始，每个记者都期待着希拉里尽快发言，告诉他们自己的立场。

发布会开始后，先是介绍了议员们在考察伊拉克时的发现，接着参议员埃文·贝赫、众议员约翰·麦克修进行了发言，希拉里只是在一旁倾听。

当他们说到伊拉克和阿富汗的现状后，一旁脸色严肃的希拉里点头表示赞同。然后，又恢复了石像般的站姿。

终于轮到希拉里发言了。记者发现，希拉里的发言仍是老生常谈。她提到布什的失误、前线士兵的英勇、美军应从伊拉克逐步撤兵。

对于布什想向伊拉克增兵的计划，希拉里表示反对。但是她明确指出，国会无法阻止布什，而她希望对其增兵的国家是阿富汗。

在最后，希拉里提出，伊拉克政府既然接受了美国的经济资助，就应该按照布什批准的政策做，这样才是明智的。

在希拉里正式宣布参加2008年的总统竞选两天后，国内各个主要新闻节目都出现了她的身影。希拉里友好地接受电视台的采访，并借此宣传自己。

同时，希拉里每天晚上7点都会准时坐在电脑旁边，回答一些网民的提问。她轻松应答，获得了不少认同。

但是，对于伊拉克问题，希拉里并不愿意多谈。即使被记者和选民问到，她也不承认当初对伊拉克战争投赞成票是个错误。

当时，希拉里之所以投赞成票，一是因为她感觉恐怖分子实在残忍，要进行严厉的打击；二是因为她希望美国能够通过战争保障能源安全。

希拉里很担心对手们会抓住她这个弱点猛打不放。所以她一直犹豫，不知道要怎么做才好。

对于这个问题，希拉里和克林顿也曾经讨论过。

希拉里说："我不能承认这是个错误，我一旦承认了，对手们就会抓住不放，把这个问题扩大化，让我再也没有机会问鼎白宫。"

克林顿当然也非常明白这一点，他说："对于这个问题，你一定要表现得坚强，才能不被他们打败。”

希拉里点点头，又说：“现在，很多人都认为我当时投赞成票是错误的，但这并不是我一个人的决定，其他参议员也投下了赞成票。”

即使面对的只有克林顿一个人，希拉里也不愿意承认自己的错误。就算她以后决定承认错误，也不会承认那是自己一个人的错误。

为了争取民主党人的支持，希拉里有两条途径：一是表示反对伊拉克战争，以得到反战的民主党人的支持；二是不谈论伊拉克战争，把竞选的重点放在国家安全上。

希拉里认为，第二条途径能给她赢得更多的支持，她决定回避伊拉克问题。

然而，即使决定这样做，希拉里还是会被问到对待伊拉克战争的立场问题。曾经和她一样，对伊拉克战争投赞成票的约翰•克里表示自己反战后，不但没有得到公众的谅解，反而被指责出尔反尔。

而更让希拉里头疼的问题是，媒体总是把自己的这一票与奥巴马的反对票作比较。虽然当时奥巴马只是伊利诺伊州的一个州参议员，但却反对伊拉克战争。

在这次竞选中，奥巴马明确指出，投赞成票的民主党参议员是小布什的帮凶。而且为了赢得更多的选票，奥巴马不断宣扬自己的这一票，企图告诉选民，自己是一个尊重民主和民权的人。

看到这一点的希拉里，对于伊拉克战争的态度渐渐明朗化，她公开发表声明：“如果我当上美国总统，我会让伊拉克战争立刻结束。”

这是一句很有诱惑力的话，但是很快，希拉里就为自己的另一句话付出了代价。

希拉里说：“如果你们觉得，在伊拉克战争前投了反对票或者事后承认错误的人才有资格竞选总统，那你们可以不必把选票给我。”

希拉里的这句话得罪了很多反战的人，让她无论走到哪里，都能听见反对的声音。这一结果，不是希拉里想要的。

对希拉里来说，最重要的是赢得选民的支持。担任纽约州联邦参议员的经历告诉她，要想赢得支持，就必须迎合选民。

所以，希拉里决定改变在伊拉克问题上的态度。

在商量拉票活动的第一站时，希拉里说：“爱荷华州很重要，但在那里我的支持率却很低，我想将爱荷华州作为第一站。”

竞选团队的人都表示同意。

很快，希拉里与助手们便赶往爱荷华州，举行了一个容纳300人的小型论坛。在论坛上发言时，希拉里批评了布什总统对待伊拉克的政策，提出反对增兵计划。

在这次发言前，希拉里曾和克林顿讨论过这个问题。在2003年时，希拉里曾投票赞成美国发动伊拉克战争，而这个决定的后果现在就显现了出来。

现在，国内的民众都一致反对伊拉克战争。

在“9·11”事件发生后，布什就把伊拉克作为反恐斗争的对象。即使在即将结束任期之时，他也认为下任总统会继续攻击美国的敌人——伊拉克。

希拉里对这些话很愤怒，她说：“布什总统应在2009年1月任期结束前让美军从伊拉克全部撤出，而不是将责任推托给下一届总统，这样是不负责任的。”

希拉里的话引起了热烈的掌声。

希拉里以为，自己这样说，就可以让民众暂时忘掉自己在伊拉克战争中曾经发挥的作用。但是她错了，这个问题会永远伴随她。

在后来演讲时，希拉里承诺“如果我当选总统，会尽快结束伊拉克战争”，这一言论大胆有力，也表达了她的真实想法。

就在竞选进入白热化阶段时，2008年3月17日，伊拉克卡尔巴拉发生一起炸弹袭击，造成至少43人死亡、73人受伤。

听到这个消息后，希拉里立刻在华盛顿发表演讲，指责共和党对手约翰·麦凯恩对待伊拉克战争持肯定态度，抨击他希望继续布什对伊政策的行为。

不仅如此，希拉里还把矛头对准了奥巴马，因为奥巴马在开始竞选总统后才开始呼吁结束战争，而且除了呼吁，他没有任何实际行动。

结果，竞争者之间的战役又一次打响。

此时，麦凯恩正在伊拉克访问，他的竞选团队自然不会坐视不理。他们很快发出回应：“目前，我国军队停留在伊拉克，是为了伊拉克的战后重建，而非战争的延续。”

麦凯恩得知希拉里的指责后，也立刻发表声明，谴责并不了解伊拉克形势的希拉里为了争取选票胡言乱语。

另一方面，奥巴马又一次拿希拉里在2003年对伊拉克战争投赞成票的事情说事。

一时间，希拉里似乎成了众矢之的，情况再次混乱起来。

事实上，在希拉里支持伊拉克战争的那一刻起，她的心里就一直为这件事情纠结着。现在，希拉里只能背负着这份过去的失误，更加用心地投入竞选，才有可能获胜。

在奥巴马宣布要参加总统大选时，几乎没有多少人看好他，希拉里更是对他毫不在意。但是后来，希拉里渐渐发现，奥巴马真的不容小觑。

实际上，希拉里和奥巴马在之前已经打过交道，奥巴马的一些举动也透露了他的雄心壮志，只是希拉里当时没有察觉。

2006年11月，希拉里再次当选为联邦参议员。这一次，她提出，美国正受到腐败的侵蚀，并被特殊利益集团操控着，民主党人要终结这种现象。

实际上，在希拉里再次当选联邦参议员之前，民主党就已经在改革华盛顿政治作风上努力了。当时，希拉里邀请其他参议员去参加“诚实领导”会议，以解决不道德游说问题。

希拉里没有注意到，虽然她是会议的邀请者，但会议主席却由奥巴马担任。因为奥巴马一直提倡改革，所以民主党当时的领袖哈里·里德让他负责这次会议。

会议开始20分钟后，希拉里姗姗来迟。就在她到达后没几分钟，就有人提出想要讨论总统竞选经费的筹集问题。

希拉里笑了，她反问道：“你的意思是说，以后会有很多人参加总统大选了？”她是用开玩笑的口气说的，把大家都逗笑了。

后来，又有人提出要改革竞选筹款做法，要求推行总统选举公共筹款机制。希拉里与奥巴马虽然没有反对，但也没有明显表现出支持。

这一次，希拉里和奥巴马都各怀心事。其他参议员虽然都了解希拉里想要做总统的野心，但对于奥巴马，他们都知之甚少。

与会者不知道的是，此时的希拉里，不仅在为自己联邦参议员的连任筹集资金，也有为将来的总统大选提前筹集经费的打算。

会议结束后没几天，希拉里和伊丽莎白·巴格利见了一面，希拉里将自己的想法告诉了伊丽莎白·巴格利。

“伊丽莎白，”希拉里平静地对她说，“我想让你帮我办一个筹款活动，帮我竞选联邦参议员筹集资金，我希望这次获得连任。”

伊丽莎白·巴格利是希拉里的好朋友，在克林顿任总统时，她曾经担任美国驻葡萄牙大使，也一直是希拉里的铁杆拥护者。对于希拉里的这个提议，自然义不容辞，暗下决心一定要做好这件事情。

没过多久，伊丽莎白·巴格利就为希拉里举办了盛大的筹款活动，地点就在华盛顿乔治敦小区的豪宅内。

活动吸引了一百多位忠诚于希拉里的重要的捐献者，大家虽然都是民主党的捐献者，希拉里却希望他们只为她一人捐款。

希拉里的愿望很容易就被这些人察觉了，活动现场，就有几十个捐献者纷纷告诉希拉里，如果她打算竞选总统，那么他们不会再给其他人捐款。

希拉里很高兴。

通常，候选人在宣布参加总统大选后，会要求一些捐献人只给本人提供资金，以防止竞争对手得到同样的资金支持。

但在当时，希拉里尚未宣布自己要参加总统竞选就这样做，显然比其他候选人多了一些筹集资金的时间，这将是一个很大的优势。

而且，希拉里的丈夫克林顿是美国的前总统，希拉里可以打着克林顿的旗号吸引更多新的捐献者，帮助她筹得更多的捐款。

就在希拉里暗地里为自己将来竞选总统筹集资金时，她的老朋友格雷·克雷格却在给她的竞选道路上设置障碍，催促奥巴马参加总统竞选。

事实上，格雷·克雷格与克林顿和希拉里的关系匪浅，他们在耶鲁大学法学院上学时就认识，后来在克林顿弹劾案中，格雷·克雷格担任主要辩护人。

格雷·克雷格很正直，一直反对种族歧视，为黑人做过很多事情。在他成为克林顿律师团的一员后，也是忠于职守，受到希拉里的重视。

可以说，格雷·克雷格是华盛顿公认的最会赚钱的律师之一。本来，格雷·克雷格与奥巴马毫无交集可言，但希拉里和克林顿的好朋友弗农·乔丹的一通电话，给了两个人相识的机会。

2003年的一天，弗农·乔丹突然给他打来了电话："克雷格，我要在家中举办筹款活动，你有时间过来参加吧。"

"筹款活动？"格雷·克雷格重复了一遍。

弗农·乔丹在纽约开了一间办公室，为民主党的一些候选人筹集竞选资金。这一点，格雷·克雷格也有所耳闻。

弗农·乔丹说："是啊，我要为伊利诺伊州州参议员贝拉克·奥巴马筹集竞选资金。最近，他忙着竞选伊利诺伊州联邦参议员的民主党候选人提名。"

听到这话，格雷·克雷格的第一反应是：贝拉克·奥巴马是谁？没听说过。不过，他还是告诉弗农·乔丹，他会准时出席。

晚上，格雷·克雷格按照约定来到了弗农·乔丹的家，见到了其他政坛老手，也第一次见到了贝拉克·奥巴马。

为了筹集更多的竞选资金，贝拉克·奥巴马站在乔丹家的楼梯上做了20多分钟的演说。虽然克雷格感觉奥巴马风趣、幽默、机智，但也没有做过多的交流。

后来，奥巴马顺利获得民主党候选人提名，并且成功当选联邦参议员。在那以后，克雷格偶然会在华盛顿遇见他，每次也都会交谈几句。

随着交谈的深入，克雷格发现奥巴马很有人格魅力，让人无法抗拒。而他展现出来的洞察力，也让克雷格感觉很惊讶。

渐渐地，克雷格认为，奥巴马有能力参加总统大选，便一再催促他参加，可奥巴马还是犹豫不决。

他说："我刚到华盛顿工作不久，如果现在就和那些政治老手一起竞选总统，显得我太自不量力了。”

克雷格知道，奥巴马的担心不无道理，但是他还是安慰奥巴马说：“你知道吗？你的这一弱势其实也是你的优势所在。正因为你进入参议院没多久，没有和各利益集团结成错综复杂的关系，才更能给美国的政治输入新鲜的血液。”

然而，弗农·乔丹并不这样认为。虽然他当初帮助奥巴马举办筹款活动是觉得奥巴马是个可塑之才，可是作为一个连第一任期都没有结束的联邦参议员，奥巴马想要竞选总统，他还是觉得有些不现实。

事情很快发生了变化，证明弗农·乔丹的担心都是多余的。奥巴马虽然资历浅，但绝不是没有影响力。

到了2006年年底，奥巴马的支持率节节攀升。他每到一处演讲，就会受到听众的热烈欢迎，而他的新作《无畏的希望》连续几周在全国销量第一。

奥巴马知道，到了他作决定的时刻了。在圣诞节假期，奥巴马回了一趟家，向妻子和两个女儿透露了自己的打算。

元旦回来后，奥巴马给克雷格打了电话：“我决定参加总统大选。”

后来，克雷格帮助奥巴马筹集资金、支持他参加总统大选的消息终于传到了希拉里耳中，希拉里感觉很气愤。

一直以来，希拉里都认为克雷格是个会忠诚于她的人，虽然他说话很直率，但是从来不曾做出过背叛她和克林顿的事情。

希拉里曾天真地以为，克雷格会一直都站在她这一边。

大约过了几天，希拉里收到了克雷格写给她的一封短信，正式通知她，他决定支持奥巴马参加总统大选。希拉里很气愤，没给他回信，她需要时间接受这一切。

在希拉里为竞选忙碌时，克林顿也没有闲着，因为民主党要求20多个州在2008年2月5日前进行初选，他需要在那之前筹集到足够多的竞选资金，这是非常重要的。

2月10日一大早，希拉里按照自己的习惯，看一些与自己相关的新闻简报。突然，《时代》周报上的一篇采访引起了希拉里的注意。

那是著名设计师多娜特拉·韦尔萨切接受采访的报道。在采访中，韦尔萨切说，希拉里应该多穿裙子，这样才能展示出女性美，也会得到更多人的支持。

希拉里苦笑了一下，从民众关注她的那一刻起，她的衣着问题就是一大话题。以前，甚至连美国《人物》杂志都认为她的着装是“年度最差着装”。

从年轻时起，希拉里就一直不修边幅，蓬乱的蘑菇头，厚厚的眼镜，老土的套装，一直受到很多同学的非议。

当克林顿开始竞选州长时，为了替他争取到更多的选民，希拉里戴上了隐形眼镜，重新做了发型，也开始穿一些比较合身的名牌套装。尽管如此，她的穿着依旧饱受非议。

现在是这么重要的时刻，希拉里身边也有不少不知内情的人劝她注意着装。但是，她仍然一直保持不性感、甚至有点儿落魄的风格。

就在不久前，希拉里的朋友萨拉·埃尔曼还就这个问题和她讨论过。

“希拉里，我的朋友总是问我，说你有高品质的竞选团队，也有经费支持，为什么不请个好的造型师帮你改变形象呢？我个人也觉得，你穿裙子的样子更好看些，你为什么不穿裙子呢？总穿裤子让人感觉你很强势。”萨拉笑着问道。

希拉里当然知道，多穿裙子可以表现出自己的柔媚，可她也有自己的想法：“我要整天来回奔波，穿裤子更方便些。”

萨拉不同意了：“又不是让你到工厂里劳动，有什么不方便的呢？说到底，是你不想改变自己的形象。”

希拉里解释说：“不是这样的，我只是担心这样会让选民觉得我脆弱，甚至联想到我是个女人这件事情上来。”

萨拉有些不理解了：“可你本来就是女人啊。”

“我知道，”希拉里强调说，“就因为我是女性，所以才会在着装上如此费心。奥巴马穿什么，可能没有人注意，但是如果我穿裙子，就很有可能引起各种争议。”

“你是说，”萨拉重新复述了一遍希拉里的意思，“如果你穿得很时尚，就不可能获得多数人的支持？”

希拉里点点头：“我看到奥巴马打扮得很帅气、很英俊，确实能给人留下干练的第一印象。但是，我只能坚持自己的风格，将自己的锋芒隐藏起来。”

萨拉用同情的眼神看着希拉里，希拉里继续说：“其实，我并不认为外表那么重要，选民也不会因为我的着装就不选我当总统。其实，我现在的穿着也是顺应民意而已。”

希拉里很清楚，国务卿赖斯一直以来的着装都很时尚，这也为她引来了不少非议。希拉里想把精力放在竞选上，而不是用在解决别人对她着装的非议上。”

希拉里停顿了一下，举了一个例子：“比如说，我和奥巴马同时在演讲中动了感情，大家的反应也会不一样。”

“大家会说：‘看奥巴马的演讲多具有感染力，刚中带柔’；可是看到穿裙子的我就会说：‘希拉里真的只是个小女人，这一点事情就情绪起伏’。”

“所以，你才会在竞选中尽可能不让自己的情绪发生波动啊。”萨拉有所领悟地点点头。

希拉里也点头，满脸的无奈。

自从宣布参加2008年的总统竞选以来，希拉里的着装多是简单干练的裤装，很少有穿裙子的时候。

希拉里一直都努力掩饰自己的女性魅力，让自己显得更低调，不让选民将自己与其他人以“男人与女人”的标准区分开来。

很多人批评希拉里的着装，觉得她穿得老土或者偏向男性化，但她的这一风格也是造型顾问们精心打造的，适合她的体型，也能彰显魅力。

自从做了参议员后，希拉里发现，如果自己穿一些比较花哨的连衣裙，就会显得很难看，所以她也避免这一点。

在希拉里忙碌的时候，奥巴马于2007年2月10日在伊利诺伊州首府斯普林菲尔德市的旧州府开始了竞选之旅，他想成为美国历史上第一位黑人总统。

奥巴马精神抖擞地说：“我知道，我的资历浅，对华盛顿的潜规则也不清楚，似乎不应该出来竞选总统。但是我在做参议员时，突然认识到一点，就是不是我需要遵守华盛顿的潜规则，而是华盛顿应该做出改变……”

在一些人看来，奥巴马的演讲似乎很自以为是，但是那段仅仅两分钟的演讲，却赢得了热烈、持久的掌声。

比起奥巴马，希拉里优势很多，尤其是在竞选资金上。但是很快，她就听说大卫·格芬成了奥巴马的捐助人，心情顿时变得紧张起来。

大卫·格芬是好莱坞“梦工厂”的创始人之一，可以说是全世界娱乐工业内最富有的人，能在好莱坞呼风唤雨，也一直是克林顿的捐助者。

就在这个月，大卫·格芬在自己位于贝弗利山的豪宅里为奥巴马举办了筹款活动，有40多人参加了晚宴，最后筹集了130万美元。

希拉里很生气，她认为大卫·格芬背叛了自己和克林顿。但是在大卫·格芬看来，他支持克林顿，但是并不需要爱屋及乌，支持希拉里。

后来，大卫·格芬在接受《纽约日报》的采访时说：“我们都很清楚目前的选举形势，谁能获得民主党总统候选人提名，谁就有可能成为新一任总统。但是希拉里不行，她太有野心，很难让国家团结起来，最终美国还是会像布什总统执政时那样民主分化。而奥巴马不一样，他会给美国带来新的希望。”

如果只是这样也就罢了，大卫·格芬最后说：“我们都知道，政治家的另一个代名词是说谎者，但是说实话，克林顿夫妇比一般政治家更会说谎，说谎对他们来说，就像吃饭一样频繁、容易，我真是不理解他们是怎么想的。”

这句话让希拉里大为恼火，她的联络处主任霍华德·沃尔夫桑很快发表了一份声明，公开指责大卫·格芬，说他受奥巴马的指使对克林顿和希拉里进行人身攻击。

奥巴马对此毫不在意，任由希拉里和大卫·格芬双方进行争论。奥巴马是明智的，他的不辩解反而使民众觉得他是被害者，更同情他。

在这件事情发生十几天后，一项民意调查显示，在黑人选民中，原本有60%的选民支持希拉里，20%的选民支持奥巴马，但是现在，奥巴马的支持率直线上升，达到了44%，希拉里的支持率比他少11%。

这件事让希拉里和克林顿都非常愤怒，但却又无可奈何，只能抓紧时间进行各种宣传活动，争取得到更多的支持。

2007年3月7日，为了争取更多的选民，希拉里参加了“血腥星期日”纪念活动。42年前，600多人为了争取黑人的选举权，由亚拉巴马州的塞尔玛市前往蒙哥马利市，与警察和市民发生了冲突，造成17位抗议者伤亡。

5个月后，林登·约翰逊总统签署了《选举权法案》，取消对选举资格的限制，保证每一个美国人在选举中都拥有投票权。

所以，在美国人心中，尤其是美国黑人心中，“血腥星期日”具有非常重要的纪念意义，而塞尔玛市则成为黑人和民权运动者的圣地。

希拉里在一周前接到邀请后，就想要在塞尔玛市给选民留下好印象。她不知道，在几周前，奥巴马就受到了邀请。

所以，希拉里这次的策略又失败了，奥巴马的演讲亲切、随和，充满感情，而希拉里的演讲则像是在背书，很书面化。

希拉里明白，在以后的竞选活动中，她需要开始重视奥巴马，因为走到最后，只有奥巴马能与她相抗衡。

在2008年全国民主党党内初选一开始，希拉里是远远领先其他人的，而且也获得了很多超级党代表的支持。一时间，舆论四起，很多政治评论员都认为民主党总统候选人非希拉里莫属。

就在这个时候，民主党政坛新秀贝拉克·奥巴马突然在爱荷华州的全国第一个党团投票中获胜，这大大出乎民众的意料，也让民主党人士开始重新看待奥巴马。

在此后长达6个月的初选中，奥巴马一次又一次发挥了令人惊讶的实力，与希拉里不相伯仲。

希拉里真是感觉很辛苦。

2008年1月3日夜晚，民主党的党内初选终于在艾奥瓦州拉开帷幕。结果大大出乎希拉里的意料，她仅仅获得29%的支持票，位居第三，而奥巴马赢得的选票最多。

希拉里不禁有些心灰意冷。但她还要强迫自己打起精神，转战新罕布什尔州。

在一次集会上，希拉里与当地的民众交流，亲切友好地回答他们的提问，企图获得更多的选票。

这时，突然有一个人问道："选举这么艰难，你是怎么坚持下来的？"

努力拼搏了那么久，突然听到这么一个提问，希拉里一时间感慨万千。她想起自己过去的从政之路，真是备感艰难。

这些年来，无论她做什么，都会受到各种攻击。有的攻击或许出于误解，但绝大多数的攻击都是为了阻止她继续在从政的道路上走下去。

从美国独立以来，女性的地位就一直受到压制，别说女总统了，就连女联邦参议员也少之又少。希拉里想要代表美国女性登上权力的宝座，但其中的艰辛又有几个人知道。

好想结束这一切！希拉里这样想着。

看到希拉里的眼神有些游离，靠近希拉里身边的助手提醒她说："参议员，你需要回答选民的问题。"

希拉里的眼睛湿润了。自从参加选举以来，她就很少情绪失控，因为担心别人会因为她是女人而轻视她，认为她懦弱。

但是此刻，希拉里的眼中却开始涌现出泪水，她用略带哭腔的声音说："我真的觉得不容易，这种坚持真的很难。但是，参加竞选是我的理想，这股动力支持我坚持到现在……"

最初，希拉里的眼泪只是在眼眶中打转，到了后来，她竟潸然泪下，声音也出现哽咽。这种情况，让周围不少人也深受感染，湿润了眼眶。

在这个过程中，希拉里一直很辛苦。想要赢得2008年美国总统大选民主党提名，就必须获得2025个普通代表的支持，她也需要更多的选票。

为了让自己的形象更亲民，希拉里答应在《美国周刊》开设一个专版。《美国周刊》经常刊登一些名人八卦消息，或者批评明星的着装等。

《美国周刊》的工作人员挑选出了12张照片，交给希拉里的同事们过目。

他们对这些照片没有异议，而希拉里则亲自在上面附上评论。

希拉里这是在拿自己开涮，是她为《美国周刊》挑选了她认为最难看的着装，也刊登了一些其他很老土的装扮。

希拉里一向谨小慎微，这样不顾影响地自毁形象还是第一次。但是，希拉里并不是犯傻，她是在向选民展现自己可爱的一面，也让《美国周刊》的年轻读者改变对自己固有的印象，让他们发现，原来希拉里目前的着装风格还是很适合她的。

在注意小细节的同时，希拉里还不忘在选举中提及自己的女儿切尔西。希拉里之所以这样做，是为了树立自己的母亲形象，争取更多女性的支持。

在1996年，希拉里就曾出版过一本育儿书籍。为了迎合这次选举，希拉里将此书再版，并在序言中强调母亲的作用。

在平时，希拉里和克林顿一直很爱护切尔西，并尽可能地让她远离媒体的骚扰，也不希望她参与到竞选中，影响正常生活。

但是现在，情况变得不一样了，已经到了角逐美国民主党总统候选人提名的关键时刻，沉默者切尔西主动出现在公众面前，为希拉里拉选票。

希拉里第一次感觉到，切尔西长大了，不再是16年前与她和克林顿一起出现在民众面前的那个小女孩了，她开始有了自己的想法。

然而，希拉里很清楚，尽管切尔西对于自己的政策很清楚，但是当她面对选民时，却比自己逊色很多。

以往，自己在竞选时，即使是一个不经意的动作、一次短暂的停顿，都有其用意。但是，切尔西太缺乏经验，也无法像她那样表现完美。

与其他年轻人相比，切尔西可以说一直成长在充满政治和竞选的环境中，然而，这种环境并没有让她拥有很好的政治才能。

切尔西似乎明白自己的短处，所以她变得更加努力，甚至给竞选工作人员送咖啡。然而，这种爱护母亲的行为却换来民众的怀疑，认为她是趁机为母亲拉选票。

即便如此，希拉里心里仍然充满了感恩。不管这次竞选的结果如何，她都将微笑面对。因为在这个过程中，她已经获得了最好的礼物。

希拉里一直很坚强地努力着，等待着宣布结果的那一天。

2008年6月3日，民主党最后两场初选投票完成，奥巴马稳获民主党总统候选人提名，而希拉里以200多张选票之差惨遭失败。

就这样输了，希拉里感觉很无奈。虽然她对奥巴马表示了祝贺，但拒绝承认失败。

晚上，希拉里浑身无力地倚靠在椅子上，全身就像海绵一般。

在最开始的时候，她就错了，她一直以为自己可以成为民主党总统候选人，所以才会把初选当作总统大选来进行。

初选和大选虽然都需要争取别人的支持，但对象是完全不同的。初选是为了获得党内提名，应该争取民主党主流派；大选才需要面向全国，争取中间选民的选票。

正是希拉里对自己的形势认识不清，才引发了这种结果。

在2007年年底时，奥巴马让人认可的优点也只不过是乐于改革这一点而已。不仅是希拉里，其他人也没有预料到他能战胜希拉里。

没想到，仅仅过了半年而已，情况居然发生了逆转。不是希拉里，而是奥巴马日益炙手可热，最终成为了民主党总统候选人。

除了这一点，她还有不少的失误。希拉里又继续反省着。

这是希拉里的一大长处，即使在自己落败时，她也不认为自己失败了，而是会先反省自己，让自己从中得到经验教训。

对于伊拉克战争的态度，是希拉里这次竞选中最大的软肋。虽然有助手建议她收回之前公开表示支持伊拉克战争的言论，但害怕承认错误就会丢掉选民的希拉里一直犹豫不决，也没有那么做。

而她当初对伊拉克战争投赞成票的记录和后来的几次失言，都被奥巴马利用，成为攻击她的利器。自己被自己的言行举止伤害，希拉里能做出什么样的反抗呢？

在争取选票的过程中，希拉里将绝大部分的精力都放在了大州的选民身上，对于小州的选票，希拉里并没有很在意。这给了奥巴马可乘之机，奥巴马在小州获得了广泛支持，导致希拉里后来不得不重新到各州进行宣传，但为时已晚。

不仅是在宣传地点的选择上，在竞选手段上，希拉里也输给了奥巴马。希拉里仍然延续以往的竞选方式，对于新兴的网络没有充分利用；奥巴马就不一样了，他的竞选团队专门研究出软件，帮助他利用网络筹集竞选资金，并利用社区论坛等提高自己的影响力。

在竞选之初，希拉里将竞选资金的来源定位于好莱坞的影星，也没有寻求硅谷百万富翁们的支持，这使她在竞选的最关键时刻遭遇资金短缺，没能挽回败局。

而奥巴马呢？虽然一开始，他自己只会使用政府提供的公共资金竞选，但他很快认识到形势的严峻，开始寻求个人捐款。

奥巴马人气很旺，很快筹集了近3亿美元的竞选资金。不仅如此，与不懂讨好的希拉里不同，他与欧普拉·温芙蕾这样的黑人明星保持联系，就连希拉里的捐款人也与他关系密切。

由于有着充足的竞选资金，奥巴马得以在电视台买下黄金时段播放广告，以争取到更多的选票。

还有一点，也是希拉里的失误。

在美国，种族问题一直是整个社会的矛盾。奥巴马有一半黑人血统，这使得大选中的种族问题更加鲜明。

在美国，黑人或许没有很多富翁，但在政治、娱乐、体育和教育行业等做得很出色，对普通民众也有很强的影响力。而他们的一致支持，也是奥巴马获胜的力量。

在这种情况下，本应避免提及种族问题的希拉里，却屡次因为失误发表恶意的种族主义言论，让黑人选民对她彻底失去了好感。

希拉里不禁有些后悔，从政这么多年以来，她还是第一次被对手压得几乎没有还手的机会，这种结果实在让她很难接受。

在希拉里难过的时候，民主党内的高层领导人经过了一番细致的讨论，决定让希拉里与奥巴马在私下会谈，讨论接下来的问题。

希拉里知道，自己是逃避不了了。如果自己迟迟不认输，很有可能导致民主党在这次大选中失败，她必须维护民主党内的团结。

6月7日，希拉里来到华盛顿国家建筑博物馆，已经60岁的她不得不进行自己的告别演说，宣布自己退出竞选。

这一天，希拉里的支持者给予了她最后的支持。他们从天一亮就开始在国家建筑博物馆门前排队，想要入场倾听她的演讲。

希拉里不愧是希拉里，即使是在承认自己失败的演说中，她仍然那么充满自信，俨然一个胜利者一般。

希拉里的演说很精彩，既没有流露出一点儿对奥巴马的怨恨，也没有让自己显得狼狈不堪，而是又一次显示了她的坚强与从容。

在演讲中，希拉里提到自己以往的从政之路，作为一个女性，她希望可以通过自己的行动让女性拥有更多的政治权利和参政机会，而不是一直屈居男性之下。

当她承认自己竞选失败时，虽然表面上没有什么变化，但内心却非常难过。不过，她依然坚信，在未来，美国一定会出现女性总统。

为了民主党能最终取得总统大选的胜利，希拉里号召自己的支持者支持奥巴马，帮助他成为美国新的总统。

短短28分钟的演讲中，掌声一次又一次响起。尽管希拉里的语调轻快，支持者们还是感到难过和无奈，有很多人因感伤落泪。

第十七章

在一片呼声中出任国务卿

在就任国务卿后，希拉里就再也没有让自己轻松过。与参议员的工作不同，国务卿这份工作没有下班时间，每一周，每一天，每一小时，几乎都在为工作而忙碌。

竞选失败后，希拉里回到了自己的家中。现在，她继续调整自己的心态。即使竞选失败了，她还要继续参议员的工作。

在宣布参加竞选前，希拉里低调和勤奋的作风，为她赢得了很多参议员的好感。可是，当她开始了竞选活动后，在参议院花费的时间逐渐变少，与其他参议员的关系也有些疏远。

而在选举中，许多参议员都选择了支持奥巴马，这也让希拉里感觉受到了背叛，不知道如何恢复与这些人的友好关系。

不仅是这一点困扰着希拉里，在竞选期间，她的节奏变得非常迅速，往往上一秒出现问题，下一秒就要提出解决方案。但是在参议院，工作需要更多部门的配合，节奏缓慢。

联邦参议员的工作不紧不慢地进行着，希拉里也在不断调整着自己的情绪和状态，以重新适应参议员的生活。

在奥巴马的内阁中担任职务，希拉里不是没有想过。在不久之前，希拉里还与奥巴马见了一面。当时，奥巴马直截了当地问她：“你有兴趣做国务卿吗？”

其实，即使奥巴马没说，希拉里也很清楚，国务卿候选人绝不只是她一个人。奥巴马问自己的问题，他也会问其他人。

希拉里并没有明确表态，她知道，这一切都只是在计划阶段而已。但是，希拉里提出会好好考虑这个问题。

然而，奇怪的是，关于希拉里会被任命为国务卿的传闻却一传再传。奥巴马在这段时间很少接受记者的采访，而希拉里在被媒体问及此事时也没有明确表态。

希拉里只是告诉记者，联邦参议员的工作很重要，自己还会在这个位置上继续努力。如果奥巴马需要她，她也会尽全力帮助新的政府。

这并非希拉里要保持神秘，对于未来会发生什么事情，她也不知道。

如果希拉里当国务卿，就需要先衡量其中的利弊。因为美国是三权分立，国务卿隶属于行政机关，而国会议会属于权力机关，要做国务卿，希拉里必须放弃参议员职位。

尽管这次选举希拉里失败了，但是她的名气比起做第一夫人时更大了。在她的电子信箱数据库，存储着数百万个联系人。如果希拉里加入奥巴马政府，可能会让这些支持者失望。

由于选举，希拉里还拖欠着不少的债务。如果她任职国务卿，就不能再为自己筹款，想要偿还债务就要另想办法。

就算这些问题都不考虑，希拉里答应就任国务卿，可是在奥巴马政府中，希拉里真的能发挥自己的作用吗？这也是她担心的一个问题。

奥巴马的副总统约瑟夫·拜登是个外交专家，很有可能会插手外交事务，如果希拉里不得不受制于奥巴马和拜登，她就很难做好一个国务卿应该做的事情。

最棘手的一件事情是，希拉里还想着有一天可以入主白宫，成为美国历史上第一位女总统。如果做了国务卿，她就必须和奥巴马政府保持一致，4年后或8年后如果她想通过抨击奥巴马政府的作为来争取选票，实际上就是在抨击自己过去助纣为虐。

然而，如果希拉里继续做参议员，不知道要熬多久才能当上重要委员会的主席，想要成为参议院的领袖更是难上加难。

可是，国务卿就不一样了。国务卿在内阁中占有非常重要的地位，可以让希拉里更好地向美国甚至是全世界展现自己的风采，赢得更广泛的支持。

在希拉里这样思考的时候，外界很多人也对她可能出任国务卿一事谈到了自己的看法。美国前国务卿亨利·基辛格公开称赞希拉里，说她聪明、勇敢，是国务卿的最佳人选。

奥巴马和希拉里的竞争，一直是民主党人担心的一个问题。为了有助于党内团结，在奥巴马当选总统后，党内就有人提议让希拉里进入内阁。

奥巴马是个聪明人，他知道，希拉里如果担任国务卿，完全有能力替他解决外交问题，而他就可以专心改革，实现自己在大选时做出的承诺。

在外交方面，做过8年第一夫人的希拉里有很丰富的外交经验、不同一般的国际人脉。希拉里曾出访过80多个国家和地区，这是奥巴马所不曾经历的。

而且，在希拉里为奥巴马政府工作的同时，克林顿也会间接发挥作用，依靠自己的人脉帮助希拉里更好地完成工作。

经过一番思考，希拉里最终做出了明智的选择。虽然她知道，做国务卿将不可避免地和奥巴马发生一些冲突，但作为一个成熟的政治家，她会与总统和谐相处。

在这个过程中，为了帮助希拉里成功入阁，克林顿也做了不小的牺牲。他同意公开克林顿基金会的主要捐款人名单，对于以后基金会举办的活动以及克林顿个人的有偿演讲活动，也愿意接受审查。

至于海外筹款来源，克林顿也决定放弃。这样一来，希拉里就不会因为克林顿的关系而被人指责没有公正处理国际事务。

12月1日，奥巴马在芝加哥正式提名纽约州联邦参议员希拉里为新政府国务卿。此言一出，引起了场内的热烈反响。

新闻发布会上，奥巴马对希拉里进行了热情洋溢的赞美。他认为希拉里聪明、坚强，而且认识世界各国的很多政界人士，能为美国在全球范围内争取到更多的利益。

2009年，希拉里正式出任美国国务卿，从美国建国至希拉里任国务卿，67名国务卿中只有3位是女性。所以希拉里一开始任职时就得到大量关注，也给了她很大的压力。

希拉里很快提出了“巧实力”的外交策略，以配合奥巴马总统推动的新的国家安全战略。

“巧实力”这一概念最早由美国智库提出，主张摆脱对硬实力的过分依赖，转而与软实力相结合，增强美国对海外民众的影响力。

希拉里把“巧实力”融入外交战略中，利用自己的知名度，在世界各地公开演讲，努力阐释这一策略。

希拉里希望可以利用美国的领导力，应对恐怖主义、核扩散、气候变化、能源安全等挑战，为解决全球性问题尽一份力。

希拉里的心愿是好的，但是她的方法存在很大的问题。没用多长时间，“傲慢”“无礼”开始被用来形容美国的外交。

希拉里是勤奋的。奥巴马政府成立后不久，希拉里就开始坐上飞机到国外访问，解决一些棘手的外交问题。

在2013年1月23日，希拉里出席了国会听证会，对班加西领事馆遇袭案进行说明。这是她最后一次以国务卿的身份参加听证会。

当时，参议员和众议院的议员们不断质问希拉里，希拉里也不再掩饰自己，而是哭笑怒骂，展露自己的真性情。

一直以来，提起希拉里，无人不知道她是美国政坛的重要人物。希拉里在政坛的经历非常丰富，做过第一夫人、参议员、国务卿，不管是在内政还是外交方面，都发挥了很重要的作用。

2013年2月1日，希拉里正式卸任，结束了4年的国务卿生涯。作为美国国务院的最高领导人，即使卸任了，她还是那么自信。

然而，时间不会欺骗人。即使是当初那个精神抖擞、意气风发的希拉里，此刻的容颜也不再年轻。

这段岁月，见证了希拉里的努力。

在就任国务卿后，希拉里就再也没有让自己轻松过。与参议员的工作不同，国务卿这份工作没有下班时间，每一周，每一天，每一小时，几乎都在为工作而忙碌。

希拉里不是飞行员，却被冠以“空中飞人”的称号。希拉里第一次发现，原来世界那么大，需要她代表美国处理的事情那么多，她乘坐的飞机，俨然变成了一个移动的国务卿办公室。

在任职的4年中，希拉里出访了112个国家，总里程达到150多万公里，相当于绕地球38圈，她在飞机上度过的时间，几乎和在地面上一样多。

希拉里不是铁人，她的身体也出现了不好的反应。2012年12月7日，从欧洲访问回国的希拉里肠胃感染病毒，后来甚至出现了脱水和昏厥症状，导致跌倒造成脑震荡。

在检查中，医生发现希拉里的脑部有血块。即便如此，希拉里仅仅住了三天院就返回办公室，继续自己的国务卿工作。

当时，各大报纸对希拉里的病情都进行了猜测，有些报道甚至直接劝希拉里好好休息，等身体好一些再恢复工作。

从这些报道中，希拉里感受到了一些暖意，也知道自己的“劳模”表现赢得了媒体的认可。

然而，不管是在国内还是国外，都有很多反对希拉里的人。在国外出访时，迎接她的有鲜花和掌声，但仍不乏西红柿、鞋子、塑料瓶。

希拉里到埃及访问时，曾在美国驻亚历山大领事馆发表演讲，在演讲中，她指出美国不会支持埃及的任何派系。

但是，埃及的民众并不这样认为。

演讲结束后，希拉里和随行人员走向车队。很快，不可预测的一幕发生了。

示威者有人投掷西红柿、鞋子、塑料瓶，有人则在一边高呼“莫妮卡、莫妮卡”让希拉里难堪，还有人不是那么含蓄，直接高喊“希拉里，滚出埃及”。

随行人员保护着希拉里，现场的防暴警察立刻将希拉里乘坐的汽车围了起来，让投掷物无法接近车身。

面对情绪如此激动的人群，希拉里并没有发火或生气。以后，这样的事情还会持续不断地发生。

希拉里不仅在外交方面很努力，在维持和奥巴马的关系上，她也是煞费苦心。即便如此，她的地位还是显得有些尴尬。

奥巴马连任总统，希拉里也决定要离开。在奥巴马的第一个任期，美国的外交需要一个对外强硬、立场鲜明的国务卿。但是在第二个任期，奥巴马政府需要一个柔和一些的国务卿，让美国的外交状况更稳定一些。

早在希拉里生病前，她就已经决定卸任国务卿。这或许对她来说也是一种好的选择，她可以好好休息一段时间，同时也总结一下自己的人生，思考未来的路该怎么走。

然而，尽管希拉里的个人魅力为她赢得了不少支持，但很多政治评论家却认为，她真正做出的成绩少得可怜。

有评论说："4年间，希拉里并没有减少美国在国际上面临的麻烦。希拉里没有处理好伊拉克撤军问题，对阿富汗问题也不闻不问，没有修缮好美国与巴基斯坦的关系，在促进巴以和谈上也无所作为。"

即使这样，我们也无法否认希拉里的作用。

卸任后，希拉里又有了新的展望，希望可以离开公共领域，恢复正常生活。然而，她渴望的这一切似乎很难实现。

第十八章

最重要的角色：母亲与女儿

希拉里也不是一个会轻易妥协的人，她认为，女儿结婚还为时尚早。在结婚之前，女儿有必要增加她自己的人生阅历，并找到人生的目标。

在希拉里担任国务卿期间，发生了一件喜事，就是女儿切尔西的婚事。通过这件事，美国民众甚至全世界的人都发现，原来希拉旦也有这样女性的一面。

其实，一直以来，希拉里都努力让自己扮演一个好母亲的角色。而对女儿的婚礼，她也尽全力操持。

自从希拉里的独生女儿切尔西·克林顿宣布即将与相恋多年的男友马克·梅兹文斯基举行婚礼后，民众就把关注点集中到了这件事上。

马克·梅兹文斯基是一个投资银行家，出身于政治世家。他的父亲与切尔西的父亲克林顿是老朋友，曾经做过国会议员，母亲则做过众议员。

切尔西与马克在华盛顿结识，后来又成为斯坦福大学校友。在切尔西与前任男友分手后，马克常常陪在她的身边，不久两人便暗生情愫。

由于切尔西和马克都不想失去平静的生活，他们的恋情并没有对媒体公开。为了防止偷拍，在公开场合两人都会刻意保持距离。

终于，两人就要修成正果了。

在一次采访中，身在东欧的希拉里表示，国务卿的工作很重要，但她也不会因为工作忽视女儿的婚姻。现在，女儿的婚礼才是生命中最重要的事情。

希拉里很高兴，因为有电子邮件，即使自己身在异国，也能远程安排女儿的婚礼，不让她留有任何遗憾。

切尔西的婚礼最终决定在纽约北部160公里外的阿斯特庄园举行，那里风景优美，是19世纪时百万富翁约翰·阿斯特四世于1902年～1904年间兴建的私人庄园。

如今，阿斯特庄园的主人凯瑟琳·海默与希拉里关系密切，曾为希拉里竞选总统捐款、出力。

希拉里之所以选择这里，还因为这里很隐蔽。在阿斯特庄园前，有大约50英亩的缓冲地带，可以防止偷拍。

为筹备切尔西的婚礼，凯瑟琳·海默甚至请求著名建筑师斯坦福·怀特的曾孙翻修和改造庄园。

终于到了结婚的这一天，在婚礼上，由切尔西和梅兹文斯基跳第一支舞。希拉里看到，梅兹文斯基的眼睛一直盯着切尔西，好像全世界只有他们两人存在。

切尔西的脸上也挂满笑容，一副非常幸福的样子，希拉里不禁感慨万千。

在切尔西与父亲克林顿共舞时，克林顿勉强笑了，但眼泪却滚落下来。

到了后来，克林顿轻轻在切尔西的耳边低语，切尔西则为他擦去泪水。在一旁看着的希拉里笑了，也眼含泪水。

在女儿结婚前，为了展示美好的父亲形象，克林顿应女儿的要求减肥，在婚礼上展示了自己帅气的一面。

在婚礼过程中，希拉里一直都让自己保持微笑，很多时候甚至是开怀大笑。整场婚礼的氛围很甜蜜，既传统又盛大。

婚礼结束后，希拉里回到家中，回想起与切尔西一起生活的点点滴滴。

切尔西是希拉里好不容易才有的女儿，在女儿出生后，她和克林顿就给予了女儿无限的爱。克林顿更是经常陪切尔西玩，给她唱歌听。

但是，在她两岁的时候，为了帮助克林顿竞选州长，希拉里带着她走遍了整个阿肯色州。现在想起这些，希拉里还觉得有点儿愧疚。

还好，希拉里的保护意识比较强，一直尽可能地让切尔西免受媒体的骚扰。切尔西也很争气，在阿肯色州小石城公立学校就读时，学习成绩也很优秀。

后来，克林顿当选总统，切尔西也随着父母一起住进白宫。幸运的是，她并没有受到隔离，而是在华盛顿一所高级私立学校就读，正常地度过了自己的青春期。

终于，切尔西要进入斯坦福大学读书了。为了让女儿在学校生活得更舒适一些，希拉里不顾繁忙的工作，亲自为她购买生活用品。

在把切尔西送到大学宿舍后，希拉里就像一个普通的母亲那样，为女儿收拾宿舍，而克林顿也在一旁帮忙。

进入斯坦福大学时，切尔西对药学感兴趣，决定主修化学，希拉里对她的决定很支持，并鼓励她追求自己的人生。

可是不知道为什么，两年后，切尔西却提出要转到历史系读书。希拉里虽然不明白其中的缘由，但也没有阻止。

后来，切尔西又在牛津大学和哥伦比亚大学读书，取得了比较好的成绩。毕业后，切尔西先后进入麦肯锡公司和对冲基金公司工作，被认为是同龄人的优秀代表。

对于这些，希拉里都感觉很骄傲。但是，这并不意味着母女两人的关系和谐。实际上，希拉里与切尔西矛盾不少，而且多是由于切尔西的婚姻问题引发的。

最大的一次矛盾，发生在切尔西要与男朋友伊恩·克劳斯结婚之后。

在此之前，切尔西也有过几次不成熟的恋爱，但都无疾而终。直到她在牛津大学的一次美国留学生聚会上认识克劳斯，便开始了一段高调的恋爱。

克劳斯出生在一个富商家庭，父母都是民主党的长期支持者。他学习优秀，在获得了罗兹奖学金后留学牛津大学。

两人一开始热恋，就整天形影不离，毫不顾忌媒体的存在，当街激情热吻。很快，切尔西便将克劳斯介绍给了希拉里。

在外人看来，克劳斯很优秀，但希拉里并不这么认为，对他也是百般挑剔。切尔西很不高兴，她对希拉里说，如果不同意他们结婚，她便与克劳斯私奔。

希拉里也不是一个会轻易妥协的人，她认为，女儿结婚还为时尚早。在结婚之前，女儿有必要增加她自己的人生阅历，并找到人生的目标。

切尔西也非常固执，她一遍又一遍地向希拉里提出结婚计划，希拉里则一次又一次地拒绝，导致了一次大的争吵。

在那一次争吵中，切尔西指责希拉里不在乎她的感受，只是把她当作私人财物。希拉里感觉很委屈，她只是为了让女儿更幸福。

最终，切尔西没能战胜自己的母亲，与克劳斯分手。

也正因为如此，切尔西才能在后来与马克恋爱、结婚。在举行婚礼前，切尔西曾就数年前的争吵向母亲道歉。希拉里明白，女儿终于理解了她的良苦用心。

希拉里笑了，眼泪却流了下来。

与女儿结婚带来的快乐相比，母亲多萝西的去世带给希拉里的触动要更大一些。

在希拉里做国务卿的时候，很少出于私人事务取消出访计划。然而，当一件大事发生时，希拉里猝不及防，取消了赴英国和土耳其出访的计划。

2011年11月1日，希拉里陪在92岁的母亲多萝西·罗德姆的身边，看着母亲在微笑中去世。

希拉里泪流满面。

一直以来，希拉里都以母亲为荣，把母亲当作自己的力量来源。每当希拉里有所动摇时，母亲总能给她勇气和信心。

多萝西从小就被离异的父母抛弃，没有读过大学，是个很普通的家庭妇女。但也就是这样一位母亲，把希拉里教育成一个理智、冷静、自信的女性。

希拉里想起小时候发生的事情。

那时，她每天中午放学后都会回家，和母亲共进午餐。午餐很丰富，有西红柿、烤乳酪、花生酱黄油三明治等一大堆好吃的。两人在用餐时，还会一起看当时流行的电台节目。

遇到天气好的时候，希拉里会和母亲一起躺在草地上，抬头看着天空上的云朵，并且用美丽的语言描述那些云朵的可爱形状。

在那个时候，希拉里的母亲还不会开车，所以她们有更多的机会在一起散步、闲逛、聊天。

希拉里还记得，每到冬天，她和两个弟弟都会坐在雪橇上，由母亲拉着一起去商店购物。回来时，他们的怀里会塞满从商店买来的东西。

想到这里，希拉里的眼泪更多了。

对于每个人来说，母亲都是自己心底最温暖的港湾。对希拉里来说，母亲在自己生命中的分量永远最重。

母亲不仅在希拉里幼时对她疼爱有加，即使希拉里结了婚，有了自己的孩子，母亲也依然为她付出。

在希拉里忙碌时，为了让女儿、女婿更好地工作，母亲与父亲主动提出照顾外孙女切尔西，还时时替希拉里关注克林顿的健康状况。

终于等到了克林顿入主白宫。而就在这一年，希拉里的父亲去世了，母亲多萝西便成了她心中唯一的依靠。

然而后来，克林顿与白宫女实习生莱温斯基的性丑闻曝光，克林顿最终也承认了自己的错误。

克林顿的欺骗让希拉里心灰意冷，但是多萝西却抢在女儿之前，对媒体说："评价一个男人怎么样，岳母的话最可信。"试图保护女儿的婚姻。

在母亲的安抚下，希拉里终于决定原谅自己的丈夫，并且与他共同渡过难关。这一决定让克林顿避免被弹劾，也让他在人们心中的形象有所改变。

尽管多萝西是希拉里的母亲、克林顿的岳母，却一直非常低调，很少出现在媒体面前，更不会公开谈论她的女儿和女婿。

但是，在女儿与奥巴马角逐民主党总统候选人提名时，一头棕发、一身套装的多萝西高调地站在演讲台上。她当时已经88岁，站在台上时颤颤巍巍，但她仍然愿意为了女儿劳苦奔波。

在演讲台上，"我是希拉里的母亲"就这样一句话，让无数人落泪，也让希拉里记忆至今。

在希拉里宣布竞选失败时，多萝西悄然拭泪，为自己的女儿感到惋惜。而就在竞选失败后不久，多萝西替女儿发起筹款，用以偿还因竞选而背负的上百万债务。

多萝西的去世引起了民众广泛的关注，希拉里同丈夫与女儿一起发表声明，称母亲是一个善良、坚强的女人，是一个不一般的朋友，更是一个满是爱意的妻子、母亲和祖母。

希拉里明白，即使母亲去世了，她也永远活在自己心中。

第十九章

2016，万众等待“王者”归来

现在，无论希拉里走到哪里，都能听到大家用“下一任总统”称呼她。虽然她还没有正式宣布参加2016年美国总统的选举，但支持她的人都期待那一天的到来。

从希拉里卸任国务卿后，许多人都猜测，她是否会参加2016年总统大选。因为在她卸任之前，很多人都已经把她作为2016年美国总统候选人的热门人选。

显而易见，如果希拉里参加2016年大选，将具备别人不曾有的优势：丰富的从政经验，长久的竞选准备，大量的支持。

然而，话虽如此，希拉里毕竟已经不再年轻，而四年的国务卿生活也让她疾病缠身，将来是否有精力进行大选，也很让人怀疑。

事实上，外界怎么猜测，希拉里都不太在意。她经历了太多，现在对她来说，过好当下的生活才是最重要的。

卸任后，希拉里建立了个人官网，也开始享受她的个人生活。现在，她有了自己的时间，可以阅读、写作，可以每天都睡个好觉。

在这段时间，切尔西的婚姻生活也是希拉里的关注重点。切尔西和丈夫马克·梅兹文斯基结婚半年后，突然发生了矛盾。

矛盾的起因是马克希望早点儿拥有自己的孩子，而切尔西却认为事业第一，不打算立刻生孩子。同时，切尔西习惯了生活在别人的关注下，和马克在一起的低调生活让她并不满足。

希拉里曾一度为女儿担心，并劝女儿多花点儿心思在丈夫身上。好在他们的矛盾很快化解，两人又恢复了之前的甜蜜和幸福。

后来，克林顿接受电视采访时说，他希望能在生前多一个身份，也就是外公。当时，克林顿深受心脏病困扰，也经常想到死亡。

切尔西看到采访后，忍不住哭了出来。而后来，希拉里的健康又亮起了红灯，这终于使她意识到，父母不可能永远陪在她身边，她决心即使为了父母，也要尽早生下孩子。

终于，2014年4月17日，切尔西与母亲希拉里一同出席克林顿基金会——一个关于儿童和妇女生存状况的活动。

当她和母亲站在台上时，突然说道："今年秋天的时候，我和丈夫马克将迎来我们的第一个孩子。我很高兴把这个消息告诉大家，也希望自己能够成为一个像我母亲那样的好母亲。"

说完，切尔西拥抱了希拉里，希拉里显然很激动。

在此之前，尽管外界一再试探，想要知道希拉里是否要参加2016年的总统大选，希拉里都没有明确表态，而是说要推迟做出决定的时间。

这不禁让媒体推测，在切尔西的孩子出生前后，希拉里可能会宣布是否参加2016年总统选举。

一部分人认为，如果希拉里决定竞选，那切尔西恐怕很难全身心帮助希拉里拉选票。而另一部分人则认为，新祖母的身份可能会使希拉里的形象更亲和，更能赢得选票。

无论其他人怎么想，希拉里都不在意。她嘱咐女儿多注意身体，同时也像一个外婆一样，为即将到来的新生命作各种准备。

与此同时，希拉里还在继续撰写着她的回忆录，讲述自己这些年的经历。她希望，这可以是送给外孙的一份礼物。

这不是一件简单的事情，希拉里也不能实话实说。她的任何一句话，都有可能触犯奥巴马政府，或者被她的政敌利用，成为攻击她的武器。

在思考、取舍、书写、修改之后，希拉里的回忆录《艰难的抉择》终于完成了。“现在，只要交给出版社出版就行了。”希拉里自言自语道。

随后的一天，希拉里接受了《人物》杂志的专访。原本希拉里是为了自己的新书作宣传，但在采访中，她不可避免地谈到了2016年的总统大选问题。

在采访中，希拉里告诉记者桑德拉·威斯特弗：“我非常希望我们国家的选民能够打破传统对女性的限制，选出一位女总统来。在我认为时机恰当的时候，我会做出最后的决定。”

她认为，白宫性丑闻已经成为过去，她完全可以生活得更好，而对于其他往事她也不会做出评论或解释。

希拉里是聪明的，她开始积极面对媒体，也故意不去谈过去，避免再次成为媒体争议的对象，从而使自己把精力集中在一件事情上。

在被问到最近的打算时，希拉里说：“我非常享受现在的生活，众所周知，我就快要成为外祖母了，我很热切地盼望着孩子的降生。”

虽然希拉里没有明确表示是否参加2016年的总统大选，但是看过这篇报道的人都认为，希拉里是在暗示她有可能参加大选。

于是就有人猜测，希拉里最终会参加2016年的总统大选的。她迟迟不宣布自己的这一决定，是有原因的。

因为一旦宣布，希拉里将成为众人攻击的对象，那些反对她的民间人士、民主党内部争夺提名的竞争对手以及共和党人都会再次把她当成研究对象，给她最猛烈的攻击。

希拉里并没有对舆论做出解释，她在忙着给自己的新书作推广。

希拉里的新书终于从印刷厂打包发往各个书店、网店，而希拉里也拿到了变成了铅字的《艰难的抉择》。

《艰难的抉择》长达600多页，记录了希拉里在担任国务卿期间遇到的困难和挑战以及她做出各种外交抉择的艰难过程。书中涉及中国的崛起、击毙本·拉登、利比亚卡扎菲垮台等事件，并描述了各国领导人的独特个性。

让希拉里没有想到的是，这本书一上市就引发了抢购热潮。在上市的第一天，《艰难的抉择》的销量便突破百万册，这让希拉里感觉既意外又高兴。

2014年6月10日，希拉里亲临纽约曼哈顿的巴诺书店签名售书，结果引发粉丝彻夜排队，掀起一阵希拉里热。

希拉里展开新书推介巡回之旅，让很多人都认为她是提前为2016年的总统大选做民意测试，以决定是否参选。还有人认为，这是希拉里为总统大选造势，书的封面放大就可以作为竞选总统的宣传照。

然而，这本书的销量虽好，读者评价却不高。在亚马逊的读者评论中，有超过一半的评论认为，这本书只能给一颗星。

有些读者认为，《艰难的抉择》充满了谎言、傲慢、无能，并没有让读者从中看到一个真实的希拉里。有些读者认为，书中的政治味道太浓，口吻又过于政客化。

希拉里没有在意这些评论，一边为自己的新书作宣传，一边为成为一个外祖母而为外孙的降生作着准备。

相比之前，希拉里的言行举止明显低调了很多，除了为新书作推广之外，她并没有被其他新闻缠身，在公众面前，她也谨言慎行，人们很难从中猜测到什么信息。

面对各种询问，希拉里的丈夫克林顿在一次演讲时说：“我知道大家都很关心希拉里是不是会参加2016年的总统大选，我只能告诉大家，希拉里还需要一些时间考虑。不管她最终做出什么样的决定，我都会支持她。”

看来，除非希拉里亲自宣布参加竞选，否则很难打探出来她的最终决定。

尽管距离美国大选还有很长一段时间，民主党还是通过民意调查发现，比起其他潜在的竞争对手来，希拉里还是具备压倒性的优势。

但也有报道分析，希拉里最好不要参加总统大选，因为不管她最终是胜利还是失败，都会遭遇很大的困难，牺牲很多珍贵的东西。

总统大选需要希拉里长期在各州奔波、拉选票，这对她的身体以及家人、朋友都会造成很大的压力；如果竞选成功，她从奥巴马手中接过的不是权力，而是困扰美国多年的经济问题，另外，她还要应对一个麻烦不断的国会。

如果希拉里不参选总统，就可以凭借自身的地位影响美国的公共政策，在生活充实的同时赚得盆满钵满，保留良好的声誉。

2014年9月27日，切尔西的女儿、希拉里的外孙女夏洛特·克林顿·梅兹文斯基出生，希拉里从准外祖母变成了外祖母，这让她非常高兴。

切尔西很快在社交网站上公布了自己女儿降生的消息，而希拉里也发布了自己和克林顿抱着外孙女的照片，一脸喜气洋洋。

希拉里外孙女的出生很快掀起了一阵舆论热潮，媒体纷纷推测，希拉里如果参加总统大选，很有可能会带上自己可爱的外孙女，以慈爱的外祖母形象赢得更多选票。

希拉里没有理会媒体的猜测，她有更重要的事情要做。

随着2014年11月4日美国中期选举的临近，竞选形势对民主党越来越不利。希拉里作为民主党人士，在等待外孙女出生期间，已经开始为民主党候选人筹集竞选资金，并在助选活动中亮相，为民主党候选人拉票。

现在，无论希拉里走到哪里，都能听到大家用“下一任总统”称呼她。虽然她还没有正式宣布参加2016年美国总统的选举，但支持她的人都期待那一天的到来。

图书在版编目（CIP）数据

希拉里：我的抉择时刻 / 莉斯塔娜著. —北京：
北京联合出版公司，2015. 11
ISBN 978-7-5502-5233-2

Ⅰ. ①希… Ⅱ. ①莉… Ⅲ. ①克林顿，H. —传记
Ⅳ. ①K837. 127=6

中国版本图书馆CIP数据核字（2015）第230732号

希拉里：我的抉择时刻

出 品 人：唐学雷
作　　者：莉斯塔娜
责任编辑：张　萌

北京联合出版公司出版
（北京市西城区德外大街83号楼9层　100088）
北京盛通印刷股份有限公司印刷　新华书店经销
字数：230千字　710毫米×1000毫米　1/16　印张：20.5
2015年12月第1版　2015年12月第1次印刷
ISBN 978-7-5502-5233-2
定价：48.00元